根据最新法律法规及司法解释编写

企业合规实战
案例解析

刘志民 孙 铭 陆云英 王宝林 王琮玮 毛 伟
王朝勇 蔡春雷 邵雷雷 张 军 郑小宁 王殿学 主编

中国经济出版社
CHINA ECONOMIC PUBLISHING HOUSE

·北京·

图书在版编目（CIP）数据

企业合规实战案例解析 / 刘志民等编著 .-- 北京：中国经济出版社，2020.4
ISBN 978-7-5136-6102-7

Ⅰ. ①企… Ⅱ. ①刘… Ⅲ. ①企业管理 – 案例 – 中国 Ⅳ. ① F279.23

中国版本图书馆 CIP 数据核字（2020）第 045730 号

责任编辑	杨　莹
文字编辑	郑潇伟
责任印刷	巢新强
封面设计	任燕飞

出版发行	中国经济出版社
印 刷 者	北京柏力行彩印有限公司
经 销 者	各地新华书店
开　　本	185mm × 260mm　1/16
印　　张	26
字　　数	393 千字
版　　次	2020 年 4 月第 1 版
印　　次	2020 年 4 月第 1 次
定　　价	68.00 元

广告经营许可证　京西工商广字第 8179 号

中国经济出版社 网址 www.economyph.com　社址 北京市东城区安定门外大街 58 号　邮编 100011
本版图书如存在印装质量问题，请与本社销售中心联系调换（联系电话：010-57512564）

版权所有　盗版必究（举报电话：010-57512600）
国家版权局反盗版举报中心（举报电话：12390）　　服务热线：010-57512564

顾问名单

施 文　黄振中　张凌霄　李建平　宋晓江　杨建华

编委会

主　任：刘志民

副主任：孙　铭　陆云英　王宝林　王琮玮　毛　伟　王朝勇　蔡春雷
　　　　　邵雷雷　张　军　郑小宁　王殿学

编　委：王海龙　覃金金　许崇烽　任小利　曲少萌　张晓宁　单添翼
　　　　　闫　硕　孙亚成　齐淑慧　应凌宇　金佳琳　段帅广　敖燕钧
　　　　　郝传明　张洪波　李　浩　林玉键　王浩德　胡凯淇　张立娟
　　　　　王晓营　徐前贞　高晓娜　乔　乔　李博文　刘高原　张树繁
　　　　　巴　朔　王伟亮　闫小雨　金　琳　李红伟　刘志超　梁　帅
　　　　　曹　莹　王殿木　何高鑫　王淑红　李美勇　邓　俊　刘远春
　　　　　汪祖伟　雷敬云　罗纪钢　李　进　王朝刚　刘志鸿　李　勤

作者简介

刘志民 资深执业律师、仲裁员、研究员。现为北京市京师律师事务所北京总部投资合伙人，京师上海国际总部创始合伙人，北京市第十一届律协区律协联络工作委员会委员，北京市朝阳区第三届律协文化委法律文学中心主任，曾就读、研修于中国政法大学、北京师范大学、北京大学、清华大学、中共中央党校。曾数次接受中央电视台、中央广播电台中国之声等媒体采访，就法律专题节目及社会法律热点发表法律观点，并在《法律与生活》杂志专栏刊登了数篇案例研析文章。

社会职务

中国东盟法律合作（北京）中心主任，中国人民大学虚假诉讼治理研究中心执行主任，海南国际仲裁院仲裁员，长沙仲裁委员会仲裁员，普洱仲裁委员会仲裁员，澜湄国际仲裁中心仲裁员，中国企业重大法律事务解决中心副主任，中共中央党校（国家行政学院）行政财务部法律顾问，最高人民法院国家责任研究基地研究员，公共安全行业标准起草工作法律专家，人民日报海外版中国画强元课题组法律顾问，环宇中国东盟法律合作（北京）中心企业投资与经济犯罪研究院执行院长，中国政法大学法律硕士研究生院兼职导师，国际关系学院硕士研究生实践导师，北京师范大学公共选修课实践导师，哈尔滨工业大学环境与社会研究中心客座教授，国家司法文明协同创新中心，中国政法大学证据科学研究院硕士研究生实务导师，北京文化创意产业投资融资协会联席副会长，内蒙古赤峰市人民政府驻京联络处法律顾问，内蒙古乌兰浩特市公安局高级法律顾问，内蒙古翁牛特旗公安局高级法律顾问，内蒙古科尔沁右翼前旗公安局高级法律顾问，北京师范大学校友企业家联谊会副会长兼法律顾问，北京赤峰企业商会副会长兼法律顾问。

荣誉奖项

2016年，承办的赤峰张嘉伟故意伤害案载入《最高人民检察院关于加强侦查监督、维护司法公正情况的报告》并成为最高人民检察院发布的13起加强侦查监督典型案例。

2016年11月，被北师大校友企业家联谊会授予"第一届优秀京师企业家"称号。

2016年，获法制晚报法律大讲堂"魅力律师奖"。

2017年，被海南仲裁委员会评为"优秀仲裁员"。

2017年10月，入选国家教育部"全国万名优秀创新创业导师人才库"。

2017年，承办的袁诚家、谢艳敏37亿国家赔偿案被评"中律评杯"2017年十大国家赔偿案例。

2017年，承办的周胜喜执行案被评为"中律评杯"2017十大执行案例。

2018年，评选获得北京市朝阳律协（2015—2018）年度律师"行业贡献奖"。

2018年，获得中共北京市朝阳区律师协会党委"优秀共产党员"称号。

2018年，被选为北京市朝阳区第三届律师代表大会代表。

2018年，被北京师范大学评为第十一届"北京师范大学荣誉校友"称号。

2018年10月，入选中国改革开放四十周年《中国法律年鉴》年鉴人物"优秀专业律师"。

2018年，荣获海南国际仲裁院（海南仲裁委员会）宣传贡献奖。

2019年，入选新中国70华诞暨中国律师制度恢复重建40周年《中国法律年鉴》

年鉴人物"优秀专业律师"。

2019年，荣获中共北京市朝阳区律协委员会"优秀共产党员"称号。

2019年，荣获京师全球春晚最佳贡献奖。

主要著作

《说上就上——公司创业板上市法律事务和案例解析》《说成就成》《网络安全合规指引》《仲裁裁决被撤案例精析》《说过就过》《说赢就赢——虚假诉讼案例指导》《说过就过——司法考试通关大全》《国风·文脉》《掘金之旅》《大要案例研讨会报道选编》《保卫资本——中国企业资本化成长的实战路径》《心灵漫步》。

法律咨询电话：13701191418（微信同号）

邮箱：13304763555@163.com

王朝勇 律师、仲裁员。现为北京市京师律师事务所战略规划与案件指导部（战略部）主任、虚假诉讼法律事务部主任，京师（全国）刑事专业委员会副主任，北京市京师律师事务所北京总部投资合伙人，京师上海国际总部创始合伙人，京师律师学院执行院长，京师青少年法治教育研究中心主任，京师中国企业重大法律事务解决中心副主任，京师疑难案件中心秘书长。

社会任职

北京市律师协会刑民交叉法律事务专业委员会委员，北京市朝阳区律师协会刑事业务研究会副主任，北京市朝阳区律师协会教培委副主任，北京大学法学院法律硕士研究生兼职导师，中国人民大学法学院法律硕士实务导师，清华大学法学院法律硕士专业学位研究生联合导师，中国政法大学法律硕士学院研究生兼职导师，国际关系学院硕士研究生实践导师，最高人民法院国家责任研究基地研究员，中国人民大学法治与社会治理研究中心战略发展部主任，中国人民大学虚假诉讼治理研究中心执行主任、研究员，北京航空航天大学法学院基地实践导师，燕京理工学院特聘教授，北京师范大学中国企业家刑事风险防控（北京）中心核心成员，北京市公安局强制隔离戒毒所戒毒宣传员，中国东盟法律合作（北京）中心第一届理事会理事，中国东盟法律合作（北京）中心企业投资与经济犯罪研究院执行院长，成都理工大学"一带一路"与青年发展研究院专家委员会委员，点睛网络律师学院高级培训师，海南仲裁委员会仲裁员，大同仲裁委员会专家（顾问）咨询委员会专家（顾问），大同仲裁委员会仲裁员，贵州省台江县公安局法律顾问，内蒙古自治区乌兰浩特市公安局高级法律顾问，内蒙古自治区科尔沁右翼前旗公安局高级法律顾问，内蒙古自治区翁牛特旗公安局高级法律顾问，内蒙古自治区赤峰市人民政府驻北京联络处法律顾问，梁山县第一中学法治副校长、北京市京师（南京）律师事务所高级顾问。

专业领域

民商事法律诉讼、仲裁法律服务、公司法律服务、刑民交叉案件、学校法律顾问、政府法律顾问。

主要著作

《民间借贷——新型疑难复杂案例精选》《扫黑除恶——司法观点与辩护要点》《说过就过——司法考试通关大全》《说过就过——2018法考客观题主观题一本通》《说成就成——律师点评大要案》《说上就上——151个案例实证解析新三板挂牌审核要点》《说上就上——公司创业板上市法律事务和案例解析》《说赢就赢——虚假诉讼案例指导》《保卫资本——中国企业资本化成长的实战路径》《掘金之旅——金融不良资产处置十八般武艺》《仲裁裁决被撤案例精析》《国有资产交易操作与法律实务》《司考宝典》《2007年国家司法考试重点考题历年真题演绎》《2002—2007年国家司法考试历年试题解析》《2008年国家司法考试重点考题命题预测》《2009年国家司法考试历年试题汇编及答案解析》《2010年国家司法考试应试指南——社会主义法治理念考前29题、论述题考前40题》《2007年国家司法考试应试指南论述题高分应试手册》《2009年国家司法考试卷四高分突破》、司考通系列之《卷一高分突破》《2009年国家司法考试重点考题命题预测——社会主义法治理念考前20题》《2009年国家司法考试重点考题特AB卷》《2011年国家司法考试重点考题特AB卷》《2012年国家司法考试卷四高分绝密内参》《中学生法治教育读本》《中华人民共和国新＜预算法＞解读》。

发表文章

《深度解读中小企业法律风险控制》《法治中国下的政府法律顾问制度》《证据视角下的虚假诉讼》《非法证据排除程序研究》。

社会活动

2002年至今，每年受邀讲授国家司法考试辅导课程。2016—2017年，在中国政法大学司法考试学院、华旭司考、京师律师学院、点睛网、律智司考、东北财经大学等培训机构讲授司法考试卷四考前预测。2018年，在华旭法考、滴慧法考、东北财经大学讲授法律职业资格考试主观题考前预测。2019年，在中国政法大学法律硕士学院、山东大学法学院、京师律师学院、华旭法考讲授法律职业资格考试主观题考前预测。

荣誉奖项

荣获2015—2018年度北京市朝阳区"社会公益奖"荣誉称号。

法律咨询电话：13720063789、13911652166

法律咨询邮箱：cnlaw365@163.com

王殿学 律师。现任京师北京总部投资合伙人，上海创始合伙人，北京京师（天津）律师事务所律师，经济犯罪与产权保护法律事务部主任。获评中国案例法学研究会2016年度、2017年度刑事辩护杰出成就奖。先后在《法制日报》《新京报》《南方都市报》任法治记者。

担任记者期间，长期负责报道中央政法委、公安部、最高法院等司法机关新闻事件。担任律师期间，熟悉司法机关的思维规律，所代理的案件，如聂树斌国家赔偿案、王力军非法经营案、许金龙案、张嘉伟案、赵守帅案等，均获得良好的法律效果和社会效果。

社会职务

中国案例法学研究会理事，海南仲裁委仲裁员，北海仲裁委仲裁员，中国人民大学法学院最高人民法院国家责任研究基地研究员，中央财经大学预防金融证券犯罪研究所高级研究员。

专业领域

经济犯罪辩护、财产保护、大要案申诉、申请国家赔偿。

毛　伟　律师、仲裁员。现任北京市京师律师事务所高级合伙人、资本市场部主任，最高人民法院国家责任研究基地研究员，中国政法大学法律硕士学院研究生兼职导师，中国人民大学虚假诉讼治理研究中心研究员，民盟北京市朝阳区教工委委员，中国—东盟法律合作（北京）中心理事，北京市朝阳律协金融证券业务研究会委员。

专业领域

国企改革、企业境内外改制上市、私募及外商投融资、境内外并购重组、金融不良资产等。

主要著作

《说上就上——公司创业板上市法律实务和案例解析》《保卫资本——中国企业资本化成长的实战路径》《新三板操作实务及分析解读》《说赢就赢——虚假诉讼案例指导》《国有资产交易操作与法律实务》《说成就成——律师点评大要案》《最新H股香港上市法律实务与案例分析》等。

作者简介

蔡春雷　律师。历任第七届北京市律师协会并购与重组专业委员会委员，第十一届北京市律师协会惩戒委员会副主任，第三届北京市朝阳区律师协会副会长，海南仲裁委员会仲裁员，北京市通州区人民政府法律顾问，中国东盟法律合作（北京）中心副主任，金蝉投资首席合伙人，雷石投资不良资产收购、处置决策委员会主任，第一、二、三届北京市通州区人大常委会内务司法工作委员会委员，第六届北京市通州区第六届人民代表大会代表、法制委员会委员，"中国合同库"特聘专家。

社会职务

北京师范大学硕士生联合导师，中国政法大学不良资产处置业务高级研究班讲师，大连海洋大学聘任客座教授。

专业领域

不良资产、征地拆迁、商事仲裁。

主要著作

《掘金之旅——投资金融不良资产疑难案例精析》《掘金之旅——金融不良资产处置十八般武艺》《仲裁裁决被撤销案例精析》。

邵雷雷 律师。现任京师律师事务所创始合伙人、分所管委会主任，北京市京师（深圳）律师事务所主任。中华全国律师协会会员，具有上市公司独立董事资格，海南仲裁委员会仲裁员。

专业领域

公司上市、企业融资、金融证券、企业收购、PE 投资、股权投资、并购重组等。

主要著作

《掘金新三板之股权兵法》《掘金新三板之股权激励》《掘金之旅——投资不良资产疑难案例精析》《掘金之旅——金融不良资产处置十八般武艺》《中国合同库·股权激励》《仲裁裁决被撤案例精析》《掘金之旅——私募基金实务操作疑难解析》。

郑小宁　律师。现任北京市京师律师事务所党委副书记、第一支部书记、执行副主任、职务犯罪预防与辩护法律事务部主任，北海国际仲裁院仲裁员，北京多元调解发展促进会调解员；兼任北京市律师协会理事，北京市朝阳区律师协会党建工作委员会副主任，北京师范大学中国企业家刑事风险防控北京中心执行主任，国际关系学院硕士研究生实践导师等职务。

社会职务

第十一届北京市律师协会理事，第十一届北京市律师协会律师事务所管理指导委员会副主任，北京市朝阳区律师协会党建工作委员会副主任，北京市朝阳区律师协会刑事业务研究会委员，北京市朝阳区律师协会律师权益保障委员会委员，北京市律师协会职务犯罪与预防专业委员会委员，北京多元调解发展促进会调解员，北京师范大学中国企业家刑事风险防控北京中心执行主任，北京师范大学中国企业家犯罪预防研究中心专家委员会委员、中央财经大学预防金融证券犯罪研究所高级研究员，中国人民大学虚假诉讼治理研究中心研究员，国际关系学院硕士研究生实践导师，北京航空航天大学硕士研究生实践导师，燕京理工学院特聘教授，北海国际仲裁院仲裁员，中国行为法学会培训合作中心专家智库委员与客座教授，北京市公安局强制隔离戒毒所戒毒宣传员，乌兰浩特市公安局高级法律顾问，环宇中国东盟法律合作（北京）中心企业投资与经济犯罪研究院副院长。

专业领域

职务犯罪预防与辩护、企业家犯罪预防与辩护。

荣誉奖项

2009年,被北京市海淀区司法局评为"年度优秀法律服务工作者"。

2010年,被海淀区司法局评为海淀区律师行业深入学习实践科学发展观活动先进个人。

2011年,经中国法学会专家委员会审核被评为年度"优秀刑事辩护律师"。

2012年,被海淀区律师协会评为"年度优秀青年律师"。

2012年,被中共海淀区委直属机关评为"年度优秀共产党员"。

2013年,辩护词经中国法学会专家委员会评为"年度优秀辩护词"并获一等奖。

2018年度,荣获"中律评杯"十大无罪辩护案例。

2015—2018年度,荣获朝阳区"行业贡献奖"荣誉称号。

2018年度、2015年度,被中共北京市朝阳区律师协会委员会评为"优秀共产党员"。

2015—2018年度,荣获朝阳区"行业贡献奖"荣誉称号。

2018—2019年度,北京市律师行业"优秀党务工作者"。

主要著作

《说成就成——律师点评大要案》《论犯罪嫌疑人的权益保障》《法律移植与法律发展》《企业家犯罪的成因和表现以及律师在企业家辩护中的作用》等。

作者简介

王琮玮　律师，全国律师协会会员、中国法学会会员、中国民主建国会会员、北海国际仲裁院仲裁员，具有中国注册信息安全专业人员（CISP）、军工涉密法律服务资格。现为北京市京师律师事务所网络安全法律事务中心主任、中国小康建设研究会法律委员会秘书长、北京网络行业协会法律专业委员会副主任兼秘书长。

社会职务

中国小康建设研究会法律委员会秘书长，北京网络行业协会法律专业委员会副主任兼秘书长，中国国际科技促进会军民融合科创中心顾问，清华大学教育基金——英雄文化基金顾问。

专业领域

企业网络安全合规（包括企业网络安全制度建设、个人信息保护、等级保护、企业业务合规、评估），对企业网络安全主管人员及主要负责人进行网络安全法律方面的培训、考核宣贯等，网络犯罪预防、辩护等，房地产法律服务，企业常年法律顾问，刑事辩护。

主要著作

《守护资本》《网络安全合规指引》。

张　军　现任北京市公衡律师事务所主任，京师在线战略投资人，创办星樽律盟。曾任北京市华联律师事务所实习律师、律师、合伙人律师，北京市京师律师事务所投资合伙人律师、第九党支部书记。

社会职务

"一带一路"商贸法律服务研究院院长，海南仲裁委员会、海南国际仲裁院、北海国际仲裁院仲裁员，北京朝阳区律协商事与经济委员会副主任，并在中国东盟合作中心，北京网络行业协会法律专委会等机构任职。

荣誉奖项

曾获北京市朝阳律师协会2015—2018年度"优秀律师"、海南国际仲裁院2018年度"优秀仲裁员"、北京市朝阳律师协会党委2016、2017年度"优秀党员"、京师党总支2018年度"优秀党员"、京师党委2019年度"优秀党员"、北京市朝阳律师协会党委2019年度"优秀党员"。

主要著作

《说赢就赢——虚假诉讼案例指导》《说过就过——司法考试通关大全》《保卫资本——中国企业资本化成长的实战路径》《掘金之旅——金融不良资产处置十八般武艺》《仲裁裁决被撤案例精析》。

作者简介

陆云英　律师。现任浙江金兰律师事务所主任。

社会任职

中国政法大学法律硕士学院研究生兼职导师,最高人民法院国家责任研究基地研究员、中国人民大学虚假诉讼治理研究中心研究员,环宇中国东盟法律合作(北京)中心第一届理事会理事,北京师范大学中国企业家刑事风险防控(北京)中心核心成员,金华市政府法律顾问(2009—2015年),金华市政府法律专家库成员,金华市立法咨询专家,金华市律师协会副秘书长,金华市科技园创业导师,浙江省法律宣讲团成员,金华仲裁委员会仲裁员,民建开发区基础委员会委员。

专业领域

公司治理结构的设计、公司相关的诉讼,企业清算、重整和破产,企业及企业家的风险防范和化解法律服务,房地产和建筑法律服务、民商事案件的诉讼、仲裁,政府法律服务。

荣誉奖项

曾获得"浙江省服务中小企业优秀律师"和"金华市优秀律师"荣誉称号。

主要著作

《企业经营管理法律风险》《说赢就赢——虚假诉讼案例指导》《说成就成——律师点评大要案》《民间借贷——新型疑难复杂案例精选》。

王宝林 律师、仲裁员。现为山西宝翰律师事务所主任，山西省律师协会副会长。中国政法大学法律硕士学院研究生兼职导师，中国法学会会员，最高人民法院国家责任研究基地研究员，中国人民大学虚假诉讼治理研究中心研究员，中国—东盟法律合作（北京）中心理事，北京师范大学中国企业家刑事风险防控北京中心核心成员。

社会职务

山西省人大常委会基层立法联系点（大同大学）研究团队成员，大同市人大常委会立法咨询专家，京师公司治理与股权实务研究中心副主任，中共大同市委及市委工作部门法律顾问，大同市人民政府法律专家库成员，大同仲裁委员会专家委员会专家，大同市法律援助业务指导委员会委员，大同市政协常委，大同市政协社会法制委员会副主任，大同市平城区人大常委，民革山西省委社会和法制委员会委员，山西省新的社会阶层联谊会理事，大同市工商联（总商会）副会长，大同市新的社会阶层联谊会会长，大同市光彩事业促进会副会长，民革大同市委法制工作委员会主任，大同市监察委员会特约监察员，大同市人民检察院特约检察员，大同市中级人民法院特邀调解员，中国北海国际仲裁院仲裁员，太原仲裁委员会仲裁员，大同仲裁委员会仲裁员。

专业领域

为党政机关法律顾问，民商、行政诉讼，仲裁法律服务，公司法律服务，刑事辩护。

主要著作

《说成就成——律师点评大要案》《说上就上——公司创业版上市法律实务和案例解析》《中学生法治教育读本》《说过就过——司法考试通关大全》《说赢就赢——虚假诉讼案例指导》《借力"一带一路"打造历史文化名城——大同》《对接"一带一路"，俄罗斯开发远东的投资环境分析——以阿穆尔州为例》。

作者简介

孙铭 律师。现任北京市浩东律师事务所高级合伙人，中华全国律师协会会员和北京市律师协会会员，京师律师事务所战略部高级顾问，京师律师事务所虚假诉讼法律事务部高级顾问，京师律师学院高级顾问，北京市浩东律师事务所优秀资深律师。

社会职务

中国政法大学法律硕士学院研究生兼职导师，最高人民法院国家责任研究基地研究员、中国人民大学虚假诉讼治理研究中心研究员，中国—东盟法律合作（北京）中心第一届理事会理事，中国—东盟法律合作（北京）中心企业投资与经济犯罪研究院研究员及专家委员会委员。

主要著作

《民间借贷——新型疑难复杂案例精选》《说过就过——司法考试通关大全》《说过就过——2018法考客观题主观题一本通》《说成就成——律师点评大要案》《说上就上——151个案例实证解析新三板挂牌审核要点》《说上就上——公司创业板上市法律事务和案例解析》《说赢就赢——虚假诉讼案例指导》《国有资产交易操作与法律实务》《司考宝典》《2007年国家司法考试重点考题历年真题演绎》《2002—2007年国家司法考试历年试题解析》《2008年国家司法考试重点考题命题预测》《2009年国家司法考试历年试题汇编及答案解析》《2010年国家司法考试应试指南——社会主义法治理念考前29题、论述题考前40题》《2007年国家司法考试应试指南论述题高分应试手册》《2009年国家司法考试卷四高分突破》《司考通系列之卷一高分突破》《2009

年国家司法考试重点考题命题预测——社会主义法治理念考前 20 题》《2009 年国家司法考试重点考题特 AB 卷》《2011 年国家司法考试重点考题特 AB 卷》《2012 年国家司法考试卷四高分绝密内参》《中学生法治教育读本》《深度解读中小企业法律风险控制》《法治中国下的政府法律顾问制度》《证据视角下的虚假诉讼》《非法证据排除程序研究》。

顾问简介

施 文 西南政法大学、海南大学兼职教授,一级高级法官,一级警监。

现任海南国际仲裁院(海南仲裁委员会)主任,并兼任中国东盟法律合作中心理事长。曾任黑龙江省牡丹江市检察院副检察长,牡丹江市中级法院副院长,海口海事法院院长、党组书记,海南省中级人民法院院长、党组书记,海南省司法厅党委书记、厅长、省委政法委员会委员,中共海南省委政法委常务副书记。

黄振中 现任北京师范大学法学院教授,博士生导师,北京师范大学经营性资产领导小组成员;兼任北京汝州商会副会长,北京市京师律师事务所终身荣誉主任,北京师范大学中国企业家犯罪预防研究中心副主任,中国东盟法律合作中心副理事长,中国能源法研究会常务理事,中国国际经济贸易仲裁委员会仲裁员,天津仲裁委员会仲裁员,海南仲裁委员会仲裁员,中国农业银行股份有限公司等多  家上市公司独立董事。曾任中国石油化工集团公司办公厅,资产经营管理部(企业改革部)高级经济师、副处长,北京市金杜律师事务所,北京市德恒律师事务所律师,北京师范大学法学院院长助理、副院长及北京师范大学法律顾问室主任,西藏自治区人民检察院副检察长、党组成员、检委会委员(挂职)。

张凌霄　现任北京市京师律师事务所主任、创始合伙人、法定代表人。

社会职务

担任中国慈善联合会、中国扶贫志愿服务促进会、浙江传化慈善基金会、北京大鸾翔宇慈善基金会、山东省慈善总会等数十家慈善组织法律顾问，中国SOS儿童村协会监事会主席，中国慈善联合会副监事长，中国社会福利基金会南方周末基金监事，北京市公益法律服务促进会副会长、理事，北京市公安局戒毒宣传大使。

专业领域

资本市场、公司治理及争端解决、慈善经济。

荣誉奖项

曾获2017年中国慈善联合会"年度推动者"、2017年央视社会与法频道第一季《律师来了》栏目优秀法律顾问、2018年"中国法律服务产业十大感动公益故事"人物、2018年朝阳区律师行业优秀共产党员、2018年央视社会与法频道第二季《律师来了》栏目优秀公益律师、2019年中国慈善联合会"改革开放40年慈善事业贡献奖"、2019年央视社会与法频道第三季《律师来了》十大人气律师。

主要著作

《企业"新三板"市场融资实务操作实务指引（修订）》《说成就成——律师点评大要案》《国有资产交易操作与法律实务》《说上就上——151个案例实证解析新三板挂牌审核要点》。

顾问简介

李建平 京师律师事务所重组发起合伙人，业务指导委员会主任，总裁法律事务部主任，正和岛法律部落酋长。

杨建华 现为北京市京师律师事务所创始合伙人、执行主任、党委副书记。全面负责京师律所总部及国内、国际分所的日常管理。

社会职务

中国青年政治学院"一带一路"研究员，中国人民大学虚假诉讼研究中心研究员，北京市公安局戒毒宣传员。

21

宋晓江 北京市京师律师事务所创始合伙人、京师所党委书记。

社会职务

北师大中国企业家刑事风险防控北京中心主任，中央财经大学预防金融证券犯罪研究所副所长，中国行为法律会培训合作中心特聘客座教授，中国企业家犯罪研究中心专家委员会委员，中国人民大学虚假诉讼研究中心研究员，北海国际仲裁院仲裁员，央视电视台CCTV《谈事说理》栏目法学顾问。

专业领域

企业家犯罪辩护、涉黑涉恶犯罪辩护、职务犯罪辩护、重大商事诉讼。

主要著作

《略论大数据对企业家刑事风险预防及辩护的功能》《企业家刑案"三高发"》《大数据对刑事法律研究与实践的作用》《股东身份确认的几个法律实务问题》《论商务谈判的几点技巧》《公司诉讼的证据收集及诉讼策略》《论和谐社会法制基础》《在新的发展起点上——论律所发展》《实践·探索》。

荣誉奖项

2015—2018年，连续四年被评为"北京市律师行业优秀党员"。
2018—2019年，被司法部评为"优秀党务工作者"。

序言
Preface

当今，世界经济面临着新一轮的革命，中国已经进入一个伟大复兴的新时代。中国企业及企业家们历经了70年的沧桑巨变，期间，不仅有成功的喜悦，更有失败的悔恨。在此背景下，中国企业将走向何方，如何操作，如何发展，是传统模式还是变革创新……若干问题摆在面前。

两年前，笔者带领团队开始认真研析企业发展之路，并认为企业合规是企业发展、长久健康运营的必由之路。企业合规之路是一条漫长之路，只谈理论，读者阅读后收效不大，唯有从实战中，方能提高素质与技能，故确定以案件解析的形式向企业管理者讲述企业合规，才有可能达到事半功倍的效果。本书通过深入研究所举案例，并梳理纲目，让读者能够厘清思路，读懂法理、法条、法规及司法解释。

在本书编写过程中，《合规管理体系指南》于2017年12月29日发布，2018年7月1日正式生效。2018年11月2日，国资委下发了《中央企业合规管理指引（试行）》，明确提出"中央企业应当加快建立健全合规管理体系"。这些规范文件的出台，也让笔者感觉到了企业合规正被社会认可，并形成了一股洪流，冲击着企业家们的传统经营思维，逐渐会成为公司治理的法宝之一，更加坚定了笔者深入研究企业合规的决心。

笔者在担任中国—东盟法律合作（北京）中心企业投资与经济犯罪研究院执行院长时，就已关注企业合规的相关问题，并撰写了若干篇企业合规类的法律文章。2019年7月，笔者率先成立京师体系首个刑事合规法律事务部，其目的是深耕细作，把企业及企业家合规推向一个新高度，让企业发展步入正轨，将风险降到最低。

本书在编写过程中得到了施文先生、黄振中先生、张凌霄先生、宋晓江先生、李建平先生、杨建华先生的耐心指导,在此表示感谢。对参与本书编写的全体编委人员表示诚挚的谢意,是他们牺牲了休息时间,加班加点,认真钻研,不放过每一个细节,不漏掉每一个法条,致力于给读者呈现出完美的案例解析,充分体现了法律人的工匠精神,为中国企业合规的探索发展贡献自己的力量。同时,也非常感谢中国经济出版社编辑同志的鼓励与支持,使这本书顺利地呈现在读者面前。

2019年是不平凡的一年,中华人民共和国成立70周年,中国律师制度恢复重建40周年。笔者将此书作为献给祖国母亲的生日礼物,同时,愿与中国企业及企业家们在中华民族伟大复兴的征程上同舟共济,探索企业健康发展、建功立业的最佳路径。

刘志民

2019年9月30日 北京

目录 Contents

信息披露——披露信息不尽职，公司高管要担责 …… 1

恪尽职守——"游戏规则"须遵守，董事职责要牢记 …… 15

勤勉监督——独立董事当勤勉，内部环境多监督 …… 25

积极抗辩——董事被罚要镇定，抗辩免责是关键 …… 41

一股独大——大股东一股独大，大决策一手遮天 …… 53

信息风控——上市公司股票多，信息掌控风险大 …… 67

完善管理——公司上市势头猛，管理水平待提高 …… 83

真实陈述——虚假陈述责任大，避开险境免赔偿 …… 97

加强内控——独董制度需优化，公司内部控不严 …… 111

查阅限制——公司利益大于天，知情损害不能查 …… 121

独董保障——独董制度完善好，会计信息质量高 …… 131

履职保障——独董"不懂事"难干事，履职保障尚需完善 …… 149

关联交易——控股股东虚构事实，关联交易害人害己 …… 167

虚假交易——虚假交易受损失，起诉赔偿应支持 …… 175

诚信收购——要约收购需诚信，缔约过失要负责 …… 185

如实陈述——信息披露需诚信，虚假陈述遭起诉 …… 197

重视法规——国有股权转让时，强制规定要当心 …… 211

风险规避——商业地产市场广，法律风险求规避 …… 225

独董地位——独立董事不独立，公司治理现危机 …… 237

诉讼维权 —— 捍卫中小股东权利，诉讼这条路要知道 ············· 249

谨慎代持 —— 规避法律风险大，股权代持需谨慎 ··············· 261

关联担保 —— 关联担保不合法，债权人员受损失 ··············· 277

诚实守信 —— 虚假陈述危害市场，公司券商连带担责 ··········· 293

董事职责 —— 董事需懂责，忠实勤勉不可违 ··················· 309

独董管理 —— 独立董事懒管理，公司违规负责任 ··············· 321

集体担责 —— 公司运营不合规，董事集体来担责 ··············· 333

独董效用 —— 独立董事效用低，公司绩效不明显 ··············· 345

独董治理 —— 公司治理要完善，独立董事不可缺 ··············· 357

独董作用 —— 独立董事起作用，维护利益作用大 ··············· 375

信息披露

——披露信息不尽职，公司高管要担责

《中华人民共和国证券法》第八十二条规定：

"发行人的董事、高级管理人员应当对证券发行文件和定期报告签署书面确认意见。发行人的监事会应当对董事会编制的证券发行文件和定期报告进行审核并提出书面审核意见。监事应当签署书面确认意见。

"发行人的董事、监事和高级管理人员应当保证发行人及时、公平地披露信息，所披露的信息真实、准确、完整。

"董事、监事和高级管理人员无法保证证券发行文件和定期报告内容的真实性、准确性、完整性或者有异议的，应当在书面确认意见中发表意见并陈述理由，发行人应当披露。发行人不予披露的，董事、监事和高级管理人员可以直接申请披露"。

最高人民法院公布的《关于审理证券市场因虚假陈述引发的民事赔偿案件的若干规定》第二十一条的规定:"发起人、发行人或者上市公司对其虚假陈述给投资人造成的损失承担民事赔偿责任。发行人、上市公司负有责任的董事、监事和经理等高级管理人员对前款的损失承担连带赔偿责任。但有证据证明无过错的,应予免责"。

根据上述法律和司法解释规定,当作为上市公司高级管理人员的董事、监事及其他高级管理人员,在上市公司年度公告中存在重大遗漏行为而使上市公司受到证监会的行政处罚,其又不能证明本人对此不存在过错,亦不能提供证据证明投资人存在《关于审理证券市场因虚假陈述引发的民事赔偿案件的若干规定》第十九条的情形之一的,适用过错推定原则,应对投资人的投资损失承担连带赔偿责任。由此可见,信息披露的重要性,尽职尽责应时刻牢记。

以案说法

一、经典案例

1. 虚假陈述祸上身

吉林省昌林市中级人民法院受理了一起原告黄某诉被告昌林黄花药业股份有限公司、毛某、曹某、李某证券虚假陈述责任纠纷案件,案号:(2015)吉民四初字第××号。

原告黄某诉称:原告系投资者,在阅读被告的信息披露文件后,出于对被告的信任,曾购买了被告发行在外的股份。被告系上市公司，股票简称黄花药业，2007年5月18日，在深圳证券交易所A股上市。2011年10月23日，黄花药业发布《关于证监会对公司立案稽查的公告》。2011年10月28日，黄花药业发布《关于媒体报告相关情况的自查报告》《日常关联交易公告》，承认未对相关关联交易履行必要的审批程序，未按相关规定及时披露。2014年2月12日，黄花药业公告称其收到证监会《行政处罚决定书》。经证监会查明，黄花药业存在以下违法事实：黄花药业未在《2010年年度报告》中披露与白城AB人参贸易有限责任公司、白城CD人参贸易有限责任公司、延吉MN人参贸易有限公司、延吉KH人参贸易有限公司、延吉HJ人参贸易有限公司、昌林MQ药业有限公司的关联关系和关联交易，构成了《中华人民共和国证券法》第一百九十三条所述的"上市公司报送的报告有虚假记载、误导性陈述或者重大遗漏的违法行为"。故证监会决定，责令黄花药业改正，给予警告，并处以40万元罚款，相关高管也受到警告、罚款等处罚。因黄花药业虚假陈述，导致投资者损失惨重，相关资料显示，2011年8月16日，黄花药业收盘价18.81元/股，2011年10月24日，股票复牌后股价连续三日跌停，此后股价仍持续下跌，2013年1月6日，收盘价仅7.59元/股。对此，被告黄花药业理应为权益受损的投资者承担由此产生的虚假陈述侵权民事赔偿责任。根据《中华人民共和国证券法》与最高人民法院公布的《关于审理证券市场因虚假陈述引发的民事赔偿案件的若干规定》（以下简称《若干规定》）的规定，因虚假陈述受到中国证监会、财政部等行政处罚，或人民法院作出认定有罪且判决生效的刑事判决，且权益受损的投资者，都可以向有管辖权的法院提起民事赔偿诉讼。而原告正是根据被告信息披露后购买了被告发行在外的流通股股票，因其虚假陈述导致了投资损失（包括投资差额损失、印花税、佣金及利息）。现依法起诉，要求被告承担责任，赔偿损失，以维护自己的合法权益。原告请求法院判令：（1）判令被告向原告支付因虚假陈述引起的侵权赔偿款项41562元（包括投资损失差额、佣金、印花税和利息损失。佣金及印花税按照差额损失部分的3‰、1‰计算）；（2）判令被告李某、曹某对原告的上述损失承担连带赔偿责任；（3）判令被告承担本案诉讼费。庭审中，原告放弃其关于利息损失的诉请。

黄花药业辩称，不同意原告的诉讼请求。首先，原告不存在投资损失，其次，原告主张的"投资损失"与被告虚假陈述之间不存在因果关系，故请求贵法院依法驳回原告的诉讼请求。

2. 法院判决责难逃

法院受理后，总结案件争议焦点是：被告黄花药业虚假陈述实施日、揭露日、基准日的具体时间；原告的损害结果与被告虚假陈述是否存在因果关系；原告具体的损失项目及具体的数额确定；李某、曹某应否对原告的损失承担连带赔偿责任。法院经过审理后认为，《中华人民共和国证券法》第八十二条规定，"发行人的董事、高级管理人员应当对证券发行文件和定期报告签署书面确认意见。发行人的监事会应当对董事会编制的证券发行文件和定期报告进行审核并提出书面审核意见。监事应当签署书面确认意见。发行人的董事、监事和高级管理人员应当保证发行人及时、公平地披露信息，所披露的信息真实、准确、完整。董事、监事和高级管理人员无法保证证券发行文件和定期报告内容的真实性、准确性、完整性或者有异议的，应当在书面确认意见中发表意见并陈述理由，发行人应当披露。发行人不予披露的，董事、监事和高级管理人员可以直接申请披露"。李某、曹某作为上市公司的高级管理人员，对于被告黄花药业所披露的信息的完整性负有保证义务，根据《关于审理证券市场因虚假陈述引发的民事赔偿案件的若干规定》第二十一条的规定，"发起人、发行人或者上市公司对其虚假陈述给投资人造成的损失承担民事赔偿责任。发行人、上市公司负有责任的董事、监事和经理等高级管理人员对前款的损失承担连带赔偿责任。但有证据证明无过错的，应予免责"，即适用过错推定原则。作为上市公司高级管理人员，李某、曹某因被告黄花药业2010年度公告存在重大遗漏行为而受到证监会的行政处罚，因其不能证明本人对此不存在过错，亦不能提供证据证明原告存在《关于审理证券市场因虚假陈述引发的民事赔偿案件的若干规定》第十九条的情形之一，故李某、曹某应对原告的投资损失承担连带赔偿责任。最终法院判决被告昌林黄花药业股份有限公司于本判决生效之日立即给付原告黄某投资差额损失、佣金和印花税共计8492.63元；被告李某、曹某对原告黄某的上述损失承担连带赔偿责任。

二、案例分析

依据《中华人民共和国公司法》第一百四十五条规定,"公开其财务状况、经营情况及重大诉讼,在每会计年度内半年公布一次财务会计报告,且必须保证所披露的信息真实、准确、完整"。

《中华人民共和国证券法》第八十二条规定,"发行人的董事、高级管理人员应当对证券发行文件和定期报告签署书面确认意见。发行人的监事会应当对董事会编制的证券发行文件和定期报告进行审核并提出书面审核意见。监事应当签署书面确认意见。发行人的董事、监事和高级管理人员应当保证发行人及时、公平地披露信息,所披露的信息真实、准确、完整。董事、监事和高级管理人员无法保证证券发行文件和定期报告内容的真实性、准确性、完整性或者有异议的,应当在书面确认意见中发表意见并陈述理由,发行人应当披露。发行人不予披露的,董事、监事和高级管理人员可以直接申请披露"。法律之所以设置严格的信息披露程序,目的是为了更好的保护处于弱势的投资者的知情权,维护股票市场的稳定、繁荣和正常发展。如果违反上述规定,法律设置了严厉的惩罚措施。最高人民法院公布的《关于审理证券市场因虚假陈述引发的民事赔偿案件的若干规定》第二十一条规定,"发起人、发行人或者上市公司对其虚假陈述给投资人造成的损失承担民事赔偿责任。发行人、上市公司负有责任的董事、监事和经理等高级管理人员对前款的损失承担连带赔偿责任"。

如果上市公司负有责任的董事、监事和经理等高级管理人员,能够证明投资者有最高人民法院公布的《关于审理证券市场因虚假陈述引发的民事赔偿案件的若干规定》第十九条的情形,则不用承担赔偿责任。即被告举证证明原告具有以下情形的,人民法院应当认定虚假陈述与损害结果之间不存在因果关系:在虚假陈述揭露日或者更正日之前已经卖出证券;在虚假陈述揭露日或者更正日及以后进行的投资;明知虚假陈述存在而进行的投资;损失或者部分损失是由证券市场系统风险等其他因素所导致;属于恶意投资、操纵证券价格的。

综上所述,作为上市公司的董事、监事、高级管理人员应尽职尽责全面履行法定职责和公司章程规定的义务，做到忠实勤勉，不能为一己之私利，侵害公司、股东和广大投资者的利益，否则将会受到法律的严厉制裁。本案中的判决为违法者敲响了警钟。

三、律师观点

1. 董事高层恪守自身义务

上市公司高级管理人员是指上市公司的经理、副经理、财务负责人、上市公司董事会秘书和上市公司章程规定的其他人员。通常认为，上市公司董事、高级管理人员与公司的关系，在普通法系国家为信托关系，在大陆法系国家为委任关系。董事、监事、高级管理人员因其特殊身份，知悉公司的经营状况乃至商业秘密，为防止其利用身份优势谋取个人利益而损害公司利益，无论哪一种法律体系，基于平衡利益冲突、保护公司利益的目的，均肯定董事、高级管理人员应对公司承担忠实勤勉义务。

所谓忠实勤勉义务，本杰明·内森·卡多佐法官曾如此界定，"董事不得以牺牲任何公司利益为代价而获得个人利益，也不得以同董事所享有的权力相冲突的方式取得个人利益，不得为了个人利益而将那些就公平而言应属于公司的机会据为己有"。《中华人民共和国公司法》第一百四十七条第一款规定，"董事、监事、高级管理人员应当遵守法律、行政法规和公司章程，对公司负有忠实义务和勤勉义务"。

2. 董事高层增强法制观念

董事、监事、高级管理人员须明白什么是被法律所允许的，什么是被法律所禁止的，要在法律所限定的框架内做事，既要遵守公司的各项规章制度，还要同违章指挥作斗争。这也是所有企业员工应尽的责任和义务，不仅要懂法、还要遵法、会用法，在提高法制观念和依法办事的同时也提高了自身业务素质。新时代，全面依法治国，提高法律意识，掌握必要的法律法规，是企业员工的必修课。

必懂知识

1. 董事、监事、高级管理人员的任职条件

《中华人民共和国公司法》第一百四十六条规定，"有下列情形之一的，不得担任公司的董事、监事、高级管理人员：（一）无民事行为能力或者限制民事行为能力；（二）因贪污、贿赂、侵占财产、挪用财产或者破坏社会主义市场经济秩序，被判处刑罚，执行期满未逾五年，或者因犯罪被剥夺政治权利，执行期满未逾五年；（三）担任破产清算的公司、企业的董事或者厂长、经理，对该公司、企业的破产负有个人责任的，自该公司、企业破产清算完结之日起未逾三年；（四）担任因违法被吊销营业执照、责令关闭的公司、企业的法定代表人，并负有个人责任的，自该公司、企业被吊销营业执照之日起未逾三年；（五）个人所负数额较大的债务到期未清偿。公司违反前款规定选举、委派董事、监事或者聘任高级管理人员的，该选举、委派或者聘任无效。董事、监事、高级管理人员在任职期间出现本条第一款所列情形的，公司应当解除其职务"。

同样的规定出现在国务院颁布的《企业法人法定代表人登记管理规定》第四条，"有下列情形之一的，不得担任法定代表人，企业登记机关不予核准登记：（一）无民事行为能力或者限制民事行为能力的；（二）正在被执行刑罚或者正在被执行刑事强制措施的；（三）正在被公安机关或者国家安全机关通缉的；（四）因犯有贪污贿赂罪、侵犯财产罪或者破坏社会主义市场经济秩序罪，被判处刑罚，执行期满未逾五年的；因犯有其他罪，被判处刑罚，执行期满未逾三年的；或者因犯罪被判处剥夺政治权利，执行期满未逾五年的；（五）担任因经营不善破产清算的企业的法定代表人或者董事、经理，并对该企业的破产负有个人责任，自该企业破产清算完结之日起未逾三年的；（六）担任因违法被吊销营业执照的企业的法定代表人，并对该企业违法行为负有个人责任，自该企业被吊销营业执照之日起未逾三年的；（七）个人负债数额较大，到期未清偿的；（八）有法律和国务院规定不得担任法定代表人的其他情形的"。

在中央文明办、最高人民法院、公安部、国务院国资委、国家工商总局、中国银监

会、中国民用航空局、中国铁路总公司联合发布的《关于印发〈"构建诚信惩戒失信"合作备忘录〉的通知》(文明办〔2014〕4号)也有类似表述,"三、信用惩戒的范围:一是禁止部分高消费行为,包括禁止乘坐飞机、列车软卧;二是实施其他信用惩戒,包括限制在金融机构贷款或办理信用卡;三是失信被执行人为自然人的,不得担任企业的法定代表人、董事、监事、高级管理人员等"。

2. 董事、监事、高级管理人员具有忠实勤勉义务

《中华人民共和国公司法》第一百四十七条规定,"董事、监事、高级管理人员应当遵守法律、行政法规和公司章程,对公司负有忠实义务和勤勉义务。董事、监事、高级管理人员不得利用职权收受贿赂或者其他非法收入,不得侵占公司的财产"。

《中华人民共和国公司法》第一百四十八条规定,"董事、高级管理人员不得有下列行为:(一)挪用公司资金;(二)将公司资金以其个人名义或者以其他个人名义开立账户存储;(三)违反公司章程的规定,未经股东会、股东大会或者董事会同意,将公司资金借贷给他人或者以公司财产为他人提供担保;(四)违反公司章程的规定或者未经股东会、股东大会同意,与本公司订立合同或者进行交易;(五)未经股东会或者股东大会同意,利用职务便利为自己或者他人谋取属于公司的商业机会,自营或者为他人经营与所任职公司同类的业务;(六)接受他人与公司交易的佣金归为己有;(七)擅自披露公司秘密;(八)违反对公司忠实义务的其他行为。董事、高级管理人员违反前款规定所得的收入应当归公司所有"。

《中华人民共和国公司法》第一百四十九条规定,"董事、监事、高级管理人员执行公司职务时违反法律、行政法规或者公司章程的规定,给公司造成损失的,应当承担赔偿责任"。

《中华人民共和国公司法》第一百五十条规定,"股东会或者股东大会要求董事、监事、高级管理人员列席会议的,董事、监事、高级管理人员应当列席并接受股东的质询。董事、高级管理人员应当如实向监事会或者不设监事会的有限责任公司的监事提供有关情况和资料,不得妨碍监事会或者监事行使职权"。

《中华人民共和国公司法》第一百五十一条规定,"董事、高级管理人员有本法第一百四十九条规定的情形的,有限责任公司的股东、股份有限公司连续一百八十日以上单

独或者合计持有公司百分之一以上股份的股东，可以书面请求监事会或者不设监事会的有限责任公司的监事向人民法院提起诉讼；监事有本法第一百四十九条规定的情形的，前述股东可以书面请求董事会或者不设董事会的有限责任公司的执行董事向人民法院提起诉讼。监事会、不设监事会的有限责任公司的监事，或者董事会、执行董事收到前款规定的股东书面请求后拒绝提起诉讼，或者自收到请求之日起三十日内未提起诉讼，或者情况紧急、不立即提起诉讼将会使公司利益受到难以弥补的损害的，前款规定的股东有权为了公司的利益以自己的名义直接向人民法院提起诉讼。他人侵犯公司合法权益，给公司造成损失的，本条第一款规定的股东可以依照前两款的规定向人民法院提起诉讼"。

《中华人民共和国公司法》第一百五十二条规定，"董事、高级管理人员违反法律、行政法规或者公司章程的规定，损害股东利益的，股东可以向人民法院提起诉讼"。

必懂法规

一、《中华人民共和国公司法》

第一百四十五条　上市公司必须依照法律、行政法规的规定，公开其财务状况、经营情况及重大诉讼，在每会计年度内半年公布一次财务会计报告。

第一百四十六条　有下列情形之一的，不得担任公司的董事、监事、高级管理人员：

（一）无民事行为能力或者限制民事行为能力；

（二）因贪污、贿赂、侵占财产、挪用财产或者破坏社会主义市场经济秩序，被判处刑罚，执行期满未逾五年，或者因犯罪被剥夺政治权利，执行期满未逾五年；

（三）担任破产清算的公司、企业的董事或者厂长、经理，对该公司、企业的破产负有个人责任的，自该公司、企业破产清算完结之日起未逾三年；

（四）担任因违法被吊销营业执照、责令关闭的公司、企业的法定代表人，并负有个人责任的，自该公司、企业被吊销营业执照之日起未逾三年；

（五）个人所负数额较大的债务到期未清偿。公司违反前款规定选举、委派董事、监事或者聘任高级管理人员的,该选举、委派或者聘任无效。董事、监事、高级管理人员在任职期间出现本条第一款所列情形的,公司应当解除其职务。

第一百四十七条 董事、监事、高级管理人员应当遵守法律、行政法规和公司章程,对公司负有忠实义务和勤勉义务。

董事、监事、高级管理人员不得利用职权收受贿赂或者其他非法收入,不得侵占公司的财产。

第一百四十八条 董事、高级管理人员不得有下列行为:

(一)挪用公司资金;

(二)将公司资金以其个人名义或者以其他个人名义开立账户存储;

(三)违反公司章程的规定,未经股东会、股东大会或者董事会同意,将公司资金借贷给他人或者以公司财产为他人提供担保;

(四)违反公司章程的规定或者未经股东会、股东大会同意,与本公司订立合同或者进行交易;

(五)未经股东会或者股东大会同意,利用职务便利为自己或者他人谋取属于公司的商业机会,自营或者为他人经营与所任职公司同类的业务;

(六)接受他人与公司交易的佣金归为己有;

(七)擅自披露公司秘密;

(八)违反对公司忠实义务的其他行为。

董事、高级管理人员违反前款规定所得的收入应当归公司所有。

第一百四十九条 董事、监事、高级管理人员执行公司职务时违反法律、行政法规或者公司章程的规定,给公司造成损失的,应当承担赔偿责任。

第一百五十条 股东会或者股东大会要求董事、监事、高级管理人员列席会议的,董事、监事、高级管理人员应当列席并接受股东的质询。董事、高级管理人员应当如实向监事会或者不设监事会的有限责任公司的监事提供有关情况和资料,不得妨碍监事会或者监事行使职权。

第一百五十一条 董事、高级管理人员有本法第一百四十九条规定的情形的,有限责任公司的股东、股份有限公司连续一百八十日以上单独或者合计持有公司百分之一以上股份的股东,可以书面请求监事会或者不设监事会的有限责任公司的监事向人民法院提起诉讼;监事有本法第一百四十九条规定的情形的,前述股东可以书面请求董事会或者不设董事会的有限责任公司的执行董事向人民法院提起诉讼。监事会、不设监事会的有限责任公司的监事,或者董事会、执行董事收到前款规定的股东书面请求后拒绝提起诉讼,或者自收到请求之日起三十日内未提起诉讼,或者情况紧急、不立即提起诉讼将会使公司利益受到难以弥补的损害的,前款规定的股东有权为了公司的利益以自己的名义直接向人民法院提起诉讼。他人侵犯公司合法权益,给公司造成损失的,本条第一款规定的股东可以依照前两款的规定向人民法院提起诉讼。

第一百五十二条 董事、高级管理人员违反法律、行政法规或者公司章程的规定,损害股东利益的,股东可以向人民法院提起诉讼。

二、《中华人民共和国证券法》

第八十二条 发行人的董事、高级管理人员应当对证券发行文件和定期报告签署书面确认意见。

发行人的监事会应当对董事会编制的证券发行文件和定期报告进行审核并提出书面审核意见。监事应当签署书面确认意见。

发行人的董事、监事和高级管理人员应当保证发行人及时、公平地披露信息,所披露的信息真实、准确、完整。

董事、监事和高级管理人员无法保证证券发行文件和定期报告内容的真实性、准确性、完整性或者有异议的,应当在书面确认意见中发表意见并陈述理由,发行人应当披露。发行人不予披露的,董事、监事和高级管理人员可以直接申请披露。

第八十五条 信息披露义务人未按照规定披露信息,或者公告的证券发行文件、定期报告、临时报告及其他信息披露资料存在虚假记载、误导性陈述或者重大遗漏,致使投资者在证券交易中遭受损失的,信息披露义务人应当承担赔偿责任;发行人的控股股东、实际控制人、董事、监事、高级管理人员和其他直接责任人员以及保荐人、承销的证券公司及其直接责任人员,应当与发行人承担连带赔偿责任,但是能够证明自己没有过错的除外。

三、《关于审理证券市场因虚假陈述引发的民事赔偿案件的若干规定》

第十九条 被告举证证明原告具有以下情形的,人民法院应当认定虚假陈述与损害结果之间不存在因果关系:(一)在虚假陈述揭露日或者更正日之前已经卖出证券;(二)在虚假陈述揭露日或者更正日及以后进行的投资;(三)明知虚假陈述存在而进行的投资;(四)损失或者部分损失是由证券市场系统风险等其他因素所导致;(五)属于恶意投资、操纵证券价格的。

第二十一条 发起人、发行人或者上市公司对其虚假陈述给投资人造成的损失承担民事赔偿责任。发行人、上市公司负有责任的董事、监事和经理等高级管理人员对前款的损失承担连带赔偿责任。但有证据证明无过错的,应予免责。

四、《企业法人法定代表人登记管理规定》

第四条 有下列情形之一的,不得担任法定代表人,企业登记机关不予核准登记:(一)无民事行为能力或者限制民事行为能力的;(二)正在被执行刑罚或者正在被执行刑事强制措施的;(三)正在被公安机关或者国家安全机关通缉的;(四)因犯有贪污贿赂罪、侵犯财产罪或者破坏社会主义市场经济秩序罪,被判处刑罚,执行期满未逾五年的;因犯有其他罪,被判处刑罚,执行期满未逾三年的;或者因犯罪被判处剥夺政治权利,执行期满未逾五年的;(五)担任因经营不善破产清算的企业的法定代表人或者董事、经理,并对该企业的破产负有个人责任,自该企业破产清算完结之日起未逾三年的;(六)担任因违法被吊销营业执照的企业的法定代表人,并对该企业违法行为负有个人责任,自该企业被吊销营业执照之日起未逾三年的;(七)个人负债数额较大,到期未清偿的;(八)有法律和国务院规定不得担任法定代表人的其他情形的。

恪尽职守

——"游戏规则"须遵守,董事职责要牢记

世界经济发展的历程表明,一个国家经济发展到一定水平,必将会出现一批大企业、大集团,这是经济发展的必然趋势,随着中国经济体制改革的不断深化,生产力的不断提高和发展,大批的企业集团应运而生,成为我国经济持续稳定增长的最基本的保证。

母公司股东及董事如何按照《中华人民共和国公司法》建立母子公司管理体制,并对子公司依法行使出资人权利,规范母子公司内部管理,近年来一直是企业理论界探讨的新课题。

以案说法

一、经典案例

1. 子公司很"顽皮",母公司董事高层担责任

2015年5月28日,浩海国际能源集团股份有限公司(以下简称"浩海国际")公告称,因全资子公司浩海国际能源集团华东有限公司(下称"华东公司")违规对外担保事项,公司收到上交所出具的《关于对浩海国际能源集团股份有限公司及其有关责任人予以监管关注的决定》,对浩海国际时任董事长吴某海、时任总经理黄某河等几位董事予以监管关注。

2014年6月,华东公司为国兴亿康煤炭销售有限公司(下称"亿康公司")金额为2.2亿元的借款提供了连带保证责任担保。此后,亿康公司经营亏损,华东公司因此承担担保责任。但其未披露前述事项,也未按规定履行董事会决策程序。浩海国际在知悉华东公司上述事项后,进行了补充披露。上交所认为,浩海国际违反了《上海证券交易所股票上市规则》(以下简称《股票上市规则》)有关规定。董事长吴某海、总经理黄某河等几位董事

未能尽责，对违规行为负有主要责任。

2. 母公司董事管控不严

母公司的董事会与监事会的管控犹如虚设，使母公司分权过度，子公司权力过大造成：代理成本增高；加大企业投资风险；股东资产流失，经营者权力过大；经理层擅自行为，信息不真实。

母公司对子公司相互关系处理的依据是《中华人民共和国公司法》。同时，鉴于出资者追求投资收益最大化的目标一致，母公司应当加强对子公司的有效管理。

二、案例分析

1. 违反上市公司的"游戏规则"

浩海国际收到上交所的监管工作函，是因为其行为违反了《股票上市规则》的有关规定。在其全资子公司发生对外担保事项且亿康公司经营业绩亏损，公司可能因此承担担保责任时，浩海国际并未按照规定对上述事项进行及时、完整的披露。此外，《股票上市规则》还规定，上市公司发生"提供担保"交易事项，绝对金额超过5000万元以上要经股东大会审议。案例中，浩海国际未履行相应董事会决策程序违规为亿康公司提供担保，担保金额为2.2亿元，超过了监管要求的5000万元。

2. 显现出的内控问题

公司出现违反上市规则的事项，部分原因是内控工作出现漏洞，主要表现在以下两个方面：

（1）母公司董事对子公司管控不力

《企业内部控制应用指引——对子公司的控制》（征求意见稿）第一章第三条指出，"企业至少应当关注下列涉及对子公司管理的风险：子公司超越业务范围或审批权限从事相关交易或事项，可能给企业造成投资失败、法律诉讼和资产损失"。第一章第四条指出，"子公司业务权限应当合理授权，重大业务应当经母公司严格审批"。第二十条指出，"未经母公司董事会或经理批准，子公司不得对外提供担保或互保。经批准的担保事项，子公司应当建立备查账簿，逐笔登记贷款企业、贷款银行等信息，母公司负责组织专人定期检查"。

华东公司在对外进行如此大额的担保时，未向母公司董事高层提出申请或备案，导致公司董事高层对该事项未能及时知晓并采取相关披露措施。可见浩海国际董事会在制定母子公司管控权限时，未对有关子公司的权限进行约束，也未对子公司相关经济事项的报批或报备进行明确规定，更未设置相应的监督和考核机制。

（2）担保业务流程漏洞大

为了防止担保决策失误给担保人造成不必要的损失，在担保事项进行前应当对被担保人进行详细的尽职调查，整个担保事项和有关细则也应进行有效审批。华东公司担保事项发生后，被担保人的经营状况恶化，可能是由以下两个方面导致，一是华东公司的担保前期调研工作未能有效进行，没有对亿康公司的财务和经营状况进行充分了解，导致对其未来经营状况没能作出合理准确的判断；二是审批程序未能有效履行，该项担保仅在华东公司内部进行审批，并未报送母公司。

在担保事项执行的过程中，担保人应要求被担保单位按期提报相关的经营和财务信息等，以便当其经营状况下滑时，能及时采取有效措施避免风险和损失。而华东公司在担保执行过程中，未能就亿康公司的情况采取有效措施，从而增加了自身和母公司面临的风险。

三、律师观点

1. 董事会对集团管控应加强

母公司董事应召开董事会建立子公司业务授权审批制度，在子公司章程中明确规定子公司的业务范围和审批权限。子公司不得从事业务范围或审批权限之外的交易或事项。对于超出业务范围或审批权限的交易或事项，子公司应当提交母公司董事会或股东大会审议，并在批准后方可实施。

针对子公司可能会发生对企业利益产生重大影响的重大交易或事项等情况，母公司董事会应在子公司章程和管理制度中严格界定其业务范围并设置权限体系，并通过类似项目合并审查、总额控制等措施来防范子公司采用分拆项目的方式绕过授权。重大交易或事项包括但不限于子公司发展计划及预算、重大投资、重大合同协议、重大资产收购出售,以及处置、重大筹资活动、对外担保和互保、对外捐赠、关联交易等。

2. 优化董事会人员构成

鉴于大多数企业集团中,董事会的成员主要来自内部,这些董事长时间从事企业内部管理,对现代企业制度和公司制的运作缺乏理论和实践,对自身的职责和权力不够清楚,作用往往发挥不够,作为母公司一方要积极地加强培训和教育,提高公司董事的现代企业管理水平,同时也要加强考核和管理,建立董事任职资格制度,使董事逐步实现知识化、专业化。在有条件的情况下,要适当吸收外部董事,优化董事会的构成,提高决策的效率。同时在有条件时董事会还可以科学地设置一些如财务、法律、审计监督等办事机构,提高董事会决策功能。

3. 规范担保业务程序

无论是上市公司还是其子公司,均应依法制定和完善担保业务政策及相关管理制度,明确担保对象、范围、方式、程序、担保限额和禁止担保等事项,规范调查评估、审核批准、担保执行等环节的工作流程,按照政策、制度、流程办理担保业务,定期检查担保政策的执行情况及效果,切实防范担保业务风险。尽管如此,担保合同的效力问题,实际上对内担保和对外担保方面实践中争议颇大,有时是争议纠纷的焦点。

必懂知识

1. 董事的意义

董事是指由公司股东会选举产生的具有实际权力和权威的管理公司事务的人员,是公司内部治理的主要力量,对内管理公司事务,对外代表公司进行经济活动;占据董事职位的人可以是自然人,也可以是法人。但法人充当公司董事时,应指定一名有行为能力的自然人为代理人。

股份有限公司的董事由股东大会选举产生，可以由股东或非股东担任。董事的任期，一般在公司内部细则中给予规定，分定期和不定期两种。定期是指把董事的任期限制在一定的时间内，但每届任期不得超过三年。不定期是指从任期那天算起，满三年改选，但可连选连任。被解聘的原因有以下几种：任期届满而未能连任、违反股东大会决议、股份转让、本人辞职、因解散或董事死亡、公司破产、董事丧失行为能力等。

2. 董事义务和注意义务

董事义务是指董事作为公司的受任人和受信托人对公司所负的义务。尽管董事是由公司股东会选任，但股东会属于公司内部的权力机构，并不能代表公司这一整体。因此，董事只对公司而非个别股东或者某一类股东负有义务。《中华人民共和国公司法》第一百四十八条规定，"董事、监事、高级管理人员应当遵守法律、行政法规和公司的章程，对公司负有忠实义务和勤勉义务"。

尽管相关研究者对董事法律地位的认识和观点不尽一致，但对董事义务的认识都十分相近，这也是两大法系国家公司立法的共同点之一。基于董事与公司的"委任关系"和"信托关系"，一般来说，董事对公司具有注意义务和忠实义务。注意义务又称勤勉义务，是指董事在执行公司事务时，应以一个合理谨慎的义务主体在相似的情形下所应表现的谨慎、勤勉和技能履行其职责。在大陆法系中，注意义务被称为"善良管理人的注意义务""善管义务"。注意义务要求董事作为受托人，必须谨慎小心，而不是漫不经心的司其职务。董事在履行职责时，必须有"诚意"，并且必须在相似处境下，像"谨慎的普通人"一样审慎尽职，必须以自己认为对公司最有益的方式忠实地履行职责。董事的注意义务产生的根源是董事与公司间的委任关系，其实质是一种管理义务，如果董事在履行职责时，无法做到合理谨慎，就应承担赔偿责任。董事作为对公司发展有重大影响的公司管理者，享有法律、章程及股东会所授予的权力处理全公司所有业务，左右着公司的命运，其地位十分重要。所以，董事应积极地参与到公司事务的管理，对公司的事务尽应有的注意义务，妥善处理公司利益，否则依据法律和章程的规定，就应承担相应的法律责任。

董事的每一个决定，从社会一般标准和公司的利益来看，应是合理的、可行的。有人认为，董事的注意义务较之忠实义务，是相对较轻的义务，但这种义务有时被看作是董事对公司所承担的受信托义务。

随着股东会中心主义逐渐转为董事会中心主义，作为对内管理公司事务、对外代表公司的董事，其权利日趋扩张。基于扩权与扩责同步制衡的原则，在董事权利扩张之时，有必要强化董事的义务，并建立行之有效的责任追究制度。我国新修订的《中华人民共和国公司法》对董事的注意义务进行了规定，从立法上完善和规范董事的义务，具有十分重要的现实意义。

3. 董事的权利

《中华人民共和国公司法》对董事会的职权有集中的规定，但对董事的权利无集中规定。此类内容，可见于有关董事的条款。主要体现在以下几点：

其一，出席董事会会议权利。根据《中华人民共和国公司法》规定，董事会会议应由董事本人出席。因此，董事当然有出席董事会会议的权利。

其二，表决权。董事在董事会议上有就所议事项进行表决的权利。

其三，董事会临时会议召集的提议权。《中华人民共和国公司法》只规定董事会可以召开临时会议，而未规定如何召集。董事长可视其情况主动召集，也可以根据董事会的提议而召集。后者，则体现了董事会有对召集董事临时会议的提议权。

其四，通过董事会行使职权而行使的权利。董事会的职权不是董事个人的职权，因而不能由董事分别行使，但是如果没有董事的参与，董事会无法行使其职权，董事作为董事会的成员，可以通过行使议决权而影响董事会的决定。可以看出，董事除上述权利外，还有通过董事会行使职权而行使的权利。

4. 董事的法律责任

在新修订的《中华人民共和国公司法》里，以董事、监事及高级管理人员的赔偿责任和可以被提起诉讼的条款大为增加。"公司的控股股东、实际控制人、董事、监事、高级管理人员不得利用其关联关系损害公司利益。违反前款规定，给公司造成损失的，应当承担赔偿责任"；"董事应当对董事会的决议承担责任。董事会的决议违反法律、行政法规或者公司章程、股东大会决议，致使公司遭受严重损失的，参与决议的董事对公司负赔偿责任"；"董事、监事、高级管理人员执行公司职务时违反法律、行政法规或者公司章程的规定，给公司造成损失的，应当承担赔偿责任"；"董事、高级管理人员违反法律、行政法规或者公司章程的规定，损害股东利益的，股东可以向人民法院提起诉讼"。这些民事责任条款大大增加了董事等高级管理人员的"职务风险"。

必懂法规

一、《中华人民共和国公司法》

第十四条 公司可以设立分公司。设立分公司，应当向公司登记机关申请登记，领取营业执照。分公司不具有法人资格，其民事责任由公司承担。

公司可以设立子公司，子公司具有法人资格，依法独立承担民事责任。

第二十条 公司股东应当遵守法律、行政法规和公司章程，依法行使股东权利，不得滥用股东权利损害公司或者其他股东的利益；不得滥用公司法人独立地位和股东有限责任损害公司债权人的利益。

公司股东滥用股东权利给公司或者其他股东造成损失的，应当依法承担赔偿责任。公司股东滥用公司法人独立地位和股东有限责任，逃避债务，严重损害公司债权人利益的，应当对公司债务承担连带责任。

第一百零九条 董事会设董事长一人，可以设副董事长。董事长和副董事长由董事会以全体董事的过半数选举产生。

董事长召集和主持董事会会议，检查董事会决议的实施情况。副董事长协助董事长工作，董事长不能履行职务或者不履行职务的，由副董事长履行职务；副董事长不能履行职务或者不履行职务的，由半数以上董事共同推举一名董事履行职务。

第一百一十条 董事会每年度至少召开两次会议，每次会议应当于会议召开十日前通知全体董事和监事。

代表十分之一以上表决权的股东、三分之一以上董事或者监事会，可以提议召开董事会临时会议。董事长应当自接到提议后十日内，召集和主持董事会会议。

董事会召开临时会议，可以另定召集董事会的通知方式和通知时限。

第一百一十一条　董事会会议应有过半数的董事出席方可举行。董事会作出决议，必须经全体董事的过半数通过。

董事会决议的表决，实行一人一票。

第一百一十二条　董事会会议，应由董事本人出席；董事因故不能出席，可以书面委托其他董事代为出席，委托书中应载明授权范围。

董事会应当对会议所议事项的决定作成会议记录，出席会议的董事应当在会议记录上签名。

董事应当对董事会的决议承担责任。董事会的决议违反法律、行政法规或者公司章程、股东大会决议，致使公司遭受严重损失的，参与决议的董事对公司负赔偿责任。但经证明在表决时曾表明异议并记载于会议记录的，该董事可以免除责任。

二、《中华人民共和国证券法》

第八十五条　信息披露义务人未按照规定披露信息，或者公告的证券发行文件、定期报告、临时报告及其他信息披露资料存在虚假记载、误导性陈述或者重大遗漏，致使投资者在证券交易中遭受损失的，信息披露义务人应当承担赔偿责任；发行人的控股股东、实际控制人、董事、监事、高级管理人员和其他直接责任人员以及保荐人、承销的证券公司及其直接责任人员，应当与发行人承担连带赔偿责任，但是能够证明自己没有过错的除外。

勤勉监督

——独立董事当勤勉，内部环境多监督

作为一种弥补传统公司治理缺陷的制度安排，独立董事制度最早出现在美国。从20世纪初期到现在的100多年来，在美国证监会（SEC）、州政府和纽约证券交易所等的推动下，美国独立董事制度得到发展与完善。

中国资本市场经过几十年的发展，在证监会的推动下，独立董事制度也得到了发展。以 2016 年为例，据统计，截至 2016 年年底，全国 1895 家上市公司已配备了 5630 名独立董事，平均每家公司 3 名。可以说，独立董事已经成为董事会成员中不可忽视的重要力量。

以案说法

一、经典案例

1. "花瓶董事"被罚有点冤

2002 年 4 月 1 日，"M"的前任独立董事陆某，一纸诉状将证监会主席告上法庭。5 月 13 日，北京市第一中级人民法院正式受理此案。6 月 20 日，北京市第一中院开庭审理此案，并于 8 月 25 日做出判决，以"超过法定诉讼期限"为由，驳回起诉。陆某不服，提出上诉。10 月 24 日上午 9 时，陆某一案在北京市高级人民法院二审开庭。在 10 月 24 日的庭审中，代理律师向北京市高院提交了"M"5 位董事的证言，并申请对《行政复议送达书》上陆某的签名进行"笔迹鉴定"。因为，此前一审法院曾认为，陆某于 2002 年 3 月 18 日签收并阅读了复议书，虽然又将签收日期划去，但应于 4 月 2 日前向北京市一中院提起诉讼，但陆某 4 月 22 日才寄出起诉状，因而，超过诉讼期限，予以驳回。陆某的代理律师对一审、二审停留在"程序审查"上表示遗憾。他认为，证监会在规范证券市场、治理上市公司运作上不遗余力，如能通过本案庭审，探讨法律意义上的上市公司经营者、董事、独立董事的责任，会对证券市场产生建设性的长远影响，提高上市公司治理水准。

2. 道出前因后果，独董难逃其责

陆某一肚子的委屈事情得从2000年9月24日说起，那天中午，两个年轻人来到南阳大学外语系副教授陆某的家里。他们邀请陆教授去参加一个聚会，而聚会的地方是个严加保密的特定场合，参加此次聚会的有"M"的全体董事和总经理、为"M"上市出具审计报告的注册会计师及公司财务负责人、其他部门负责人，还有"M"上市的主承销商"某证券"的负责人。聚会的主题是"M"的造假上市，骗取上市资格，以及"M"的会计造假，隐瞒巨额亏损，虚构巨额利润给投资人造成重大损失。情节恶劣、危害严重。直到11月7日，作为公司唯一的独立董事，陆某被解除"居住监视"放回家中。

一年后，陆某收到了中国证监会下达的《处罚决定书》。经中国证监会认定，"M"董事会用欺骗的手段虚假上市和虚构利润，欺骗投资人，骗取巨额资金，严重侵害了投资人的利益。实际上已构成"妨害对公司、企业的管理秩序罪"；即《中华人民共和国刑法》的第一百六十条和第一百六十一条，其主要负责人已构成刑事犯罪，应移送司法机关追究刑事责任。2002年8月1日，南阳市检察院以"提供虚假财会报告罪"，已将"M"公司原董事长李某、总经理张某、财务处主任赵某提起公诉。其中，证监会对陆某作出除公开谴责外，并10万元的罚金。于是，陆某成为中国股市历史上第一个受到处罚的独立董事。对此处罚，陆某表示不服，向北京市第一中级人民法院提起诉讼，因此，陆某还成为了历史上第一个状告证监会的独立董事。

二、案例分析

1. "M"内控失败分析

2001年，证监会查明，"M"上市前采取虚提返利、少计费用、费用跨期入账等手段，虚增利润1908万元，并据此制作了虚假上市申报材料。上市后，三年内采用虚提返利、费用挂账、无依据冲减成本及费用、费用跨期入账等手法，累计虚增利润 14390 万元。此外，"M"还存在股金不实、上市公告书重大遗漏、年报信息披露有虚假记载误导性陈述或重大遗漏。同时，还发现原南阳会计师事务所为"M"出具了严重失实的审计报告。2001 年 9 月 27 日，证监会决定对"M"予以警告并罚款 200 万元，对该公司董事长李某、总经理张某及乔某等 10 名董事分别作出了罚款 30 万元、20 万元、10 万元的行政处罚，对为该公司出具审计报告的注册会计师龚某、钱某作出罚款 30 万元、20 万元，并暂停证券从业资格等行政处罚。

2. 独立董事监督不力的原因

（1）独董缺乏独立性

独立董事的选举、聘任、报酬等实际上由管理当局或大股东决定，因此，独立董事并不独立。

（2）独立董事法律责任意识薄弱

独立董事缺乏法律责任意识。一方面现有法律不完善，缺乏对董事和董事注意义务及违反注意义务时的责任的规定。《中华人民共和国公司法》缺乏对董事民事责任的规定，而《中华人民共和国证券法》的规定又缺乏可操作性，证监会发布的《关于在上市公司建立独立董事制度的指导意见》仅仅是部门规章，法律层次较低，约束力有限，而且在司法实践上也缺乏追究独立董事虚假陈述民事责任的制度保障，这样对独立董事不认真履行对财务报告、关联交易等事项的监督职责不能形成有利的威慑作用。另一方面，许多独立董事没有意识到独立董事与顾问的不同，将独立董事看作是名誉性称号或额外收入的来源，没有意识到他们的签字要承担法律责任。

（3）独立董事缺乏经营管理的专业知识

独立董事缺乏财会计、经营管理等方面的专业知识，而许多上市公司会聘请教授等人士担任独立董事。但由于这些人仅仅是某个领域的专家，对财务报告通常都不了解，无法进行监督；有些专家甚至同时担任多家公司的独立董事，从而没有足够的时间履行职责，无力进行监督。

（4）薪酬激励体系不完善

我国独立董事薪酬及待遇普遍较低且差距明显。认真履职的独立董事对企业做出贡献包括实现的绩效、付出的努力、学识、技能、经验等，而企业所付的回报偏低，无法与独董勤勉的工作形成正比，由此导致独董的工作态度散漫甚至不管不问。

三、律师观点

1. 独董制度和监事制度应合理融合

我国监事制度由于立法上的缺陷和不周详，使之流于形式，在实践中不能有效地制衡董事会与经理层，而且几乎都是事后监督，且有财务、合规性监督范围的局限。对于这些公司，若其监事仅仅是为了符合公司结构而任意安排的人，那么，监事的作用就更加名存实亡。

独立董事既要尽到参与决策的职责，又要尽到监督的职责，还要兼顾顾问职责。作为监督者，独立董事有义务确保公司经营行为合乎法律、行政法规和公司章程的规定；作为顾问，独立董事应为提升公司业绩制定政策。作为监督者，独立董事要使内部董事和其他高管人员对其心存敬畏；作为顾问，独立董事又需要使内部董事和其他高管人员对其满怀感激。由此可看出，独立董事与监事不存在任何冲突，而且应在相辅相成中满足公司发展的需求。

2. 律师担任独董有优势

目前，我国仅上市公司在独立董事方面有相关制度，对非上市外资公司中的独立董事并没有做出相关规定。而律师的职业特点恰恰符合独立董事的内在需求，因此，律师是成为公司独立董事的最佳人选，对公司的发展起到十分重要的作用。

（1）律师的专业性

独立董事对公司重大事项的研究、公司拓展新领域的长远规划、公司运营的合法性及合理性监督等具有专业优势，而律师的专业性为公司实现这些功能提供了良好的条件。但是，律师担任独立董事与担任法律顾问并非同一业务，律师担任法律顾问仅为公司提供法律服务，而担任独立董事，却影响着公司的整体发展。律师以一个完全中立的角色从专业知识的角度来介入决策、监督,为公司的运营提出独立的观点。

(2)律师的独立性和客观性

作为公司的外部人员,加之其职业本身的独立性与客观性的要求,律师将站在专业的角度上,以不同于公司管理人员的思维方式来思考及解决问题,这至少为公司的常规经营从另一个角度上提供了新的视角。而且,作为独立董事,律师在决策时将更中立、更客观,跳出公司内部人员因自身利益倾向而作决策的范畴,作出独立客观的判断。

(3)律师的道德职业优势

律师的行为必须遵守《中华人民共和国律师法》《律师执业行为规范》,以及律师事务所内部执业规定的要求,这些律师必须遵守的职业操守,决定了律师在发挥作用过程中的可信赖程度。律师做出的违反执业操守的行为必然会受到相应的处罚。

3. 完善独立董事薪酬激励体系,加强监督职能

"工欲善其事,必先利其器"。薪酬低,必将产生懈怠心理,不会全力投入工作;薪酬过高,则无法保持独立性。独立董事的年薪应当与公司业绩关联,一是,提高独立董事的工作积极性、主动性,提高管理效率,对于执行力也有一定的帮助;二是,提高员工的忠诚度,留住人才,减少员工的流失率。将公司业绩与独立董事的尽职程度和独立董事的薪酬挂钩,更加能够加强对董事会的监督职能。公司应选择股票薪酬制度,逐渐形成股票与现金薪酬为一体的二元薪酬结构,且拥有了公司少量股权(根据证监会发布的《关于在上市公司建立独立董事制度的指导意见》,为了保持独立性,独立董事不得直接或间接持有上市公司已发行股份1%以上。)的独立董事,实质上成了企业的小股东,这样就将独立董事的利益和小股东的利益捆绑在一起,加强独立董事的监督职能。

必懂知识

1. 独立董事的定义

顾名思义,独立董事是董事之一种。理解独立董事,必须从《中华人民共和国公司

法》对董事的一般性规定开始，因为《中华人民共和国公司法》对董事义务和责任的一般性规定，均适用于独立董事。在我国的公司治理结构中，股东基于其出资地位，是公司财产的最终所有者，其组成的股东大会是公司的最高权力机构。除了职工代表担任董事等个别情况外，董事是由股东大会任命的，董事组成的董事会是代表股东利益行事的公司内部机构，是股东大会的执行机构，负责依法根据公司章程进行重大事项的决策，监督、管理公司经理层。在我国，上市公司都是股份有限公司，根据《中华人民共和国公司法》第一百零八条规定，"股份有限公司设董事会，其成员为5～19人"。根据《中华人民共和国公司法》第四十六条规定，"董事组成董事会，董事会对股东大会负责，代表股东利益行使《中华人民共和国公司法》及公司章程规定的各项职权，对公司经营中的重大事项做出决策"。由董事组成的董事会有着广泛的职权，即：除了《中华人民共和国公司法》及公司章程应当由股东大会决定的保留性事项外，董事会能够决定公司经营中的其他重大事项。而独立董事首先是一名董事，具有通过董事会行使上述职权的资格。

独立董事与一般董事不同之处在于"独立"二字。那么，独立董事究竟有何独立性，又独立于谁呢？

根据中国证监会发布的《关于在上市公司建立独立董事制度的指导意见》的通知（证监发〔2001〕102号，以下简称《独立董事制度指导意见》）第三条关于自然人不得担任独立董事的情形的规定，独立董事的"独立"是指独立董事应当独立履行职责，不受上市公司主要股东、实际控制人或者其他与上市公司存在利害关系的单位或个人的影响。独立董事应当在利益关系上独立于上市公司本身、上市公司的大股东、上市公司所控股或控制的企业。简单地说，独立董事的独立性在于，其在做出判断或决策时不得掺杂自身利益，不受制于上市公司大股东的意志，能够独立做出决策，维护上市公司的长远利益，有效地保护中小投资者的利益。因此，在我国关于独立董事的制度设立上须进一步加强和确保独立董事的独立性。

独立董事和一般董事的区别在于，独立董事在决策时更加客观、中立，更加注重对中小投资者利益的保护。除此之外，独立董事应当遵守法律法规关于董事的一般性规定，遵守其他董事应遵守的义务，并承担相应的责任。

2. 担任独立董事的优势

（1）可以按照约定领取董事报酬

独立董事不是公益活动，有权在担任独立董事时，按照约定领取一定的报酬。根据《关于在上市公司建立独立董事制度的指导意见》第七条第（五）项规定，"上市公司应当给予独立董事适当的津贴。津贴的标准应当由董事会制订预案，股东大会审议通过，并在公司年报中进行披露。除上述津贴外，独立董事不应从该上市公司及其主要股东或有利害关系的机构和人员取得额外的、未予披露的其他利益"。由于独立董事在参加董事会活动及对公司的经营做决策都需要花费大量的工作时间，因此，理应领取报酬。然而在实践中，不少独立董事为体现其独立性和职业操守，选择无偿担任独立董事，不从上市公司领取任何津贴或报酬。对此，笔者并不赞同。况且，独立董事的义务和责任乃至面临的法律风险是由法律法规规定的，不会因为无偿担任独立董事而有所减轻。

根据《个人所得税法》第三条和《国家税务总局关于明确个人所得税若干政策执行问题的通知》规定，独立董事由于不在公司担任其他常驻职位，故其董事报酬需要按照《个人所得税法》规定的"劳务报酬所得"缴纳个人所得税，其适用的税率不同于工资薪金所得，而是固定的比例税率，即依法核定的应纳税所得额的20%。

（2）可以提升自身资历和名望

目前，在上市公司担任独立董事的人员中，有知名学者、会计师、资深律师、离退休官员等。很多人担任独立董事并不是为了董事津贴或报酬，是因为对他们而言，担任独立董事一方面是一种荣誉性的身份，另一方面也是个人在职业发展上进一步提升的一个途径。比如，现实中不乏有些专家学者将自己的独立董事头衔印在名片上，在出入各种社交场所时能增加其光环。

综上所述，担任独立董事的优势大抵就是以上两个方面。其中，第一个算是"利"，第二个算是"名"。名利双收的事情，是否值得去做，则要与相应的义务和责任对比衡量之后才能得出结论。

3. 担任独立董事的职权与职责及义务

《中华人民共和国公司法》第一百四十七条第一款规定，"董事、监事、高级管理人员应当遵守法律、行政法规和公司章程，对公司负有忠实义务和勤勉义务"。董事义务依法可以分为忠实义务和勤勉义务两大类。

（1）关于董事忠实义务的一般性规定

《中华人民共和国公司法》第一百四十七条、第一百四十八条规定了董事对公司负有忠实义务。董事忠实义务是指董事应当忠于公司利益，不得利用董事职务将自身利益凌驾于公司利益之上，不得从事任何与公司利益有冲突的行为。凡是董事违反忠实义务的，其因违反忠实义务所得的收入应当归入所任职的公司，并且在造成公司损失时应当向公司承担损害赔偿责任。《中华人民共和国公司法》对董事忠实义务的一般性规定，同样适用于独立董事。

需要留意的是，本条使用了兜底性的规定。董事"违反对公司忠实义务的其他行为"是一个开放性的规定，行政执法部门和司法仲裁机关可结合个案情况，认定董事的行为是否属于"违反对公司忠实义务的其他行为"。比如，董事在私下或公开场合诋毁所在上市公司商誉的行为，就是一种违反对公司忠实义务的行为。

（2）关于董事勤勉义务的一般性规定

对于勤勉义务，《中华人民共和国公司法》仅在第一百四十七条第一款概括性地提及，而没有给出一个明确的定义，亦没有进行任何详细的解释或说明。相比忠实义务而言，勤勉义务的界定更需要很强的概括性，法条不可能详细列举董事的勤勉义务要求。

勤勉义务一般是指公司董事在从事公司管理活动并做出商业决策时，应当恪尽职守、审慎行事，达到普通谨慎的同行在同等情况下应有的尽职和审慎程度。如何界定董事的勤勉义务，主要体现在以下两个方面。一方面，不能对董事求全责备，董事只要达到普通谨慎的同行在同等条件下的谨慎和尽责程度，就不应为决策造成的经营失败承担个人责任。比如，上市公司的某次并购活动，只要董事按照法律法规的要求，基于对律师、会计师、评估机构等出具意见的合理信赖，在足够审慎的前提下对该次并购的可行性进行必要的考量，投赞成票。那么，即使后来的市场变化导致该次并购失败，董事个人也不应当为此承担法律责任。

另一方面，如果个别董事确实具备高于其他董事的特殊技能和专业水平，则对其作为董事的勤勉尽责要求，应当高于其他董事。比如，一名资深的医药专家担任一家医药上市公司的独立董事，对于公司经营决策中涉及药品研发的决策，理所应当比其他董事承担更高的勤勉尽责要求。

判断董事是否履行了勤勉义务，是一个综合性的价值衡量过程，没有一个确定无疑的公式化的操作办法。正因为如此，尽管证券交易所制定的《股票上市规则》《上市公司规范运作指引》等自律性规则不具备像国家正式法律法规那样的约束力，尽管上市公司协会制定的《上市公司独立董事履职指引》完全没有法律约束力，但对认定董事是否已经履行勤勉义务，是否无履职过错，则至关重要。

4. 担任独立董事的法律风险及违法违规的后果

说到法律风险，凡是法律法规规定的一定义务，而当事人没有依法履行的，就会产生法律责任，即发生这里所说的法律风险。所以说，按照基本法理，我们讨论独立董事所负的义务，也就是讨论其所可能承担的法律风险。认识独立董事的法律风险，应当结合法律法规的效力层级，分层次进行。

（1）行政处罚

从目前情况来看，独立董事所面临的主要法律风险是来自证券监督管理部门的处罚。根据查询证监会2015年全年、2016年至今公开发布的行政处罚决定（含复议）文书，可以看到，独立董事的职业风险越来越高，已经不容忽视。如果说在独立董事制度建立之初，独立董事的身份多多少少都是社会各界精英地位的象征的话，那么时至今日，这一象征性的意义逐渐在减弱，相反，独立董事面临的是实实在在的法律风险。诚然，证监会目前所给予的处罚主要是警告、罚款，在许多人眼里可能还到不了"伤筋动骨"的地步。但是，目前在中国担任独立董事的人士多为学术界和商界的精英，他们很多人极为注重个人的社会评价。

实际上，由于上市公司内部治理非常复杂，独立董事作为外部专业人士，尤其是对于那些无法律或财务背景的独立董事，要想发现上市公司在关联交易、对外担保方面的违规行为，有效监督上市公司的信息披露行为，很多情况下是几乎不可能的。很多独立董事遭受行政处罚，无非是哑巴吃黄连。因此，在决定担任独立董事之前，一定要三思而后行，确保对担任独立董事的法律风险有一个充分及理性的认识。

从证监会公布的情况来看，独立董事被处罚主要是因为上市公司信息披露违规，如上市公司没有依法披露其关联关系、关联交易、对外担保或没有真实披露其利润情况、进行虚假披露等，而作为独立董事无论是否知情、是否参与有关违规行为，均已经在相关文件上签字，故须对其真实性与合法性负责。换言之，独立董事对上市公司承担的责任，是一种管理责任。在实践中，监管部门对这一责任的追究，并不太关注独立董事个人的主观情况，比如其是否知晓有关法律法规、是否参与违规活动、是否对上市公司的造假知情，等等。在举证责任方面，需要上市公司及独立董事本人来证明自己已经尽到了勤勉履职的义务，如无法证明，则不能免责。

当然，从现有公布的处罚情况看，证监会对于独立董事的处罚还是比较轻微的，主要是警告及数额十万以内的罚款。这当然已经实际考虑了在实践中独立董事不实际参与上市公司的经营，客观上难以实现对上市公司合规运营的有效监管等因素。

（2）刑事责任

自然人基于其担任独立董事的职务便利，会有机会参与上市公司董事会的决策过程，成为上市决策过程中的"其他直接责任人员"；有机会接触上市公司的商业秘密，负有保守商业秘密并不得用以为自己或他人牟利的义务。而一旦独立董事在参与决策过程中发生故意或过失，导致上市公司利益受损，或者独立董事违法披露上市公司的商业秘密或利用该等商业秘密为自己或亲友牟利（如参与证券内幕交易），将有可能构成刑事犯罪，从而被追究刑事责任。

独立董事被追究刑事责任的情形，当然是很少见的，但不是没有。而且，独立董事是董事的一种，目前公司董事被内幕交易、泄露内幕信息罪追究刑事责任的情形，并不是很少见。独立董事的刑事法律风险确实需要引起大家的高度重视，因为这是独立董事履职的"高压线"，一刻都不能触碰。讨论独立董事可能触及的刑事罪名，绝对不是危言耸听；相反，必要的法律风险意识是未来每一个层次的公司管理者都应当具备的，可以预见未来的中国司法环境对于公司董事这样的高级职员,其问责力度只会加大、不会减小。

独立董事有违法行为时,可能会触及的罪名如下:背信损害上市公司利益罪;违规披露、不披露重要信息罪;内幕交易、泄露内幕信息罪;国有公司、企业人员失职罪;国有公司、企业人员滥用职权罪。需要说明的是,在证监会执法过程中,如发现有独立董事涉嫌刑事犯罪的行为,则有权向有关司法机关进行移送。而司法机关处理涉及资本市场的犯罪,在事实认定方面,将会极大依赖证监会的认定结果,因为毕竟相比证监会而言,人民检察院、人民法院在资本市场方面的专业执法能力较弱,至少无法与证监会相比。

(3)民事赔偿

目前,我国的立法和实践对于公司董事的民事赔偿义务已经有了框架性的规定。独立董事因履职过错,可能面临来自上市公司本身的赔偿请求。《中华人民共和国公司法》第一百四十九条规定,"董事、监事、高级管理人员执行公司职务时违反法律、行政法规或者公司章程的规定,给公司造成损失的,应当承担赔偿责任"。这是关于董事因其职务过错,对公司本身承担赔偿责任的规定。

独立董事作为董事之一,适用这一规定。由于独立董事为公司股东大会所选,而上市公司一般由大股东及董事会控制。通常情况下,公司本身不会做出对独立董事追究民事责任的决定。

但是,《中华人民共和国公司法》第一百五十一条创设了股东代表诉讼。根据该条规定,如认为独立董事存在履职过错,导致公司本身遭受损失的,那么股份有限公司连续180日以上单独或者合计持有公司百分之一以上股份的股东,可以按照一定的程序,绕过公司董事会,直接向涉事的独立董事提起民事赔偿之诉。但是,笔者尚未找到这方面的公开案例。

独立董事因履职过错,可能面临来自中小投资者(散户)的赔偿请求。《中华人民共和国公司法》第一百五十二条则规定,"董事、高级管理人员违反法律、行政法规或者公司章程的规定,损害股东利益的,股东可以向人民法院提起诉讼"。这是关于董事因其职务过错,对公司股东(包括通称"散户"的小股东)所应承担的民事赔偿责任。

如前所述,证监会目前对独立董事做出的行政处罚,主要发生信息披露领域。独立董事因为未尽勤勉履职的义务，被证监会认定为对上市信息披露虚假承担行政处罚责任的，则广大中小投资者往往可以依据《中华人民共和国公司法》第一百五十二条提起民事赔偿之诉。

在小股东对独立董事提起的损失赔偿之诉中，独立董事需要证明其自身已经尽到勤勉履职之责，对于上市公司的违规行为没有过错。而一旦证监会对独立董事作出了相应的处罚，就已经确认了独立董事的履职过错，此时，独立董事要想证明自身没有过错，几乎是不可能的。

必懂法规

一、《关于在上市公司建立独立董事制度的指导意见》

一、上市公司应当建立独立董事制度

（三）各境内上市公司应当按照本指导意见的要求修改公司章程，聘任适当人员担任独立董事，其中至少包括一名会计专业人士（会计专业人士是指具有高级职称或注册会计师资格的人士）。在二〇〇二年六月三十日前，董事会成员中应当至少包括2名独立董事；在二〇〇三年六月三十日前，上市公司董事会成员中应当至少包括三分之一独立董事。

六、独立董事应当对上市公司重大事项发表独立意见

（一）独立董事除履行上述职责外，还应当对以下事项向董事会或股东大会发表独立意见：

1. 提名、任免董事；
2. 聘任或解聘高级管理人员；
3. 公司董事、高级管理人员的薪酬；
4. 上市公司的股东、实际控制人及其关联企业对上市公司现有或新发生的总额高于300万元或高于上市公司最近经审计净资产值的5%的借款或其他资金往来，以及公司是

否采取有效措施回收欠款；

  5. 独立董事认为可能损害中小股东权益的事项；

  6. 公司章程规定的其他事项。

二、《中华人民共和国公司法》

  第一百一十条　董事会每年度至少召开两次会议，每次会议应当于会议召开十日前通知全体董事和监事。

  第一百一十二条　董事会会议，应由董事本人出席；董事因故不能出席，可以书面委托其他董事代为出席，委托书中应载明授权范围。

  董事会应当对会议所议事项的决定作成会议记录，出席会议的董事应当在会议记录上签名。

  董事应当对董事会的决议承担责任。董事会的决议违反法律、行政法规或者公司章程、股东大会决议，致使公司遭受严重损失的，参与决议的董事对公司负赔偿责任。但经证明在表决时曾表明异议并记载于会议记录的，该董事可以免除责任。

  第一百四十七条　董事、监事、高级管理人员应当遵守法律、行政法规和公司章程，对公司负有忠实义务和勤勉义务。

  董事、监事、高级管理人员不得利用职权收受贿赂或者其他非法收入，不得侵占公司的财产。

  第一百四十八条　董事、高级管理人员不得有下列行为：

  （一）挪用公司资金；

  （二）将公司资金以其个人名义或者以其他个人名义开立账户存储；

  （三）违反公司章程的规定，未经股东会、股东大会或者董事会同意，将公司资金借贷给他人或者以公司财产为他人提供担保；

  （四）违反公司章程的规定或者未经股东会、股东大会同意，与本公司订立合同或者进行交易；

（五）未经股东会或者股东大会同意，利用职务便利为自己或者他人谋取属于公司的商业机会，自营或者为他人经营与所任职公司同类的业务；

（六）接受他人与公司交易的佣金归为己有；

（七）擅自披露公司秘密；

（八）违反对公司忠实义务的其他行为。

董事、高级管理人员违反前款规定所得的收入应当归公司所有。

第一百四十九条　董事、监事、高级管理人员执行公司职务时违反法律、行政法规或者公司章程的规定，给公司造成损失的，应当承担赔偿责任。

三、《中华人民共和国证券法》

第八十五条　信息披露义务人未按照规定披露信息，或者公告的证券发行文件、定期报告、临时报告及其他信息披露资料存在虚假记载、误导性陈述或者重大遗漏，致使投资者在证券交易中遭受损失的，信息披露义务人应当承担赔偿责任；发行人的控股股东、实际控制人、董事、监事、高级管理人员和其他直接责任人员以及保荐人、承销的证券公司及其直接责任人员，应当与发行人承担连带赔偿责任，但是能够证明自己没有过错的除外。

积极抗辩
——董事被罚要镇定，抗辩免责是关键

随着证券监管机构加大监管力度，上市公司因信息披露违规被行政处罚的案件日渐增多。在上市公司被行政处罚的同时，上市公司的董事一般也会被行政处罚。对独立董事和董秘而言，一旦被行政处罚，后果尤其严重，可能危及其职业生涯。那么，在上市公司因信息披露违规被行政处罚的情况下，上市公司的董事（尤其是独立董事）如何才能抗辩免责呢？

以案说法

一、经典案例

1. 公司信息披露涉违规，董事误被推定有过错

2000年开始，太阳红基地产集团股份有限公司（以下简称红基公司）通过其他公司代持"蒙电力""好商A"和"姜大A"等股票。2007年3月，深圳证券交易所发出《监管关注函》，要求红基公司董事局核实并回复有关股价异动事项，同时针对媒体有关该公司法人股股票投资收益惊人的评述等事项报道，要求该公司刊登《澄清公告》并明确说明有关情况。时任红基公司董事局秘书在核查公司以前年度报告时发现，该公司年度报告中披露的法人股持股数量少于其他上市公司股改公告中提到的该公司持股数量，其随即向董事长报告了有关情况。2007年3月19日，红基公司发布《澄清公告》称该公司代其他公司持有"蒙电力""好商A""姜大A"等股票，其他公司是上述股票的实际所有人，代持股份不属于公司资产。发布2006年、2007年、2008年及2009年度报告时，红基公司存在未将上述三种股票收益计入报表、未披露上述股票虚假代持法人股出售和资金划转情况等问题。该公司董事局在审议2006年、2007年、2008年度报告时，参会董事周三、魏四、何大、陈二曾对法人股事项提出异议，但异议均未被采纳；在审议2009年年度报告时，参会董事陈二、何大也曾对法人股事项提出异议也未被采纳。2011年3月19日，红基公司发布2010年年度报告，披露了对"代持股"的清查情况和资金清收情况，称根据专项审计报告，该公司代其他公司持有的上述三种股票，权益属于该公司。中国证券监督管理

委员会（以下简称中国证监会）于 2010 年 10 月对红基公司进行立案调查，并于 2012 年 11 月作出行政处罚决定：认定红基公司 2007 年 3 月 19 日《澄清公告》及 2006—2009 年年度报告未如实披露其"代持股"问题，依据《中华人民共和国证券法》有关规定，在对上市公司及董事长等责任人员作出处罚的同时，决定对周三、魏四、何大、陈二增给予警告，并分别处以 3 万元罚款。四人不服诉至法院，请求判决撤销对其的处罚。

2. 法院判决下，处罚终撤销

某市第一中级人民法院审理认为，周三等四名原告认可红基公司在 2006—2009 年的年度报告中曾披露"代持股"问题。根据证券法有关规定，上市公司董事、监事、高级管理人员应当保证上市公司所披露的信息真实、准确、完整。四名原告作为红基公司的独立董事，确实尽到勤勉责任。在案证据能够证明四人在审议相关年度报告时曾对上述问题提出异议。之后四人对涉案的"代持股"问题也曾提出了异议，但因该公司董事长系公司最大股东又拥有监督权和决策权，几位原告的建议之言并未被采纳，故被告中国证监会认定其未尽监督义务，未勤勉尽责，应当对红基公司信息披露违法行为承担责任，认定不符，处罚不当。遂判决撤销被告中国证监会对原告四人的行政处罚决定。

二、案例分析

1. 董事会决议违法，董事未联系监管部门

《信息披露违法行为行政责任认定规则》第三条第二款规定，"发行人、上市公司的董事、监事、高级管理人员应当为公司和全体股东的利益服务，诚实守信，忠实、勤勉地履行职责，独立作出适当判断，保护投资者的合法权益，保证信息披露真实、准确、完整、及时、公平"。

董事会的决议违反法律、行政法规或者公司章程时，董事有义务主动、积极采取必要补救措施，要求整改、纠正，当无法有效地进行监督应向监管部门反应，配合监管部门调查。本案中，四位董事虽在董事会上提出异议但并未及时通知监管部门，被监管部门误推定有过错。

2. 董事没能及时证明勤勉尽职

《信息披露违法行为行政责任认定规则》第十五条规定,"发生信息披露违法行为的,依照法律、行政法规、规章规定,对负有保证信息披露真实、准确、完整、及时和公平义务的董事、监事、高级管理人员,应当视情形认定其为直接负责的主管人员或者其他直接责任人员承担行政责任,但其能够证明已尽忠实、勤勉义务,没有过错的除外"。

勤勉尽职是董事承载公司责任的基础,是正确职业观的具体体现,亦是证监会行政责任认定的免责事由,原告四位董事并未在收到《行政处罚事先告知书》后三日内进行申辩和举证,也是引起这场官司的重要原因。

三、律师观点

1. 董事要想免责,应当积极申辩

在上市公司信息披露违规案件中,董事被推定为具有过错。因此,在证券监管机构对上市公司涉嫌信息披露违规调查过程中,上市公司的董事应对其勤勉尽责、没有过错的情况进行申辩。如果申辩不利,在证券监管机构下发的《行政处罚事先告知书》中,上市公司所有的董事一般都会被列为行政处罚对象。

上市公司的董事在收到《行政处罚事先告知书》后,如果认为自己对公司违规事项没有过错,建议积极申辩和举证。根据证监会的规定,当事人应在收到《行政处罚事先告知书》后三日内进行申辩和举证,否则视为放弃申辩和举证。因此,如果当事人不事先做好申辩和举证准备,在三天的时间内通常都难以完成特别充分的申辩和举证。

当然,根据证监会《行政处罚听证规则》的规定,如果行政处罚涉及撤销任职资格或者证券从业资格,对个人处以罚款或者没收违法所得人民币 5 万元以上,当事人可以申请听证。在此情况下,建议当事人申请听证,一方面可以为申辩和举证争取一定时间,另一方面可以赢得当面向听证人员申辩的机会。根据笔者处理类似案件的经验,证券监管机构的听证人员在听证时会充分听取当事人的陈述和申辩,如果当事人的陈述和申辩确认有理,而且证据充分,则当事人的意见会被证券监管机构采纳。

2. 董事要想免责，应当撰写申辩意见、提交证据

根据证监会的相关规定和我们代理相关案件的经验，董事要想免责，应当撰写说理充分的申辩意见，提交足够的证据证明自己没有过错。在组织申辩意见、举证和听证时，应该着重围绕以下几个核心点展开：

（1）当事人对公司违规事项的掌握情况

如果当事人本人知悉公司的违规事项，但未表示异议，甚至积极参与，则本人无法免责；或者虽然本人表示异议，但没有记入董事会、监事会、公司办公会会议记录，由于难以举证问题一般也难以免责。同时，应该注意的是，以往的案例表明，如果董事单纯以对公司的违规事项不知情也未参与为理由进行抗辩的，通常难以免责。

（2）当事人自任职以来的尽责证明

当事人应该举证证明，自己自任职以来一贯勤勉尽责。比如，积极参加董事会、股东会等会议，积极了解公司情况，积极提供专业意见和建议，对公司不合理的决策提出反对意见等。如果是独立董事，则应对照独立董事的法定职责和章程规定的职责，举证证明自己勤勉尽责。当事人应尽可能地提供勤勉尽责的相关证据，而不是空谈，比如提供相关会议记录、决议、邮件、提议、异议、证人证言、积极履行董事职责的其他证明等。

（3）当事人已勤勉尽责却仍不知公司违规

当事人要结合公司所涉违规事项的具体情况，合理说明为什么自己虽然勤勉尽责，但仍然对公司违规事项不知情。比如，由于本人的职业背景、任职分管事项及相关违法行为人采取的隐蔽手段等，导致本人不知情。但是，应该注意，以下理由不能单独作为免责理由：不直接从事经营管理；能力不足、无相关职业背景；任职时间短、不了解情况；相信专业机构或者专业人员出具的意见和报告；受到股东、实际控制人控制或者其他外部干预。

3. 鉴于应对证券行政处罚问题的专业性，建议委托具有证券合规丰富经验的专业律师提供帮助

上市公司信息披露违规问题是专业性非常强的法律问题，而且相关当事人一般都没有应对证券行政处罚的经验，因此，相关董事要想证明自己在公司违规事项中勤勉尽责、没

有过错,难度很大。如果当事人认为自己没有过错,争取免责,则建议委托具有证券合规丰富经验的专业律师提供法律帮助。而且,委托专业律师的时间越早越好,以便专业律师及早指导申辩和举证,必要时可以委托律师参加听证。

必懂知识

1. 董事的定义

董事(Member of the Board,Director),是指由公司股东(大)会或职工民主选举产生的具有实际权力和权威的管理公司事务的人员,是公司内部治理的主要力量,对内管理公司事务,对外代表公司进行经济活动。

2. 董事的职权

出席董事会,并行使表决权;报酬请求权;签名权,此项权力同时亦是义务,如在以公司名义颁发的相关文件上签名;公司章程规定的其他职权;董事是公司的管理人员;法律赋予董事自由运用公司章程细则的权力。

3. 担任董事的职责及义务

《中华人民共和国公司法》第一百四十七条规定,"董事、监事、高级管理人员应当遵守法律、行政法规和公司章程,对公司负有忠实义务和勤勉义务"。

董事的相关职责及义务如下:

一是董事负责公司的日常运作和管理工作。

二是董事的权力是受信管理公司。"受信"表示他们有诚实信用的责任。他们行事必须以公司的利益为依归,并须按照指定的目的运用权力。例如,董事办事时不能处于个人利益与公司利益有冲突的地位。此外,董事未经公司同意,不能利用职位为自己谋取利益。

三是董事在办理公司业务时如有疏忽,必须就疏忽而引起的损害对公司负责。

四是《中华人民共和国公司法》对董事职责有严苛的规定。例如,遇有公司清盘,若所经营的生意看来是意图欺诈债权人或其他人士，法庭可能判决明知而参与欺诈行为的人（通常是董事）必须个人承担公司的债务和其他责任。

五是如果公司清盘，参与公司成立、创办的人士，任何高级人员（包括董事）、清盘人或接管人有误用、留存公司任何款项或财产须对此负责或承担责任，若该人士因有关公司的失当行为和有违职责行为成罪，法庭可以迫令该人士向公司交出或付还款项或财产，也可以赔偿形式注入资产。

在实务上，小型公司的股东也是公司的董事，不过，也可能有一两位投资者只选择投资而不积极参与管理公司。对于这类股东，他们的责任，即他们的风险仅限于他们的投资金额。

六是忠实义务。忠实义务是指董事应当遵守法律、法规和公司章程的规定，忠实履行职责，维护公司利益，不得自营或者为他人经营与其所任职公司有竞争关系的公司，或者从事损害本公司利益的活动。具体说来，包括以下几个方面：①不得利用职权收受贿赂或其他非法收入；②不得侵占公司财产；③不得挪用公司资金；④不得将公司资金以个人名义或者以他人名义开立账户存储；⑤不得违反公司章程的规定，不得在未经股东会、股东大会或者董事会同意，将公司资金借贷给他人或者以公司财产为他人提供担保；⑥不得违反公司章程的规定，以及未经股东会、股东大会同意，与本公司订立合同或者进行交易；⑦未经股东会或者股东大会同意，不得利用职务便利为自己或者他人谋取属于公司的商业机会，自营或者为他人经营与所任职公司同类的业务；⑧不得接受他人与公司交易的佣金，归为己有；⑨不得擅自披露公司秘密；⑩违反对公司忠实义务的其他行为，如董事（监事、高级管理人员）不得直接向公司或者子公司借款。董事、高级管理人员若违反第 3~10 项的规定，所得的收入应归公司所有。

七是勤勉义务。勤勉义务是指董事、监事、高级管理人员在处理和安排公司事务时，以一个普通正常人的合理、谨慎的态度，恪尽职守，维护公司的利益。

4. 董事承担的法律责任

关于董事的法律责任问题纵观我国法律规定，董事的法律责任包括两个方面。一是刑事法律责任，二是民事法律责任。

《中华人民共和国公司法》对公司违法及其法律责任承担作了较为全面的规定，规定承担责任的主体包括公司，以及公司直接负责的主管人员和其他直接责任人员。但是责任主体是否包括公司的董事或董事会，在法律上没有明文规定，只能看董事是否为直接负责的主管人员和其他直接责任人员。

严格来说，按照公司法人治理的要求，董事会代表公司行使经营的重大决策权，董事的意愿自然对公司行为有重大影响，有时甚至能左右着公司行为，除非董事有充分理由说明公司某项违法行为与己无关，否则公司董事应承担相应责任。这虽然对董事要求较严苛，以至于把董事与公司直接负责的主管人员和直接责任人员相等同，但对于加强董事的责任风险意识及完善法人治理结构都大有裨益。

必懂法规

一、《信息披露违法行为行政责任认定规则》

第三条　发起人、上市公司的董事、监事、高级管理人员应当为公司和全体股东的利益服务，诚实守信，忠实、勤勉地履行职责，独立作出适当判断，保护投资者的合法权益，保证信息披露真实、准确、完整、及时、公平。

第十五条　发生信息披露违法行为的，依照法律、行政法规、规章规定，对负有保证信息披露真实、准确、完整、及时和公平义务的董事、监事、高级管理人员，应当视情形认定其为直接负责的主管人员或者其他直接责任人员承担行政责任，但其能够证明已尽忠实、勤勉义务，没有过错的除外。

二、《中华人民共和国行政处罚法》

第六条　公民、法人或者其他组织对行政机关所给予的行政处罚，享有陈述权、申辩权；对行政处罚不服的，有权依法申请行政复议或者提起行政诉讼。

公民、法人或者其他组织因行政机关违法给予行政处罚受到损害的，有权依法提出赔偿要求。

第三十二条　当事人有权进行陈述和申辩。行政机关必须充分听取当事人的意见，对当事人提出的事实、理由和证据，应当进行复核；当事人提出的事实、理由或者证据成立的，行政机关应当采纳。行政机关不得因当事人申辩而加重处罚。

第四十一条　行政机关及其执法人员在作出行政处罚决定之前，不依照本法第三十一条、第三十二条的规定向当事人告知给予行政处罚的事实、理由和依据，或者拒绝听取当事人的陈述、申辩，行政处罚决定不能成立；当事人放弃陈述或者申辩权利的除外。

三、《中华人民共和国公司法》

第一百一十条第一款　董事会每年度至少召开两次会议，每次会议应当于会议召开十日前通知全体董事和监事。

第一百一十二条　董事会会议，应由董事本人出席；董事因故不能出席，可以书面委托其他董事代为出席，委托书中应载明授权范围。

董事会应当对会议所议事项的决定作成会议记录，出席会议的董事应当在会议记录上签名。

董事应当对董事会的决议承担责任。董事会的决议违反法律、行政法规或者公司章程、股东大会决议，致使公司遭受严重损失的，参与决议的董事对公司负赔偿责任。但经证明在表决时曾表明异议并记载于会议记录的，该董事可以免除责任。

第一百四十七条　董事、监事、高级管理人员应当遵守法律、行政法规和公司章程，对公司负有忠实义务和勤勉义务。

董事、监事、高级管理人员不得利用职权收受贿赂或者其他非法收入，不得侵占公司的财产。

第一百四十八条　董事、高级管理人员不得有下列行为：

（一）挪用公司资金；

（二）将公司资金以其个人名义或者以其他个人名义开立账户存储；

（三）违反公司章程的规定，未经股东会、股东大会或者董事会同意，将公司资金借贷给他人或者以公司财产为他人提供担保；

（四）违反公司章程的规定或者未经股东会、股东大会同意，与本公司订立合同或者进行交易；

（五）未经股东会或者股东大会同意，利用职务便利为自己或者他人谋取属于公司的商业机会，自营或者为他人经营与所任职公司同类的业务；

（六）接受他人与公司交易的佣金归为己有；

（七）擅自披露公司秘密；

（八）违反对公司忠实义务的其他行为。

董事、高级管理人员违反前款规定所得的收入应当归公司所有。

第一百四十九条　董事、监事、高级管理人员执行公司职务时违反法律、行政法规或者公司章程的规定，给公司造成损失的，应当承担赔偿责任。

四、《中华人民共和国证券法》

第八十五条　信息披露义务人未按照规定披露信息，或者公告的证券发行文件、定期报告、临时报告及其他信息披露资料存在虚假记载、误导性陈述或者重大遗漏，致使投资者在证券交易中遭受损失的，信息披露义务人应当承担赔偿责任；发行人的控股股东、实际控制人、董事、监事、高级管理人员和其他直接责任人员以及保荐人、承销的证券公司及其直接责任人员，应当与发行人承担连带赔偿责任，但是能够证明自己没有过错的除外。

一股独大
——大股东一股独大，大决策一手遮天

股份有限公司因为人数众多，在实际管理中参与管理的人数也较多，各方利益关系复杂，极易出现大股东侵犯小股东利益、董事会侵犯股东利益等问题。特别是在一股独大公司，大股东几乎拥有所有重大事项的决策权，若大股东不按规章办事，那小股东的利益就极易受到损害，这种情况在现实生活中仍然很常见。

以案说法

一、经典案例

1. 股东贷款公司担保，到期不还引出秘密

2011年4月30日，西港银行与帮加集团公司签订借款合同（2011年连贷字第DB00X号），做如下约定：借款金额为1486.5万元人民币，借款期限为2011年4月30日—6月30日，如贷款放出的实际日期与上述起始日期不一致，则贷款起止日期以借款借据确定的日期为准，借款用途为债权转化（借新还旧），贷款利率为年利率6.35%，帮加集团公司未按期偿还贷款的，对其未偿还部分从逾期之日起，按在原利率基础上加收50%计收。贷款期间，若遇中国人民银行调整贷款利率，则按中国人民银行调整贷款利率的有关规定执行。

2011年6月8日，振兴股份公司出具了不可撤销担保书（2011年连保字第SL005号），承诺对上述贷款承担连带保证责任，保证范围包括借款本金、利息、罚息、违约金及其他一切相关费用。保证期间为自本保证书生效之日起至借款合同履行期限届满另加两年。2011年5月30日，西港银行与振兴股份公司分别签订了两份抵押合同，该合同规定以振兴股份公司所有的位于××市××区××镇192659平方米的国有土地使用权（土地证号为大甘国用2005第040××号）及××市××区××镇××街15套计26351平方米的房产作抵押，并进行了抵押登记，担保范围包括但不限于借款本金、利息、罚息、违约金、损害赔偿金及实现债权的费用。西港银行在中国银行之后为第二抵押权人。

2011年6月8日，西港银行按照合同约定将1486.5万元贷款如数转入帮加集团公司账户内。贷款到期后，帮加集团公司未能偿还借款本息。

振兴股份公司也没有履行担保义务且公司主要股东表示不知此项担保。

2. 股东伪造签章担保，银行失察"助纣为虐"

振兴股份公司的股东共有8个，振兴股份公司的股东之一的××科技风险投资基金有限公司在2008年将名称变更为现使用名"××科技风险投资基金有限公司"。《股东会担保决议》的决议事项并未经过振兴股份公司股东会的同意，振兴股份公司也未就此事召开过股东大会，担保决议、抵押合同均由法人李某及第一大股东帮加集团公司超越权限操作。

对于李某超越权限订立抵押合同及不可撤销担保书，西港银行是知情或者应当知情的，理由如下：第一，西港银行虽然获取了《股东会担保决议》，但按照《中华人民共和国公司法》第十六条规定，"公司为公司股东或者实际控制人提供担保的，必须经股东会或者股东大会决议"。针对《股东会担保决议》中存在的一些明显瑕疵，西港银行未尽到合理的形式审查义务，具体如下：一枚刻有"辽宁明科创业投资责任公司"的印章，按《中华人民共和国公司法》规定，不可能存在"责任公司"，西港银行依法应能审查出来此瑕疵，结果却未审查出来。第二，振兴股份公司的股东之一的××科技风险投资基金有限公司，在2008年就已经将名称由"××科技风险投资有限公司"变更为现使用名"××科技风险投资基金有限公司"，而《股东会担保决议》形成于2011年，故文件上所盖的"××科技风险投资有限公司"印章系作废印章，西港银行应对此进行审查，但却未尽到审查义务。第三，根据《中华人民共和国公司法》第十六条第三款规定，"前款规定的股东或者受前款规定的实际控制人支配的股东，不得参加前款规定事项的表决"，帮加集团公司作为振兴股份公司的股东，本不应参加此担保事项的表决，但《股东会担保决议》上却盖有帮加集团公司的印章，西港银行亦应对此进行审查，但同样未尽到审查义务。由于振兴股份公司作为担保人给西港银行提供的《股东大会担保决议》上所盖印章均系虚假印章，西港银行作为债权人却未尽到相应的审查义务，故存在明显过错，可视为债务人的虚假担保。

3. 一波三折多次改判，银行终得正义保护

本案经过一审、二审和再审，根据不同法律法规作出不同判决。一审根据《担保法解释》第七条"主合同有效而担保合同无效，债权人无过错的，担保人与债务人对主合同债权人的经济损失，承担连带赔偿责任；债权人、担保人有过错的，担保人承担民事责任的部分，不应超过债务人不能清偿部分的二分之一"的规定，振兴股份公司应当对帮加集团公司不能清偿部分的债务承担二分之一的赔偿责任。二审维持一审判决，认定银行在审查过程中存在严重失职，应承担相应责任。再审认为股东越权侵权是公司内部责任问题，不能对抗公司外部债权人。振兴股份公司对外已向西港银行出具了不可撤销担保书及抵押合同，并且在抵押登记部门办理了抵押登记。振兴股份公司的股东会决议是其公司内部管理问题，其形式要件及内容是否真实不应对抗西港银行已依法成立的担保物权。至于振兴股份公司因此而遭受的损失，按《中华人民共和国公司法》规定应由公司内部相关责任人承担赔偿责任。自此，这场由股东虚假签章引发的担保责任问题纠纷终于落下帷幕，银行作为第三人，利益终得保护。

二、案例分析

1. 银行对担保人在善意基础上仅具有形式审查义务

涉案《股东会担保决议》确实存在部分股东印章虚假、使用变更前的公司印章等瑕疵，以及被担保股东帮加集团公司出现在《股东会担保决议》中等违背公司法规定的情形。振兴股份公司法定代表人李某超越权限订立抵押合同及不可撤销担保书，是否构成表见代表，西港银行是否善意，亦是本案担保主体责任认定的关键。《中华人民共和国合同法》第五十条规定，"法人或者其他组织的法定代表人、负责人超越权限订立的合同，除相对人知道或者应当知道其超越权限的以外，该代表行为有效"。本案再审期间，西港银行向本院提交的新证据表明，振兴股份公司提供给西港银行的股东会决议上的签字及印章与其为担保行为当时提供给西港银行的签字及印章样本一致。而振兴股份公司向西港银行提供担保时使用的公司印章真实，亦有其法人代表真实签名，且案涉抵押担保在经过行政

机关审查后也已办理了登记。至此，西港银行在接受担保人担保行为过程中的审查义务已经完成，其有理由相信作为担保公司法定代表人的李某本人代表行为的真实性。《股东会担保决议》中存在的相关瑕疵必须经过鉴定机关的鉴定方能识别，必须经过查询公司工商登记才能知晓、必须谙熟公司法相关规范才能避免因担保公司内部管理不善导致的风险，如若将此全部归属于担保债权人的审查义务范围，未免过于严苛，亦有违《中华人民共和国合同法》《中华人民共和国担保法》等保护交易安全的立法初衷。担保债权人基于对担保人法定代表人身份、公司法人印章真实性的信赖，基于担保人提供的股东会担保决议盖有担保人公司真实印章的事实，完全有理由相信该《股东会担保决议》的真实性，不必进一步鉴别担保人提供的《股东会担保决议》的真伪。

2. 超越权限的担保书及抵押合同均有效

涉案的抵押合同及不可撤销担保书系担保人振兴股份公司为其股东帮加集团公司的负债，向债权人西港银行作出的担保行为。作为公司组织及公司行为当根据《中华人民共和国公司法》进行调整，同时其以合同形式对外担保行为亦受《中华人民共和国合同法》及《中华人民共和国担保法》的制约。案涉公司担保合同效力的认定，因其并未超出平等商事主体之间的合同行为的范畴，故应首先从《中华人民共和国合同法》相关规定出发展开评判。关于合同效力，《中华人民共和国公司法》第一条规定，"为了规范公司的组织和行为，保护公司、股东和债权人的合法权益，维护社会经济秩序，促进社会主义市场经济的发展，制定本法"。《中华人民共和国公司法》第十六条第二款规定，"公司为公司股东或者实际控制人提供担保的，必须经股东会或者股东大会决议"。《中华人民共和国公司法》的规定已然明确了立法本意在于限制公司主体行为，防止公司的实际控制人或者高级管理人员损害公司、小股东或其他债权人的利益，故其实质是内部控制程序，不能以此约束交易相对人。因此，可以将上述规定理解为管理性强制性规范。对违反该规范的，原则上不宜认定合同无效，担保书及抵押合同均合法有效。

三、律师观点

1. 被伪造签章股东应及时向侵权人追偿

根据法院判决担保合同合法有效，振兴股份公司应承担保证责任，但股东中被伪造签章股东必将遭受不必要的损失。我国的公司侵权股东责任制度是由《中华人民共和国公司法》等法律及我国的司法实践确立的。《中华人民共和国公司法》第三条则明确规定，"我国的两种公司形式（有限责任公司和股份有限公司）中，股东以其出资额为限对公司承担责任，公司以其全部资产对公司的债务承担责任"。在我国的司法实践中，更是强调审判民商事案件要认真执行法人制度。本案中被侵权股东可向侵权股东主张赔偿责任，但赔偿数额以侵权股东出资额为限，即承担有限责任，若股东仍有认购股份出资未到位，应及时请求司法救济以防财产转移。

2. 银行对担保合同、抵押合同应极尽审查义务

本案中，银行在合同审查中存在重大过失且险遭重大损失，此次经过多次判决耗费巨大人力、物力，虽最终化险为夷，但也付出了惨痛代价。《股东会担保决议》中存在的相关瑕疵必须经过鉴定机关的鉴定方能识别、必须经过查询公司工商登记才能知晓、必须谙熟《中华人民共和国公司法》相关规范才能避免因担保公司内部管理不善导致的风险，虽将此查证任务归于银行，有违《中华人民共和国合同法》《中华人民共和国担保法》等保护交易安全的立法初衷，但银行在力所能及范围内扩大审查范围会大大提升交易安全，保障资金的回收。

必懂知识

以下为股东、董事、高级管理人对公司债务承担责任的几种情形。

第一，公司设立时，股东虚假出资或抽逃出资，设立时的全体股东对虚假出资、抽逃出资部分承担连带清偿责任。

《中华人民共和国公司法司法解释三》第十三条规定,"股东在公司设立时未履行或者未全面履行出资义务,依照本条第一款或者第二款提起诉讼的原告,请求公司的发起人与被告股东承担连带责任的,人民法院应予支持;公司的发起人承担责任后,可以向被告股东追偿"。

第二,公司增资时,采用虚假方式虚报注册资本或虚假增资的,公司债权人可以请求虚假增资股东及未尽忠实义务和勤勉义务的高管等对公司债务承担赔偿责任。

《中华人民共和国公司法司法解释三》第十三条规定,"股东在公司增资时未履行或者未全面履行出资义务,依照本条第一款或者第二款提起诉讼的原告,请求未尽《中华人民共和国公司法》第一百四十七条第一款规定的义务而使出资未缴足的董事、高级管理人员承担相应责任的,人民法院应予支持;董事、高级管理人员承担责任后,可以向被告股东追偿"。

第三,股东出资后抽逃出资的,债权人可以请求抽逃出资的股东在抽逃出资本息范围内对公司债务不能清偿的部分承担补充赔偿责任、协助抽逃出资的其他股东、董事、高级管理人员或者实际控制人对此承担连带责任的,人民法院应予支持;抽逃出资的股东已经承担上述责任,其他债权人提出相同请求的,人民法院不予支持。

第四,公司的实质股东仅一人,其余股东仅为名义股东或者虚拟股东的。当前设立公司过程中,普遍存在公司大股东或实际控制人借用他人名义注册成立公司。被借用的人虽然工商登记为公司股东,但实际上未参与公司经营管理,也未实际出资,更未取得任何利益,完全处于实质股东控制之下。公司债权人要求实质股东举证证明公司资产独立于股东个人资产,无法证明的,有权要求实质股东对公司不能清偿的债务承担连带清偿责任。

第五,公司与其股东难以区分。因下列情形使公司与其股东难以区分的:公司的利益与股东的收益不加区分,致使双方财务账目严重不清的;公司与股东的资金混同,并持续地使用同一账户的;公司与股东之间的业务持续地混同,具体交易行为、交易方式、交易价格受同一控制股东支配或者操纵的。

第六,股东业务与公司业务混同的。公司的人格被股东所吸收而不再独立,股东应对公司债务承担无限连带清偿责任。

第七，股东利用公司的独立地位损害他人合法权益的，股东应该承担连带责任。

第八，公司在被吊销、清算、注销过程中股东、董事、高级管理人员、清算组成员等违反法定义务损害相对方利益的。

根据《中华人民共和国公司法》及其司法解释二的有关规定，在出现下列情形时，股东应对公司债务承担连带责任：

（1）未在法定期限内成立清算组开始清算，导致公司财产贬值、流失、毁损或者灭失的，债权人可要求有限责任公司的股东、股份有限公司的董事和控股股东在造成损失范围内对公司债务承担赔偿责任。

（2）因怠于履行义务，导致公司主要财产、账册、重要文件等消失，无法进行清算，债权人可要求有限责任公司的股东、股份有限公司的董事和控股股东对公司债务承担连带清偿责任的，即追究公司股东不清算责任。

（3）在公司解散后，恶意处置公司财产给债权人造成损失，债权人可要求有限责任公司的股东、股份有限公司的董事和控股股东，以及公司的实际控制人对公司债务承担相应赔偿责任。

（4）公司未经依法清算即办理注销登记，导致公司无法清算，股东或第三人在公司登记机关办理注销登记时承诺对公司债务承担责任；或者未经依法清算，以虚假的清算报告骗取公司登记机关办理法人注销登记，债权人可以要求有限责任公司的股东、股份有限公司的董事和控股股东，以及公司的实际控制人对公司债务承担清偿责任。

（5）公司清算时，清算组未履行通知和公告义务，导致债权人未及时申报债权而未获清偿，以及从事清算事务时，违反法律、行政法规或者公司章程给公司或者债权人造成损失的，债权人可主张清算组成员对因此造成的损失承担赔偿责任。根据《中华人民共和国公司法》第一百八十三条的规定，"有限责任公司的清算组由股东组成，股份有限公司的清算组由董事或者股东大会确定的人员组成"。因此，这仍是股东或部分股东承担责任的相关规定。

第九，一人有限责任公司债务承担，股东不能证明公司财产独立于股东自己的财产的，应当对公司债务承担连带责任。

第十，公司或公司股东与案外人恶意串通，无偿转移公司财产或者以明显不合理的低价转让公司财产，逃避公司债务。

首先，债权人可以提起撤销权诉讼，要求确认公司与案外人合同无效，并返还属于债务人公司的财产。

其次，债权人可以提起侵权之诉，要求公司股东与案外人承担共同侵权赔偿责任。

第十一，公司股东、董事、高级管理人员利用职务便利侵占公司财产，债权人可以要求股东、董事、高级管理人员返还或承担赔偿责任。

上述是追究股东、董事、高级管理人员责任的方式，无论是作为公司债权人还是公司股东、董事、高级管理人员，均应注意《中华人民共和国公司法》及其司法解释对股东、董事、高级管理人所规定的责任与义务，避免不了解具体情况，导致将来债权人追究赔偿责任。

必懂法规

一、《中华人民共和国担保法》

第七条 具有代为清偿债务能力的法人、其他组织或者公民，可以作保证人。

第十一条 任何单位和个人不得强令银行等金融机构或者企业为他人提供保证；银行等金融机构或者企业对强令其为他人提供保证的行为，有权拒绝。

二、《中华人民共和国合同法》

第十四条 要约是希望和他人订立合同的意思表示，该意思表示应当符合下列规定：

（一）内容具体确定；

（二）表明经受要约人承诺，要约人即受该意思表示约束。

第五十条　法人或者其他组织的法定代表人、负责人超越权限订立的合同，除相对人知道或者应当知道其超越权限的以外，该代表行为有效。

第五十二条　有下列情形之一的，合同无效：

（一）一方以欺诈、胁迫的手段订立合同，损害国家利益；

（二）恶意串通，损害国家、集体或者第三人利益；

（三）以合法形式掩盖非法目的；

（四）损害社会公共利益；

（五）违反法律、行政法规的强制性规定。

第一百九十六条　借款合同是借款人向贷款人借款，到期返还借款并支付利息的合同。

第二百零六条　借款人应当按照约定的期限返还借款。对借款期限没有约定或者约定不明确，依照本法第六十一条的规定仍不能确定的，借款人可以随时返还；贷款人可以催告借款人在合理期限内返还。

第二百零七条　借款人未按照约定的期限返还借款的，应当按照约定或者国家有关规定支付逾期利息。

三、《中华人民共和国物权法》

第一百零六条　无处分权人将不动产或者动产转让给受让人的，所有权人有权追回；除法律另有规定外，符合下列情形的，受让人取得该不动产或者动产的所有权：

（一）受让人受让该不动产或者动产时是善意的；

（二）以合理的价格转让；

（三）转让的不动产或者动产依照法律规定应当登记的已经登记，不需要登记的已经交付给受让人。

受让人依照前款规定取得不动产或者动产的所有权的，原所有权人有权向无处分权人请求赔偿损失。

当事人善意取得其他物权的，参照前两款规定。

四、《中华人民共和国民事诉讼法》

第一百七十条 第二审人民法院对上诉案件,经过审理,按照下列情形,分别处理:

(一)原判决、裁定认定事实清楚,适用法律正确的,以判决、裁定方式驳回上诉,维持原判决、裁定;

(二)原判决、裁定认定事实错误或者适用法律错误的,以判决、裁定方式依法改判、撤销或者变更;

(三)原判决认定基本事实不清的,裁定撤销原判决,发回原审人民法院重审,或者查清事实后改判;

(四)原判决遗漏当事人或者违法缺席判决等严重违反法定程序的,裁定撤销原判决,发回原审人民法院重审。

原审人民法院对发回重审的案件作出判决后,当事人提起上诉的,第二审人民法院不得再次发回重审。

五、《中华人民共和国公司法》

第二十八条 股东应当按期足额缴纳公司章程中规定的各自所认缴的出资额。股东以货币出资的,应当将货币出资足额存入有限责任公司在银行开设的账户;以非货币财产出资的,应当依法办理其财产权的转移手续。

股东不按照前款规定缴纳出资的,除应当向公司足额缴纳外,还应当向已按期足额缴纳出资的股东承担违约责任。

第三十二条 有限责任公司应当置备股东名册,记载下列事项:

(一)股东的姓名或者名称及住所;

(二)股东的出资额;

(三)出资证明书编号。

记载于股东名册的股东,可以依股东名册主张行使股东权利。

公司应当将股东的姓名或者名称向公司登记机关登记；登记事项发生变更的，应当办理变更登记。未经登记或者变更登记的，不得对抗第三人。

第三十七条　股东会行使下列职权：

（一）决定公司的经营方针和投资计划；

（二）选举和更换非由职工代表担任的董事、监事，决定有关董事、监事的报酬事项；

（三）审议批准董事会的报告；

（四）审议批准监事会或者监事的报告；

（五）审议批准公司的年度财务预算方案、决算方案；

（六）审议批准公司的利润分配方案和弥补亏损方案；

（七）对公司增加或者减少注册资本作出决议；

（八）对发行公司债券作出决议；

（九）对公司合并、分立、解散、清算或者变更公司形式作出决议；

（十）修改公司章程；

（十一）公司章程规定的其他职权。

对前款所列事项股东以书面形式一致表示同意的，可以不召开股东会会议，直接作出决定，并由全体股东在决定文件上签名、盖章。

第一百五十条　股东会或者股东大会要求董事、监事、高级管理人员列席会议的，董事、监事、高级管理人员应当列席并接受股东的质询。

董事、高级管理人员应当如实向监事会或者不设监事会的有限责任公司的监事提供有关情况和资料，不得妨碍监事会或者监事行使职权。

第一百五十三条　本法所称公司债券，是指公司依照法定程序发行、约定在一定期限还本付息的有价证券。

公司发行公司债券应当符合《中华人民共和国证券法》规定的发行条件。

信息风控

——上市公司股票多，信息掌控风险大

　　股票发行是符合条件的发行人筹资或实施股利分配的主要方式，按照法定的程序，向投资者或原股东发行股份或无偿提供股份的行为。内幕交易、泄露内幕信息罪是指证券、期货交易内幕信息的知情人员或者非法获取证券期货交易内幕信息的人员，在涉及证券的发行、证券、期货交易或其他对证券、期货交易的价格有重大影响的信息尚未公开前，买入或卖出该证券，或者从事与该内幕信息有关的期货交易，或者泄露该信息，或者明示、暗示他人从事上述交易活动，情节严重的行为。上市公司作为股票发行者，在实际运行过程中保护内幕信息，不但是履行法律规定的保护股民权益的义务，避免触犯泄漏内幕消息罪，更是维护公司良好有序运行的保障。

以案说法

一、经典案例

1. 证券公司程序错误，多方拯救险中求存

2013年8月16日11时05分，金水证券股份有限公司（以下简称金水证券）在进行交易型开放式指数基金（以下简称ETF）申赎套利交易时，因程序错误，其所使用的策略交易系统以125亿元的巨量资金申购159ETF成份股，实际成交51.7亿元。2013年8月16日13时，金水证券称因重大事项停牌。当日14时22分，金水证券发布公告，称"公司策略投资部自营业务在使用其独立套利系统时出现问题"。但在当日13时开市后，金水证券即通过卖空股指期货、卖出ETF对冲风险，至14时25分，卖出股指期货空头合约IF1209、IF1322共计6160张，合约价值51.8亿元，获利74,123,471.45元；卖出159ETF共计2.73亿份，价值1.34亿元，卖出50ETF共计6.69亿份，价值12.4亿元，合计规避损失13,070,006.63元。

2. 巨大损失难以挽回，市场混乱股民受损

金水证券分别于2013年8月16日下午将所持股票转换并卖出的行为和2013年8月16日下午卖出股指期货空头合约共计6240张的行为构成内幕交易。经测算，159ETF与沪深300指数在2013年1月4日—8月21日期间的相关系数达98.82%，即巨量申购和成交159ETF成份股对沪深300指数，159ETF、50ETF和股指期货合约价格均产生重大影响，股民遭受严重损失。经调查，错单交易发生之后，上证综指迅速上涨5.96%，属重大错单交易，严重影响了资本市场秩序。金水证券在知悉内幕信息且未予公开的情况下，与其他

处于信息不对称地位的投资者进行交易，也不符合资本市场"公开、公平、公正"的基本原则。同时，巨量申购和成交可能对投资者判断产生重大影响，从而对沪深300指数，159ETF、50ETF和股指期货合约价格产生重大影响。

3. 内幕信息认定精确，董事成员难逃处罚

根据《中华人民共和国证券法》第五十二条和《期货交易管理条例》第八十一条第（十一）项的规定，"金水证券在进行ETF套利交易时，因程序错误，其所使用的策略交易系统以125亿元的巨量资金申购159ETF成份股，实际成交51.8亿元"（以下简称"错单交易信息"）为内幕信息。上述内幕信息自2013年8月16日11时18分交易时产生，至当日14时22分金水证券发布公告时公开。同日不晚于11时40分，金水证券时任法定代表人、总裁李某召集时任计划财务部总经理兼办公室主任银某和时任策略投资部总经理刘某开会，达成通过做空股指期货、卖出ETF对冲风险的意见，并让刘七负责实施。因此，金水证券知悉内幕信息的时间不晚于2013年8月15日11时40分。金水证券在内幕信息公开前将所持股票转换为ETF卖出和卖出股指期货空头合约的交易，构成《中华人民共和国证券法》第一百九十一条和《期货交易管理条例》第七十条所述内幕交易行为。李某为直接负责的主管人员，银某、刘某为其他直接责任人员。据此，中国证监会决定对金水证券ETF内幕交易的其他直接责任人员刘某给予警告，并处以30万元罚款；对金水证券股指期货内幕交易的其他直接责任人员银某给予警告，并处以30万元罚款。上述两项罚款合计60万元。

二、案例分析

1. 本案错单交易信息能否构成内幕信息

本案的错单交易信息产生于证券市场，根据《中华人民共和国证券法》第五十三条明确列举的内幕信息的主要内容为与发行人相关的信息，但同时规定内幕信息包括国务院证券监督管理机构认定的对证券交易价格有显著影响的其他重要信息。并且根据该条第一款之规定，证券交易活动中，涉及公司的经营、财务或者对该公司证券的市场价格有重大影

响的尚未公开的信息，为内幕信息。因此，内幕信息并不限于与发行人自身相关的信息，也应包括对公司证券的市场价格有重大影响的交易信息。综合考虑大盘指数与公司证券价格之间的紧密关联性，对大盘指数产生重大影响的交易信息也应属于《中华人民共和国证券法》所指对公司证券的市场价格有重大影响的内幕信息范畴。对期货市场来说，虽然《期货交易管理条例》第八十一条第（十一）项中列举的内幕信息并未明确包含期货市场以外的交易信息，但该条规定，期货市场的内幕信息也包括国务院期货监督管理机构认定的对期货交易价格有显著影响的其他重要信息。而该条对内幕信息给予了明确的定义，即内幕信息是指可能对期货交易价格产生重大影响的尚未公开的信息。考虑到证券市场与期货市场的关联性，证券市场上形成的内幕信息如对期货市场的波动可能产生重大影响亦应属于期货市场内幕信息的范畴。本案中，金水证券当日上午的错单交易对沪深和股指期货合约价格均产生重大影响，故错单交易信息认定为内幕信息。

2. 金水证券案发日下午的对冲交易是否构成对内幕信息的利用

本案的争议焦点之一是，流水证券案发后对冲交易行为是否构成对内幕信息的利用，认定结果严重影响本案性质和最终处理决定。在内幕交易案件中，交易者知悉内幕信息后实施了相关的证券期货交易行为，原则上即应推定其利用了内幕信息，从而具有内幕交易的主观故意。如果该交易行为系基于内幕信息形成以前即已经制定的投资计划和指令所作出，足以证明其实施的交易行为确与内幕信息无关，可以作为内幕交易的抗辩事由。但是，能够作为抗辩事由的既定投资计划和指令，应当是在内幕信息形成以前已经制定，并包含了交易时间、交易数量等具体交易内容，且在实施的过程中没有发生变更，方能体现其交易行为没有对内幕信息加以利用。虽然在本案错单交易发生之前，金水证券相关管理制度规定，当出现因系统故障等原因而导致交易异常，应考虑采用合适的对冲工具（包括但不限于股指期货、ETF等），及时控制风险，进行对冲交易，以保证部门整体风险敞口处于可控范围，保持市场中性，但上述规定并无具体的交易内容，不足以构成既定投资计划和指令。本案中，金水证券当日下午实施的对冲交易，是在错单交易信息形成之后，金水证券直接针对错单交易而采取的对冲风险行为，而非基于内幕信息形成之前已经制定的投资计划、指令所作出的交易行为。虽然市场中性投资策略的目标是保证投资组合中多空双边头寸的平衡，不留风险敞口，从而实现投资收益与市场整体波动无关。但是，交易者在实施市场中性投资策略并根据市场变化进行动态调整的过程中，仍然可能利用内幕信息对市场波动的单边影响，从而构成内幕交易。本案中，金水证券当日下午的对冲交易是在其因错单而建立了巨额多头头寸的情况下，基于内幕信息优势，在内幕信息公开前同时在证券市场卖出和在期货市场做空的单边对冲交易，其利用了内幕信息对市场可能产生的单边影响，具有内幕交易的主观故意，侵害了广大不知情投资者的合法权益，不能构成内幕交易的抗辩事由。

三、律师观点

1. 提升上市公司董事及管理人员管理水平

上市公司作为典型资合公司因涉及广大股民的切身利益因而具有超强市场影响力。董事和管理人员作为公司管理人员，其行为对公司经营有不可估量的影响。根据《中华人民共和国公司法》的规定，董事长有权召集和主持董事会会议，检查董事会决议的实施情况。主持召开董事长办公会议，组织讨论和决定公司的发展规划、经营方针、年度计划及日常经营工作中的重大事项，并负责检查上述会议的贯彻实施情况；提名公司总经理和其他高层管理人员的聘用、决定报酬、待遇及解聘事项；审查总经理提出的各项发展计划及执行结果；定期审阅公司的财务报表全盘掌控公司的财务状况；公司超过××万元以上的开支，须经董事长批准。签署批准公司招聘的各级管理人员和专业技术人员；签署对外重要经济合同、签署公司文件及上报的各种报表、资料等。"治标"还须"治本"，要想公司获得长足发展，必须强化公司"大脑"，提升董事及管理人员水平，加强管理人员法律思维建设。本案中公司管理层因法律知识匮乏，不知道内幕信息的法律界定标准，导致个人和公司都被置于法律制裁之下。

2. 公司应在各个项目实施前进行风险措施制定

证券公司在实际操作过程中，由于市场或人为情况发生经营事故属于较为常见的情形，所以在公司大型项目操作前公司需针对项目制定具体应急处理方案，以规避后期可能出现的法律问题。对于金水证券事发当日下午的对冲交易是否属于内幕交易，或者是否属于基于既定投资计划、指令所作的行为，从而不构成内幕交易问题。根据《中华人民共和国证券法》第一百九十一条和2013年修订的《期货交易管理条例》第七十条第一款的规定，证券交易或期货交易的内幕信息知情人，在涉及证券的发行、交易或者其他对证券的价格有重大影响或对期货交易价格有重大影响的信息尚未公开前，利用内幕信息从事证券或期货交易的，构成内幕交易行为并应当承担相应的法律责任。本案中，错单交易信息属于内幕信息，且在案证据能够证明金水证券知悉该内幕信息的时间不晚于事发当日上午11时40分。在错单交易信息于事发当日下午14时22分公开前，金水证券利用该信息实施将所持股票转换为ETF卖出和卖出股指期货空头合约的交易，中国证监会认定该行为构成《中华人民共和国证券法》第一百九十一条和《期货交易管理条例》第七十条第一款所述内幕交易行为并无不当。对于刘某认为的金水证券遵循既定交易计划进行对冲交易，符合内幕交易的法定豁免情形的主张。本案中，金水证券《策略投资部业务管理制度》对金水证券策略投资部交易制度作了一般规定，并没有体现出事先就具体的某项交易订立合同或作出投资计划、指令。金水证券在错单交易信息形成之后，直接针对该错单交易采取的对冲风险行为，并非基于内幕信息形成之前既定的投资计划、指令所作出的交易行为。而且，市场主体实施中性策略进行交易，必须受到相关交易法律法规的规制，不得违法违规实施交易行为。金水证券利用内幕信息优势实施相关交易行为，违背了《中华人民共和国证券法》第三条和《期货交易管理条例》第三条所规定的从事证券和期货交易应当遵循公开、公平、公正的原则，也侵害了其他处于信息不对称地位的投资者的合法权益。

必懂知识

1. 内幕信息内容及特性

根据《中华人民共和国证券法》第五十二条规定，"证券交易活动中，涉及发行人的经营、财务或者对该发行人证券的市场价格有重大影响的尚未公开的信息，为内幕信息。

本法第八十条第二款、第八十一条第二款所列重大事件属于内幕信息"。

（1）内幕信息内容

公司的经营方针和经营范围的重大变化；公司的重大投资行为和重大的购置财产的决定；公司订立重要合同，而该合同可能对公司的资产、负债、权益和经营成果产生重要影响；公司发生重大债务和未能清偿到期重大债务的违约情况；公司发生重大亏损或受过超过净资产10%以上的重大损失；公司生产经营的外部条件发生的重大变化；公司的董事长、三分之一以上的董事，或者经理发生变动；持有公司5%以上股份的股东，其持有股份情况发生较大变化；公司减资、合并、分立、解散及申请破产的决定；涉及公司的重大诉讼，法院依法撤销股东大会、董事会决议；法律、行政法规规定的其他事项；公司分配股利或增资的计划；公司股权结构的重大变化；公司债务担保的重大变更；公司营业用主要资产的抵押、出售或报废一次超过该资产的30%；公司的董事、监事、经理、副经理或其他高级管理人员的行为可能依法承担重大损害赔偿责任；上市公司收购的有关方案；国务院证券监督管理机构认定的对证券交易价格有显著影响的其他重要信息。内幕消息不包括运用公开的信息和资料，对证券市场作出的预测和分析。

（2）内幕信息具有两大特征

第一，重要性。所谓重要性应根据以下确定：这个被忽略的事实公开后，极有可能被理智的投资者看成是改变了自己所掌握的信息的性质，那么，这些事实也就是重要的。如发行人发生重大债务、发行人资产遭到重大损失等都属于内幕信息，投资者一旦知悉，必须会慎重考虑，重新估价发行证券的企业、公司的价值，决定资金新的投资方向。一般说来，内幕信息都被列入"机密"的范围，其重要性体现在一旦公开，就可能影响到证券市场相关股票、债券的价格。

第二，未公开性。即这些重要的信息和资料尚未公开，未让广大投资者广泛知晓并运用它进行证券买卖。通常认为，如果股价曾受有关情报通知的影响而波动，但很快趋于稳定，则该稳定时间可以认为是该情报已公开的时间，内幕交易的实质即抓住内幕信息公开前后的时间差牟利，因而界定内幕信息已公开化的时间十分重要，因为它关系到内幕交易罪犯罪时间的认定。如果内幕人员在交易过程中利用的内幕信息是该消息公开后引起股票价格起伏的唯一原因，从消息公布时起，到市场消化、分析消息，从而引起股价变动这一段时间，都应视为消息尚未公开。在此之前，利用内幕消息进行证券买卖，都应构成内幕交易。

2. 上市公司泄漏内幕信息罪立案标准

证券、期货交易内幕信息的知情人员或非法获取证券、期货交易内幕信息的人员，在涉及证券的发行，证券、期货交易或其他对证券、期货交易价格有重大影响的信息尚未公开前，买入或卖出该证券，或者从事与该内幕信息有关的期货交易，或者泄露该信息，涉嫌下列情形之一的，应予追诉：买入或者卖出证券，或者泄露内幕信息使他人买入或者卖出证券，成交额累计在50万元以上的；买入或者卖出期货合约，或者泄露内幕消息使他人买入或者卖出期货合约，占用保证金数额累计在30万元以上的；获利或者避免损失数额累计在15万元以上的；多次进行内幕交易、泄露内幕信息的；致使交易价格和交易量异常波动的；有其他严重情节或造成恶劣影响的。

3. 泄漏内幕信息罪与非罪的区分标准

行为人利用内幕信息进行证券、期货交易的行为极易与知悉内幕信息的内幕人员没有利用内幕信息的正当交易行为发生混淆，前者情节严重的构成内幕交易、泄露内幕信息罪，后者则是法律法规允许的行为。

一般来说，行为人尤其是内幕人员的正当的交易行为有以下两种情形：

其一，不知内幕信息的内幕人员所进行的允许进行的证券、期货交易行为。此类内幕人员根本就不知道内幕信息。

其二，知悉内幕信息的内幕人员所进行的允许进行的证券、期货交易行为与其所知悉的内幕信息无关。此类内幕人员知悉内幕信息但其所进行的交易行为并没有利用其所知信息。

对于第一种情况，由于缺乏内幕交易、泄露内幕信息罪的犯罪对象内幕信息，因而很容易与内幕交易行为区分开。对于第二种情况，由于内幕人员所知悉的内幕信息并未被内幕人员在证券、期货交易中加以利用，从而内幕信息也就不会对证券、期货市场价格产生影响，显然，不具备内幕交易行为的特性。

为了更好地区分上述情形，有必要科学地掌握内幕交易行为的几个基本构成要件，具体包括：存在着证券、期货交易行为；该交易行为系内幕人员或非内幕人员所为；该交易行为利用了内幕人员合法持有或非内幕人员非法持有的内幕信息。

4. 泄漏内幕信息罪与侵犯商业秘密罪的区分标准

构成内幕交易、泄露内幕信息罪的客观表现包括知道内幕信息的内幕人员或非内幕人员将内幕信息非法泄露和公开的情形。侵犯商业秘密罪的客观方面包括披露、使用或者允许他人使用以不正当手段获取的权利人的商业秘密，以及违反约定或违反权利人有关保守商业秘密的要求，披露、使用或者允许他人使用其所掌握的商业秘密两种情形。因此，内幕交易罪与侵犯商业秘密罪就存在着一定的联系，如两者的犯罪对象都具有秘密性，两者的客观方面都包括泄露或提前公开不该公开的相关内容等。但是，两者具有很明显的区别。

首先，两者侵犯的对象不同，前者侵犯的是内幕信息，该信息必然影响证券、期货交易市场价格；后者侵犯的是商业秘密，是指不为公众知悉，能为权利人带来经济利益，具有实用性并经权利人采取保密措施的技术信息与经营信息。

其次，两者客观行为也不同，前者包括行为人不公开内幕信息而本人直接加以利用，或者将内幕信息公开并建议别人加以利用，从而本人间接参与；后者包括以下三种情况：一是以盗窃、利诱、胁迫或其他不正当手段获取权利人的商业秘密；二是披露、使用或允许他人使用以前项手段获取的权利人的商业秘密；三是违反约定或者违反权利人有关保守秘密的要求，披露、使用或者允许他人使用其所掌握的商业秘密。

如果行为人的行为侵害的既属于内幕信息，又属于商业秘密。这种情况，行为人的行为构成想象竞合犯，即行为人主观上出于一个故意，客观上实施了一个危害行为，同时触犯了本法所规定的两个独立罪名，也即触犯了内幕交易、泄露内幕信息罪和侵犯商业秘密罪。根据想象数罪的处罚原则，应以重罪论处。

5. 泄漏内幕信息罪与泄漏国家秘密罪的区分标准

内幕交易、泄露内幕信息罪和泄漏国家秘密罪，即主体均可以是国家工作人员，泄露的内容均可以是国家的经济秘密和影响证券发行证券、期货交易及其相关活动的国家外交、财政、立法等秘密。因此，两罪存在着一定的联系。两罪也存在以下区别：

在主观方面，前者只能是故意，行为人往往在主观上还具有谋取非法利益或避免损失的犯罪目的，后者既可以是故意，也可以是过失。

在主体方面，前者包括内幕人员和非内幕人员，并不一定都是国家机关工作人员，后者只能是国家机关工作人员。

在犯罪对象方面，前者侵犯的是内幕信息，具体范围由法律和行政法规来确定，并非都属于国家秘密的范畴，后者侵犯的是国家秘密，具体包括国防、外交、立法、司法、财政、经济、科技等方面不应公开的事项，也包括一切未经决定或虽经决定而尚未公开的国家事项，以及一切有关国家机密的文件、电报、函件、资料、统计、机构、编制、仓库等。显然，前者的范围要小，机密程度要低。

在客观方面，前者是指违反有关证券、期货法规，行为人利用内幕信息进行证券、期货交易或泄露内幕信息的行为，后者指行为人违反国家秘密法规，故意或过失泄露国家秘密的行为。此外，实践中也会出现内幕交易、泄露内幕信息罪和泄露国家秘密罪想象竞合的问题。例如，知悉内幕信息的人为国家机关工作人员，其所泄露的内幕信息属于国家秘密。此种情形应依照想象竞合原则来处理。

必懂法规

一、《中华人民共和国刑法》

第一百八十条　证券、期货交易内幕信息的知情人员或者非法获取证券、期货交易内幕信息的人员，在涉及证券的发行，证券、期货交易或者其他对证券、期货交易价格有重大影响的信息尚未公开前，买入或者卖出该证券，或者从事与该内幕信息有关的期货交易，或者泄露该信息，或者明示、暗示他人从事上述交易活动，情节严重的，处五年以下有期徒刑或者拘役，并处或者单处违法所得一倍以上五倍以下罚金；情节特别严重的，处五年以上十年以下有期徒刑，并处违法所得一倍以上五倍以下罚金。

单位犯前款罪的，对单位判处罚金，并对其直接负责的主管人员和其他直接责任人员，处五年以下有期徒刑或者拘役。

内幕信息、知情人员的范围，依照法律、行政法规的规定确定。证券交易所、期货交易所、证券公司、期货经纪公司、基金管理公司、商业银行、保险公司等金融机构的从业人员，以及有关监管部门或者行业协会的工作人员，利用因职务便利获取的内幕信息以外的其他未公开的信息，违反规定，从事与该信息相关的证券、期货交易活动，或者明示、暗示他人从事相关交易活动，情节严重的，依照第一款的规定处罚。

第一百八十二条　有下列情形之一，操纵证券、期货市场，情节严重的，处五年以下有期徒刑或者拘役，并处或者单处罚金；情节特别严重的，处五年以上十年以下有期徒刑，并处罚金：

（一）单独或者合谋，集中资金优势、持股或者持仓优势或者利用信息优势联合或者连续买卖，操纵证券、期货交易价格或者证券、期货交易量的；

（二）与他人串通，以事先约定的时间、价格和方式相互进行证券、期货交易，影响证券、期货交易价格或者证券、期货交易量的；

（三）在自己实际控制的账户之间进行证券交易，或者以自己为交易对象，自买自卖期货合约，影响证券、期货交易价格或者证券、期货交易量的；

（四）以其他方法操纵证券、期货市场的。

单位犯前款罪的，对单位判处罚金，并对其直接负责的主管人员和其他直接责任人员，依照前款的规定处罚。

二、《中华人民共和国证券法》

第五十条　禁止证券交易内幕信息的知情人和非法获取内幕信息的人利用内幕信息从事证券交易活动。

第五十一条　证券交易内幕信息的知情人包括：

（一）发行人及其董事、监事、高级管理人员；

（二）持有公司百分之五以上股份的股东及其董事、监事、高级管理人员，公司的实际控制人及其董事、监事、高级管理人员；

（三）发行人控股或者实际控制的公司及其董事、监事、高级管理人员；

（四）由于所任公司职务或者因与公司业务往来可以获取公司有关内幕信息的人员；

（五）上市公司收购人或者重大资产交易方及其控股股东、实际控制人、董事、监事和高级管理人员；

（六）因职务、工作可以获取内幕信息的证券交易场所、证券公司、证券登记结算机构、证券服务机构的有关人员；

（七）因职责、工作可以获取内幕信息的证券监督管理机构工作人员；

（八）因法定职责对证券的发行、交易或者对上市公司及其收购、重大资产交易进行管理可以获取内幕信息的有关主管部门、监管机构的工作人员；

（九）国务院证券监督管理机构规定的可以获取内幕信息的其他人员。

第五十二条　证券交易活动中，涉及发行人的经营、财务或者对该发行人证券的市场价格有重大影响的尚未公开的信息，为内幕信息。

本法第八十条第二款、第八十一条第二款所列重大事件属于内幕信息。

第一百七十九条　国务院证券监督管理机构在对证券市场实施监督管理中履行下列职责：

（一）依法制定有关证券市场监督管理的规章、规则，并依法行使审批或者核准权；

（二）依法对证券的发行、上市、交易、登记、存管、结算，进行监督管理；

（三）依法对证券发行人、上市公司、证券公司、证券投资基金管理公司、证券服务机构、证券交易所、证券登记结算机构的证券业务活动，进行监督管理；

（四）依法制定从事证券业务人员的资格标准和行为准则，并监督实施；

（五）依法监督检查证券发行、上市和交易的信息公开情况；

（六）依法对证券业协会的活动进行指导和监督；

（七）依法对违反证券市场监督管理法律、行政法规的行为进行查处；

（八）法律、行政法规规定的其他职责。

国务院证券监督管理机构可以和其他国家或者地区的证券监督管理机构建立监督管理合作机制，实施跨境监督管理。

三、《期货交易管理条例》

第四十六条　国务院期货监督管理机构对期货市场实施监督管理，依法履行下列职责：

（一）制定有关期货市场监督管理的规章、规则，并依法行使审批权；

（二）对品种的上市、交易、结算、交割等期货交易及其相关活动，进行监督管理；

（三）对期货交易所、期货公司及其他期货经营机构、非期货公司结算会员、期货保证金安全存管监控机构、期货保证金存管银行、交割仓库等市场相关参与者的期货业务活动，进行监督管理；

（四）制定期货从业人员的资格标准和管理办法，并监督实施；

（五）监督检查期货交易的信息公开情况；

（六）对期货业协会的活动进行指导和监督；

（七）对违反期货市场监督管理法律、行政法规的行为进行查处；

（八）开展与期货市场监督管理有关的国际交流、合作活动；

（九）法律、行政法规规定的其他职责。

第八十一条　本条例下列用语的含义：

（一）商品期货合约，是指以农产品、工业品、能源和其他商品及其相关指数产品为标的物的期货合约。

（二）金融期货合约，是指以有价证券、利率、汇率等金融产品及其相关指数产品为标的物的期货合约。

（三）保证金，是指期货交易者按照规定交纳的资金或者提交的价值稳定、流动性强的标准仓单、国债等有价证券，用于结算和保证履约。

（四）结算，是指根据期货交易所公布的结算价格对交易双方的交易结果进行的资金清算和划转。

（五）交割，是指合约到期时，按照期货交易所的规则和程序，交易双方通过该合约所载标的物所有权的转移，或者按照规定结算价格进行现金差价结算，了结到期未平仓合约的过程。

（六）平仓，是指期货交易者买入或者卖出与其所持合约的品种、数量和交割月份相同但交易方向相反的合约，了结期货交易的行为。

（七）持仓量，是指期货交易者所持有的未平仓合约的数量。

（八）持仓限额，是指期货交易所对期货交易者的持仓量规定的最高数额。

（九）标准仓单，是指交割仓库开具并经期货交易所认定的标准化提货凭证。

（十）涨跌停板，是指合约在1个交易日中的交易价格不得高于或者低于规定的涨跌幅度，超出该涨跌幅度的报价将被视为无效，不能成交。

（十一）内幕信息，是指可能对期货交易价格产生重大影响的尚未公开的信息，包括：国务院期货监督管理机构以及其他相关部门制定的对期货交易价格可能发生重大影响的政策，期货交易所作出的可能对期货交易价格发生重大影响的决定，期货交易所会员、客户的资金和交易动向以及国务院期货监督管理机构认定的对期货交易价格有显著影响的其他重要信息。

（十二）内幕信息的知情人员，是指由于其管理地位、监督地位或者职业地位，或者作为雇员、专业顾问履行职务，能够接触或者获得内幕信息的人员，包括：期货交易所的管理人员以及其他由于任职可获取内幕信息的从业人员，国务院期货监督管理机构和其他有关部门的工作人员以及国务院期货监督管理机构规定的其他人员。

完善管理
——公司上市势头猛，管理水平待提高

股份有限公司作为典型资合公司具有股东数量多、管理难度大的特点，为保证公司健康发展、维护广大股民的合法权益，根据《中华人民共和国公司法》的规定通常设立董监高负责公司的重大决策和日常经营，此时明确的职权划分和岗位责任对于各司其职、各负其责尤为重要。目前，大批公司为融资迅速上市，董监高存在管理水平低下、管理经验不足等现象，若不及时进行相关学习极有可能导致严重后果。

以案说法

一、经典案例

1. 大股东提议召开会议，董事会多次无故阻拦

2012年6月24日，志大公司的4000万a股股票在深圳证券交易所发行，同年7月9日在深圳证券交易所上市交易。原告张某持有该公司18.03％的股份，系该公司第一大股东。2013年11月12日、13日，张某经公证以特快专递方式两次向被告志大公司董事会邮寄了"关于召开志大公司2014年第一次临时股东大会的议题和提案"，其中，提案内容为提名新的董事会候选人和新的监事会候选人，邮寄地址为当时被告志大公司的办公地点。前一封邮件因被告知"原址无董事会"而被退回，后一封邮件在七日内经先后五次投递均被拒收，最后亦被退回寄件人。2013年11月14日，张某将上述提案向中国证监会福州特派办报备。2013年12月9日，原告张某向被告志大公司董事会秘书漫某寄出了一份内容为由其自行召开志大公司2014年第一次临时股东大会的函件。在随函所附的提案内容中，增加了罢免黄某等全体董、监事成员的内容。被告志大公司于12月10日收到该邮件。2013年12月10日，被告志大公司董事会向中国证监会福州特派办提交了《关于请求停止志大科技股份有限公司第一大股东张某自行召开2014年第一次临时股东大会的报告》。2013年12月11日，原告张某在《中国证券报》发布了《志大科技股份有限公司第一大股东关于召开2014年第一次临时股东大会的公告》，宣布其将自行主持此次股东大会；会议地点为福州市某酒店某厅；会议时间为2014年1月11日9点30分。同日，被告志

大公司亦在《中国证券报》刊登该公司董事会于2013年12月10日发布的《志大科技股份有限公司公告》，称其未收到原告张某的任何提案，并对张某拟自行主持召开的志大公司2004年第一次临时股东大会的有效性不予认可。

2. 会议召开一波三折，门派斗争组织混乱

2014年1月10日，被告志大公司董事会声明黄某等组成的董事会已决定出席并由董事长黄某主持原告张某提议于同年1月11日召开的志大公司2004年第一次临时股东大会。该公告内容于2014年1月9日向中国证监会福州特派办报备。福州特派办在收到该备案材料的当日由其工作人员约见了原告张某，并宣读了《上市公司股东大会规范意见》第二十五条、第二十六条的规定，要求张某严格按规定召开此次股东大会。原告张某不同意由董事长黄某主持本次股东大会。2014年1月11日上午，被告志大公司董事长黄某、董事会秘书漫某、证券事务代表华某、公司聘请的律师郭某等人到达福州市会场外，进入会场前，向张某的会务人员提出了接管会务并主持会议的要求，但被张某的会务人员拒绝。随后，志大公司董事会作出《志大科技股份有限公司董事会关于2014年第一次临时股东大会程序性的决议》，决定将此次股东大会的会场进行变更，与会股东与股东代表应重新办理有关登记手续，会议改为10时开始。此后，黄某进入张某原定的会议现场，以口头方式向到会人员通知了上述决议内容。由张某主持召开的志大公司2014年第一次临时股东大会通过了提议股东张某关于孙某、王某新、大某、国某、姚某、李某二、高某上、毛某民、延某宝为董事，其中，高某上、毛某民、延某宝为独立董事，张某、杨某艳为监事的议案。而由黄某在新会议场地主持召开的志大公司2014年第一次临时股东大会则否决了提议股东张某的上述议案。

2014年1月18日，被告志大公司向中国证监会福建监管局提交了《关于请求对我公司董事会召集并主持的2014年第一次临时股东大会决议有效性进行确认的报告》。2014年2月4日，原、被告双方在《深圳证券报》分别以姚某等人组成董事会、黄某等人组成的董事会名义刊登发布各自主持召开的《志大科技股份有限公司2014年第一次临时股东大会决议公告》，同日，以姚某为董事长的董事会入驻志大公司。自此，志大公司出现了两个"董事会"并存的混乱状况。

3. 经营混乱股民受损，法院介入找回秩序

两个"董事会"的存在严重扰乱了公司管理秩序，使公司和股民均遭受严重损失。张某以公司为被告提起诉讼。法院认为，股东大会的会议通知是股东决定是否出席本次大会和获取会议信息的最基本来源，对会议通知的任何变更，均应当依照规定程序进行。本案中，被告志大公司的董事会在2014年1月10日的公告和相关报备行为表明，其已同意参加由张某提议召开的公司2014年第一次临时股东大会。由黄某主持召开的志大公司2014年第一次临时股东大会属于未征得提议股东张某的同意，在会议召开当天临时变更了会议时间，同时还改变会议场所和登记方法，可能造成已经作出判断的股东需要重新作出判断的后果，在程序上无法保证所有股东依法行使其权利，特别是无法确保广大中小股东享有充分的知情权。在提议股东张某未出席并对议案进行说明的情况下，还可能影响出席股东对议案的理解和判断，进而影响其根据自身利益对表决权的行使，亦侵犯了提议股东张某的权利。综上所述，法院确认由黄某于2014年1月11日主持召开的志大公司2014年第一次临时股东大会所产生的决议无效。而张某主持召开的董事会因违反公司章程亦无效。

一个公司只能有一个董事会。在前述两个临时股东大会所产生的决议均属无效决议的情况下，由志大公司于2013年6月25日股东大会选举产生的由黄某等组成的董事会仍为当前志大公司的合法董事会，有权依照《中华人民共和国公司法》及《公司章程》的规定行使其法定职权，并有义务保证公司的正常生产经营活动。

二、案例分析

1. 股东大会是否有权提起并主持提名董事

大股东张某在2013年12月11日公告中公布的提案内容是提名新的董、监事候选人，但无关于罢免现任董、监事成员的内容。由于我国法律法规及《公司章程》中规定股东大会有选举和罢免董事的权利，但均没有明文规定要先罢免后选举，故大股东张某提案中关于任免做法不产生违反法定程序的后果，也不足以导致影响股东大会决议内容的效力。

2. 本案中股东大会决策效力

法院介入本案后,另行查明原告张某在2013年6月6日与王某海签订的《股权托管协议》及相关授权委托书中已承诺将其所持有的志大公司全部非流通股份托管给胡某仁。被告志大公司以此为由,认为张某已丧失了相关提名权、提案权和表决权。对此,法院认为《股权托管协议》签订之时,张某为志大公司总经理。而《中华人民共和国公司法》第一百四十一条第二款规定,"公司董事、监事、高级管理人员应当向公司申报所持有的本公司的股份及其变动情况,在任职期间每年转让的股份不得超过其所持有本公司股份总数的百分之二十五;所持本公司股份自公司股票上市交易之日起一年内不得转让。上述人员离职后半年内,不得转让其所持有的本公司股份。公司章程可以对公司董事、监事、高级管理人员转让其所持有的本公司股份作出其他限制性规定"。该规定为强制性规定,即公司高级管理人员在任职期间不得以任何方式转让所持有的本公司的股份。张某作为志大公司的高级管理人员,明知自己所持有的本公司股份在任职期间不得转让,但仍以"托管"为名转让给他人,其行为或者将造成先行剥离并分割相应股权中不可分离的公益权和自益权,使股权的完整性遭到破坏并产生可能危及公司治理结构的后果;或者将完全规避《中华人民共和国公司法》的上述强制性规定,掩盖在股权被法律禁止转移的情况下非法先行转移的行为。无论如何,该行为均将产生危害上市公司正常治理的后果,最终侵害上市公司所有股东的合法权益。故依照《中华人民共和国合同法》确认该《股权托管协议》及相关授权委托书无效。志大公司关于张某已丧失提案权的抗辩理由不成立,法院不予采纳。张某以特快专递的方式连续两天内向被告志大公司的董事会所在地邮寄提出议题及提案,但均遭志大公司董事会的拒收。此后,张某虽未穷尽其他提出方式(如专人送达、公告等),但志大公司的董事会数次拒收的行为损害了原告张某提案权的正常行使。在张某已履行了提出议题及提案的义务的情况下,法院推定志大公司的董事会在拒收张某提案邮件之时即已知道了张某提出的议题及提案的内容。《中华人民共和国公司法》第一百零一条第一款规定,"股东大会会议由董事会召集,董事长主持"。本案中,志大公司的董事会此前虽有拒收张某的议题和提案并在公告中对张某提议召开的股东大会的有效性进行否定的行为,但不能由此推定董事会已放弃对于公司股东大会的召集权和董事长的会议主持权，亦不能推定董事会和董事长将妨碍股东大会的正常召开。张某关于志大公司的前述行为已表明公司董事会拒绝参加会议并履行职责的主张不成立。张某在2014年1月11日股东大会召开前向中国证监会福州特派办报备的内容和相关公告，以及其在中国证监会福州特派办的陈述均表明，张某已提前剥夺了志大公司的董事会对该次股东大会的召集权及董事长主持权。在股东大会召开当日，当董事长黄某、董事会秘书漫某等人到场并要求接管会务并主持会议时，仍遭到张某的工作人员的拒绝。张某及其工作人员的上述行为，侵害了公司董事会对于股东大会的召集权和董事长的主持权，并可能侵害其他股东的合法权益，并直接影响了其所召集和主持的志大科技股份有限公司2014年第一次临时股东大会的正当性和有效性。福州市公证处的公证人员在2014年1月11日对张某自行召开并主持的志大公司2014年第一次临时股东大会进行了现场公证，主要对出席股东或其代理人的身份、持股数、表决过程、表决票数及相应统计数字进行形式审查。由于张某未就参会股东主体问题继续提供其他证据进行佐证，且公证人员向本院出具的证言表明其对黄某等人要求接管会务并主持会议的情形并不完全知晓，故不能作为认定本案相关部分事实的根据。综上所述，张某于2014年1月11日自行召集并主持的志大公司2014年第一次临时股东大会所产生的决议无效。

三、律师观点

1. 明确公司章程并对董事及股东进行职权培训

董事会是公司的常设权利机构，向股东大会负责，实行集体领导，是股份公司的权利机构和领导管理、经营决策机构，是股东大会闭会期间行使股东大会的权利机构，对外是进行公司活动的全权代表，对内是公司的组织、管理的领导机构。股东是公司资产的所有者，为行使权利对公司进行有效的管理经营，需要一批能代表他们利益的、有才干的人来领导和管理公司。董事及董事会应运而生。股东会和董事会作为公司的实际拥有机关和实地管理机关，明晰各自权限是实行有效管理的保障。根据《中华人民共和国公司法》和其他相关法律法规制定详细的权利清单，并定期对董事及股东进行职权培训，让公司章程不是流于形式，不仅存在于公司设立、章程制定时，更存在于董事及股东的每一个管理活动中。本案集中显示了董事及股东不懂公司章程及相关法律法规的弊端，董事无正当理由拒绝超过 10% 股权股东的会议提议，并且擅自变更会议地点，股东在仅有董事有权主持的股东会议上，执意主持股东会议并选举新的董事会，造成一个公司两个董事会的混乱局面，导致不可挽回的经济损失和股民的信赖利益。定期进行董事及股东职权培训，让管理者将规则牢记于心是公司发展的制胜法宝。

2. 面对侵权，多方使用董监高的权利救济

董监高作为股份公司的权力机关，各司其职均对公司管理有着至关重要的作用。监事会，也称公司监察委员会，是股份公司法定的必备监督机关，是在股东大会领导下，与董事会并列设置，对董事会和总经理行政管理系统行使监督的内部组织。其中，监事会职责包括：检查公司的业务、财务状况，查阅账簿和其他会计资料，并有权要求执行公司业务的董事和总经理报告公司的业务情况；对董事、经理执行公司职务，对违反法律、法规或公司章程的行为进行监督；当董事和经理的行为损害公司的利益时，要求董事和经理予以纠正；核对董事会拟提交股东大会的会计报告、营业报告和利润分配方案等财务资料，发现疑问可以以公司名义委托注册会计师、执行审计师帮助复审；提议召开临时股东大会；代表公司与董事交涉或对董事起诉；公司章程规定的其他职权；监事会主席或监事代表列席董事会会议；监事不得兼任董事、经理及其他高级管理职务；负责对公司重大事项及方案的检查、监督。在问题暴露之初应注意及时、有效地用尽内部救济，将问题扼杀在萌芽阶段，不要等问题扩大到需要用司法手段弥补所产生的巨大损失的时候才去解决。

必懂知识

1. 股东大会、董事会决议违法的救济

股东大会、董事会决议违法包括程序违法和内容违法。程序违法又包括股东大会的召集程序违法和决议方法违法，如召开股东大会未于会议召开 30 日前通知记名股东，或者

未于会议召开 45 日前公告无记名股东。又比如股东大会作出决议，没有经出席会议的股东所持表决权半数以上通过；股东大会对公司的合并、分立、解散或修改公司章程作出决议，未经出席会议的股东所持表决权的三分之二以上通过。内容违法，如股东大会某特别决定违反国家法律、行政法规的规定。

根据《中华人民共和国公司法》的规定，股东大会、董事会决议违法的救济措施主要有两项：一是股东向人民法院提起要求停止违法行为的诉讼。该类诉讼又可细分为停止程序违法之诉和停止内容违法之诉。其中，前者由股东诉请人民法院撤销决议。如属召集程序违法，应撤销同次股东大会会议作出的全部决定；如属决议方法违法，则只撤销某特定决议事项。为撤销所作出的判决，其效力既涉及公司又涉及全体股东。后者内容违法的决议当然无效。但公司与股东对决议内容是否违法有争议的，股东可向人民法院提起确认的诉讼，即确认决议内容是否违法。如果人民法院作出股东大会决议内容违法的判决，则确认某特定决议事项的决议无效。二是股东向人民法院提起要求停止侵害行为的诉讼。只要股东大会决议违法，股东即可向人民法院提起停止违法行为之诉。但停止侵害行为之诉的前提则不仅要有决议违法的事实，还要有侵犯股东合法权益的事实。如果仅有决议违法的事实，而无侵犯股东合法权益的行为，则只能要求停止违法行为，而不能提起停止侵害行为的诉讼。并且，停止违法行为之诉可由公司任何股东提起，而停止侵害行为之诉则只能由被公司决议侵害的股东提起。

2. 上市公司的信息披露

上市公司的信息披露即上市公司的法定信息公开制度。上市公司的信息披露制度是国家对上市公司进行监督管理的重要手段。

根据《中华人民共和国公司法》和《中华人民共和国证券法》的规定，上市公司必须按照法律、行政法规的规定，定期公开其财务状况和经营情况，在每一会计年度内半年公布一次财务会计报告，同时对可能影响上市公司股票交易价格的重大事件也应向社会公布，并说明事件的实质。上市公司应当将要求公布的信息刊登在中国证券监督管理委员会指定的全国性报刊上，同时还可以在证券交易所指定的地方报刊上公布有关信息。

上市公司的中期报告是上市公司依法向证券监督管理机构和其股票或公司债券上市交

易的证券交易所报告及向社会公众披露的、反映其报告年度上半年经营及有关情况的法律文件。根据《中华人民共和国证券法》规定，"股票或公司债券上市交易的公司，应当在每一会计年度的上半年结束之日起 2 个月内，向国务院证券监督管理机构和证券交易所提交中期报告，并予以公告。其内容包括公司财务会计报告和经营情况、涉及公司的重大诉讼事项、已发行的股票或公司债券的变动情况、提交股东大会审议的重要事项和国务院证券监督管理机构规定的其他事项"。

上市公司的年度报告是指上市公司依法向证券监督管理机构和其上市交易的证券交易所报告及向社会公众披露的、反映公司在报告年度经营及有关情况的法律文件。根据《中华人民共和国证券法》规定，"股票或公司债券上市交易的公司应当在每一会计年度结束之日起 4 个月内向国务院证券监督管理机构和证券交易所提交年度报告，并予以公告。年度报告的内容包括公司概况；公司财务会计报告和经营状况；董事、监事及经理等有关高级管理人员简介及其持股情况；已发行的股票、公司债券情况，包括持有公司股份最多的前 10 名股东名单和持股数额；国务院证券监督管理机构规定的其他事项"。

上市公司的重大事件临时报告制度作为持续信息公开制度的组成部分，其目的在于弥补半年度报告和年度报告之定时报告缺乏应变性的弱点，使证券监管机构及社会投资人及时了解上市公司经营过程中临时出现的可能对股票交易价格产生较大影响的事项。

根据《中华人民共和国证券法》的规定，"上市公司发生下列情况属于重大事件，必须分别向国务院证券监管机构和证券交易所提交临时报告，并予以公告：①公司经营方针和经营范围的重大变化；②公司的重大投资行为和重大的购置财产决议；③公司订立重要合同且该合同可能对公司的资产、负债、权益和经营成果产生重要的影响；④公司发生重大债务和未能清偿到期重大债务的违约情况；⑤公司发生重大亏损和遭受超过净资产 10% 以上的重大损失；⑥公司生产经营的外部条件发生重大变化；⑦公司的董事长、三分之一以上的监事或经理发生变动；⑧持有公司 5% 以上股份的股东之持股情况发生较大变化；⑨公司减资、合并、分立、解散及申请破产的决定；⑩涉及公司的重大诉讼，法院依法撤销股东大会、董事会决议；法律、行政法规规定的其他事项"。

必懂法规

一、《中华人民共和国合同法》

第五十二条　有下列情形之一的，合同无效：

（一）一方以欺诈、胁迫的手段订立合同，损害国家利益；

（二）恶意串通，损害国家、集体或者第三人利益；

（三）以合法形式掩盖非法目的；

（四）损害社会公共利益；

（五）违反法律、行政法规的强制性规定。

二、《中华人民共和国公司法》

第十一条　设立公司必须依法制定公司章程。公司章程对公司、股东、董事、监事、高级管理人员具有约束力。

第十二条　公司的经营范围由公司章程规定，并依法登记。公司可以修改公司章程，改变经营范围，但是应当办理变更登记。

公司的经营范围中属于法律、行政法规规定须经批准的项目，应当依法经过批准。

第三十七条　股东会行使下列职权：

（一）决定公司的经营方针和投资计划；

（二）选举和更换非由职工代表担任的董事、监事，决定有关董事、监事的报酬事项；

（三）审议批准董事会的报告；

（四）审议批准监事会或者监事的报告；

（五）审议批准公司的年度财务预算方案、决算方案；

（六）审议批准公司的利润分配方案和弥补亏损方案；

（七）对公司增加或者减少注册资本作出决议；

（八）对发行公司债券作出决议；

（九）对公司合并、分立、解散、清算或者变更公司形式作出决议；

（十）修改公司章程；

（十一）公司章程规定的其他职权。

对前款所列事项股东以书面形式一致表示同意的，可以不召开股东会会议，直接作出决定，并由全体股东在决定文件上签名、盖章。

第三十九条　股东会会议分为定期会议和临时会议。

定期会议应当依照公司章程的规定按时召开。代表十分之一以上表决权的股东，三分之一以上的董事，监事会或者不设监事会的公司的监事提议召开临时会议的，应当召开临时会议。

第四十三条　股东会的议事方式和表决程序，除本法有规定的外，由公司章程规定。

股东会会议作出修改公司章程、增加或者减少注册资本的决议，以及公司合并、分立、解散或者变更公司形式的决议，必须经代表三分之二以上表决权的股东通过。

第四十六条　董事会对股东会负责，行使下列职权：

（一）召集股东会会议，并向股东会报告工作；

（二）执行股东会的决议；

（三）决定公司的经营计划和投资方案；

（四）制定公司的年度财务预算方案、决算方案；

（五）制定公司的利润分配方案和弥补亏损方案；

（六）制定公司增加或者减少注册资本以及发行公司债券的方案；

（七）制定公司合并、分立、解散或者变更公司形式的方案；

（八）决定公司内部管理机构的设置；

（九）决定聘任或者解聘公司经理及其报酬事项，并根据经理的提名决定聘任或者解聘公司副经理、财务负责人及其报酬事项；

（十）制定公司的基本管理制度；

（十一）公司章程规定的其他职权。

第五十二条 监事的任期每届为三年。监事任期届满，连选可以连任。

监事任期届满未及时改选，或者监事在任期内辞职导致监事会成员低于法定人数的，在改选出的监事就任前，原监事仍应当依照法律、行政法规和公司章程的规定，履行监事职务。

第七十一条 有限责任公司的股东之间可以相互转让其全部或者部分股权。

股东向股东以外的人转让股权，应当经其他股东过半数同意。股东应就其股权转让事项书面通知其他股东征求同意，其他股东自接到书面通知之日起满三十日未答复的，视为同意转让。其他股东半数以上不同意转让的，不同意的股东应当购买该转让的股权；不购买的，视为同意转让。

经股东同意转让的股权，在同等条件下，其他股东有优先购买权。两个以上股东主张行使优先购买权的，协商确定各自的购买比例；协商不成的，按照转让时各自的出资比例行使优先购买权。

公司章程对股权转让另有规定的，从其规定。

第一百条 股东大会应当每年召开一次年会。有下列情形之一的，应当在两个月内召开临时股东大会：

（一）董事人数不足本法规定人数或者公司章程所定人数的三分之二时；

（二）公司未弥补的亏损达实收股本总额三分之一时；

（三）单独或者合计持有公司百分之十以上股份的股东请求时；

（四）董事会认为必要时；

（五）监事会提议召开时；

（六）公司章程规定的其他情形。

第一百零二条 召开股东大会会议，应当将会议召开的时间、地点和审议的事项于会议召开二十日前通知各股东；临时股东大会应当于会议召开十五日前通知各股东；发行无记名股票的，应当于会议召开三十日前公告会议召开的时间、地点和审议事项。

单独或者合计持有公司百分之三以上股份的股东，可以在股东大会召开十日前提出临时提案并书面提交董事会；董事会应当在收到提案后二日内通知其他股东，并将该临时提案提交股东大会审议。临时提案的内容应当属于股东大会职权范围，并有明确议题和具体决议事项。

股东大会不得对前两款通知中未列明的事项作出决议。

无记名股票持有人出席股东大会会议的，应当于会议召开五日前至股东大会闭会时将股票交存于公司。

第一百零八条　股份有限公司设董事会，其成员为五人至十九人。

董事会成员中可以有公司职工代表。董事会中的职工代表由公司职工通过职工代表大会、职工大会或者其他形式民主选举产生。

第一百四十九条　董事、监事、高级管理人员执行公司职务时违反法律、行政法规或者公司章程的规定，给公司造成损失的，应当承担赔偿责任。

真实陈述
——虚假陈述责任大，避开险境免赔偿

证券市场虚假陈述，是指信息披露义务人违反证券法律规定，在证券发行或者交易过程中，对重大事件作出违背事实真相的虚假记载、误导性陈述，或者在披露信息时发生重大遗漏、不正当披露信息的行为。近年来，上市公司因虚假陈述而被证监会处罚的事件屡见不鲜，而一旦上市公司遭此处罚，随之而来很有可能伴随大量股民向上市公司提起证券虚假陈述索赔纠纷。根据中国裁判文书网数据显示，2015年全国证券虚假讼责任纠纷数量为435件，2016年该数据为1109件。随着证券监管力度加强，该类纠纷将可能进一步呈上升趋势。如何主张权利和应对索赔对于股民与上市公司而言都非常重要。

以案说法

一、经典案例

1. 上市公司股民多，虚假陈述代价大

1997年5月，友情公司在深圳证券交易所上市，股票代码：602648。

1999年4月21日，友情公司在《中国证券报》上发布公告称，"我公司因涉嫌利润虚假、募集资金使用虚假等违法、违规行为，正在接受国家有关部门的调查"。

2000年3月31日，中国证券监督管理委员会作出了证监罚字〔2000〕××号《关于友情公司违反证券法规行为的处罚决定》。主要内容为：中国证券监督管理委员会对友情公司欺诈上市及1997年年报虚假陈述问题进行了调查。

2000年4月27日，《中国证券报》公布了证监会的处罚决定。公布当天，所有看到报纸的友情股民无不震惊莫名，公告的内容残酷地表明，友情股票先前所显示的所有优良业绩都是假的，而这对股民意味着什么不言自明。其中，有些反应快的股民马上开始抛售手中的股票，一时之间股市和股民都处于混乱之中。这一天距离友情股票上市整三年。三年前股民满怀希望地用自己的血汗钱换回了股票，而三年后的今天，他们却已经血本无归了。

2002年1月24日，北京、深圳两地的3名股民向佳木斯市中级人民法院递交了起诉书，将友情公司和百年证券公司告上了法院，成为首批起诉上市公司的股民。

2004年8月12日，佳木斯市中级人民法院对友情首批24起案件作出了一审判决。法院判决被告友情公司赔偿股民的实际损失，百年证券公司对上述实际损失承担连带赔偿责任。

一审判决后，友情公司、百年证券公司及五位投资人不服，向黑龙江省高级人民法院提起上诉。2004年12月23日，黑龙江省高级人民法院作出终审判决，除3起案件赔偿额有所改动、1起案件因公告送达未开庭审理外，其余均维持原判。2006年年底，判决款项执行到位。

2. 欺诈上市虚假陈述

公司其主要存在两个违规事实：

第一，欺诈上市。经查，友情石化总厂是于1996年筹划用其部分下属企业组建友情股份公司，其目的是申报上市。1997年3月20日，黑龙江省体改委以黑体改复〔1993〕495号文批复同意市体改委的请示，落款时间为1993年10月8日。1997年1月，市工商管理局为友情出具签有1993年12月20日的工商营业执照。1997年3月，黑龙江证券登记有限公司为友情提供虚假股权托管证明，将时间提前到1994年1月。友情编制了股份公司1994年、1995年、1996年的会计记录；经查，股份公司三年利润比相应企业同期多出16176万元。此外，友情将市国税局一张400余万元的缓交税款批准书涂改为4400余万元，以满足我会对其申报材料的要求。

第二，友情1997年年报虚假，利润虚增2848.89万元，募集资金未按上市公告书说明的投向使用。①友情1997年年报虚增利润2848.89万元，其中，内部销售业务产生的尚未实现的利润在合并会计报表时未抵消，虚增利润939.13万元；加工产品增量未销售部分利润计入当年损益，虚增利润796.88万元；为友情提供劳务的应付未付费用未计入当年损益，虚增利润1058.60万元；友情的费用未计入当年损益，虚增利润54.26万元。②募集资金未按招股说明书披露的投向使用。友情在招股说明书中承诺将募集资金投入四个项目，在1997年年报中亦称"公司四个募股资金项目投入情况良好"。但友情的募集资金均未投入上述四个项目，其中有25700万元转入母公司友情石化总厂用作流动资金，5000万元违规拆借给百年，6000万元投入证券市场，其余资金投资于其他项目。

3. 信息造假水难收，严苛处罚警钟鸣

中国证券监督管理委员会对友情公司及其负有责任的董事分别作出了罚款、警告等处建立高质量审计服务需求，真正建立起来对高质量审计服务的需求，一方面要通过需求方的力量来规范审计工作。这里最主要的就是如何改革公司的治理结构，使得审计报告最主要的使用者——股东不但有审计服务的需求，而且还有能力通过行使股东权利更换会计师事务所等措施来寻求高质量的审计服务。

另一方面改善审计行业的竞争状况，使得会计事务所和注册会计师能够摆脱对单个客户的依赖，能够摆脱不必要的行政干预，真正独立起来。

3. 加强审计质量管理

对于友情的"倒签日期""假申报""假审核"等问题，佳木斯会计师事务所没能发现或者说由于种种原因没有揭露，这是缺乏职业谨慎态度的直接体现，审计部门需要增强法律意识，坚持原则。

必懂知识

1. 何为虚假陈述

虚假陈述，是指信息披露义务人违反证券法律规定，在证券发行或者交易过程中，对重大事件作出违背事实真相的虚假记载、误导性陈述，或者在披露信息时发生重大遗漏、不正当披露信息的行为。其主要表现有两种：其一，编造本身并不存在的信息，欺骗投资者做出错误的判断；其二，故意掩盖某些已发生事实的真相，或者扭曲已发生的事实，以骗取投资者对上市公司的信任。

作出虚假陈述的上市公司及其他中介机构或人员，对其虚假陈述行为承担法律责任是必然的。虚假陈述属于民事欺诈行为的一种，是无效的民事法律行为，且在世界范围内仅中国将民事欺诈行为规定为无效的民事行为因陈述主体有明显过错，所以应当承担赔偿责任，同时，虚假陈述是一种严重的损害投资者和公司股东权益的行为，还应承担其他相应的法律责任。

2. 虚假陈述的责任主体

第一，是股票发行人及发行人的负责人。公告信息是谁发布的，谁自然应承担虚假陈述的责任。因虚假陈述有时会直接或间接的产生某种经济利益，而发行人是该利益的直接受益者，因此，发行人承担责任是必然的，当发行人作为受益人时，其虚假陈述的受损人或受害人是广大的中小股东或其他证券市场投资者。如果全部责任均由发行人（上市公司）承担，而如果受害人又恰恰是公司股东，那么，实际上损害结果的最终承担者还是股东本人，发行人作赔偿或受到处罚后，最终将损害通过公司转嫁于公司股东，所以法律又规定发行人中负有责任的董事、监事、经理等高层应承担连带责任。从理论上讲，只有将发行人的董事、监事、经理等对虚假陈述负有责任的人员作为虚假陈述的最终责任承担者，才符合民法上谁实施违法行为，谁应承担责任的规定。

第二，是承销的证券公司及其负责人。根据世界各国的普遍做法和《中华人民共和国公司法》《中华人民共和国证券法》的规定，发行人发行股票必须采取间接发行的方式进行，因此，作为中间承销的证券公司等将直接参与发行人的发行筹备和文件起草等一系列工作。从某种角度上讲，承销商是发行人的总策划人，也是发行人等进行虚假陈述的推定知情人，根据权利义务对等的法律原则，承销商必须承担因其不及时纠正虚假陈述或故意促使虚假陈述的法律责任，其负责人承担连带责任。

第三，是参与公开信息制作的其他人，也是虚假陈述的责任主体。根据《中华人民共和国证券法》的规定，为证券的发行、上市或者交易活动出具审计报告、资产评估报告或法律意见书等文件的专业机构也是证券信息虚假陈述责任主体。因为上市公司的信息之所以能够获得社会公众的认可与信任，这些机构的作用是显而易见的，同时法律规定这些机构负有的责任本身就是监督核查上市公司的信息是否真实或有无遗漏，如果因其不负责任或故意隐瞒造成虚假陈述信息的出笼，其当然应承担责任，而且，无论是故意还是过失，都应推定为故意。

另外，法律之所以对虚假陈述的责任主体仅限于前列人员，而未将市场中谣言或不实信息的散布者列入其中，主要是因为虚假陈述是通过合法的渠道发出的，而散布谣言或不实信息则是通过其他途径发出的。因而具体的处理和制裁方法和规定也是有别的。

3. 虚假陈述的责任形式

（1）民事责任

民事责任是虚假陈述的责任主体承担的责任中首先承担的责任。我国历来在追究法律责任时，多采取重刑轻民或先刑后民的责任追究方式，但就虚假陈述的法律责任而言，应首先追究其民事责任，然后再进一步追究其他责任，或追究其刑事责任的同时追究民事责任。众所周知，虚假陈述有诸多的社会危害性，它不但直接损害了证券投资者和公司股东的经济利益，而且会损害国家的金融管理秩序和证券市场的正常运作秩序。证券市场是个长期资本市场，这一市场的维护必须首先切实保护投资者的热情，否则证券市场将无法生存。因此，在对虚假陈述行为追究法律责任时，必须首先追究其民事赔偿责任，然后再进一步追究其他责任，《中华人民共和国证券法》也作了先民事后行政或刑事的规定。但遗憾的是，至今为止，我国有关监管机关过多地考虑了行政处罚等其他责任形式，并未很好地保护证券市场投资者的合法权益。

（2）行政责任

虚假陈述的责任主体承担的行政责任及所受的行政处罚主要有没收其违法所得、并处以罚款，责令停业、吊销责任人员的资格证书等。具体如何处罚将由证券监管部门依国家法律的规定进行。

（3）刑事责任

在对虚假陈述的责任主体追究刑事责任制度上，《中华人民共和国证券法》仍采取严格刑民分离的立法方式，并没有参照国家在其证券立法中直接科以刑事处罚的规定，只作了"构成犯罪的依法追究刑事责任"，进行了适用法律时的规范指引的规定，但比照《中华人民共和国刑法》第一百六十条的规定，虚假陈述发行股票，数额巨大后果严重的处五年以下有期徒刑或拘役，但对上市公司虚假陈述给投资者造成严重损害的，并未作出明确的规定。

综上所述，虚假陈述的责任主体所承担的法律责任主要有民事责任，行政责任和刑事责任三种，但在处理三者的关系时，适用顺序上应有区别，即应以维护投资者权益，维护其民事权利为出发点，绝不可采取一罚了之的态度解决虚假陈述中的纠纷。与董事会下设的各种专门委员会如审计委员会、提名委员会、薪酬委员会来实现的。这些委员会的存在和构成是其独立性的重要指标。纽约证券交易所要求所有国内挂牌的上市公司拥有一个完全由独立董事组成的审计委员会；美国证券交易所也建议国内上市公司设立审计委员会，并至少拥有两名独立董事；而纳斯达克从1989年开始要求所有挂牌的国内上市公司拥有一个多数成员为独立董事的审计委员会。到1992年，纽约交易所所有的上市公司都成立了审计委员会，90%的上市公司设立了薪酬委员会，66.7%的上市公司设立了提名委员会。审计委员会、薪酬委员会、提名委员会扮演的正是独立监督者的角色。

一、《中华人民共和国证券法》

第八十二条　发行人的董事、高级管理人员应当对证券发行文件和定期报告签署书面确认意见。

发行人的监事会应当对董事会编制的证券发行文件和定期报告进行审核并提出书面审核意见。监事应当签署书面确认意见。

发行人的董事、监事和高级管理人员应当保证发行人及时、公平地披露信息，所披露的信息真实、准确、完整。

董事、监事和高级管理人员无法保证证券发行文件和定期报告内容的真实性、准确性、完整性或者有异议的，应当在书面确认意见中发表意见并陈述理由，发行人应当披露。发行人不予披露的，董事、监事和高级管理人员可以直接申请披露。

第八十五条　信息披露义务人未按照规定披露信息，或者公告的证券发行文件、定期报告、临时报告及其他信息披露资料存在虚假记载、误导性陈述或者重大遗漏，致使投资者在证券交易中遭受损失的，信息披露义务人应当承担赔偿责任；发行人的控股股东、实际控制人、董事、监事、高级管理人员和其他直接责任人员以及保荐人、承销的证券公司及其直接责任人员,应当与发行人承担连带赔偿责任,但是能够证明自己没有过错的除外。

二、《最高人民法院关于审理证券市场因虚假陈述引发的民事赔偿案件的若干规定》

第十七条 证券市场虚假陈述,是指信息披露义务人违反证券法律规定,在证券发行或者交易过程中,对重大事件作出违背事实真相的虚假记载、误导性陈述,或者在披露信息时发生重大遗漏、不正当披露信息的行为。

对于重大事件,应当结合《中华人民共和国证券法》第五十九条、第六十条、第六十一条、第六十二条、第七十二条及相关规定的内容认定。

虚假记载,是指信息披露义务人在披露信息时,将不存在的事实在信息披露文件中予以记载的行为。

误导性陈述,是指虚假陈述行为人在信息披露文件中或者通过媒体,作出使投资人对其投资行为发生错误判断并产生重大影响的陈述。

重大遗漏,是指信息披露义务人在信息披露文件中,未将应当记载的事项完全或者部分予以记载。

不正当披露,是指信息披露义务人未在适当期限内或者未以法定方式公开披露应当披露的信息。

第十八条 投资人具有以下情形的,人民法院应当认定虚假陈述与损害结果之间存在因果关系:

(一)投资人所投资的是与虚假陈述直接关联的证券;

(二)投资人在虚假陈述实施日及以后,至揭露日或者更正日之前买入该证券;

(三)投资人在虚假陈述揭露日或者更正日及以后,因卖出该证券发生亏损,或者因持续持有该证券而产生亏损。

第十九条 被告举证证明原告具有以下情形的,人民法院应当认定虚假陈述与损害结果之间不存在因果关系:

（一）在虚假陈述揭露日或者更正日之前已经卖出证券；

（二）在虚假陈述揭露日或者更正日及以后进行的投资；

（三）明知虚假陈述存在而进行的投资；

（四）损失或者部分损失是由证券市场系统风险等其他因素所导致；

（五）属于恶意投资、操纵证券价格的。

第二十条　本规定所指的虚假陈述实施日，是指作出虚假陈述或者发生虚假陈述之日。虚假陈述揭露日，是指虚假陈述在全国范围发行或者播放的报刊、电台、电视台等媒体上，首次被公开揭露之日。

虚假陈述更正日，是指虚假陈述行为人在中国证券监督管理委员会指定披露证券市场信息的媒体上，自行公告更正虚假陈述并按规定履行停牌手续之日。

三、《最高人民法院关于受理证券市场因虚假陈述引发的民事侵权纠纷案件有关问题的通知》

一、虚假陈述民事赔偿案件，是指证券市场上证券信息披露义务人违反《中华人民共和国证券法》规定的信息披露义务，在提交或公布的信息披露文件中作出违背事实真相的陈述或记载，侵犯了投资者合法权益而发生的民事侵权索赔案件。

二、人民法院受理的虚假陈述民事赔偿案件，其虚假陈述行为，须经中国证券监督管理委员会及其派出机构调查并作出生效处罚决定。当事人依据查处结果作为提起民事诉讼事实依据的，人民法院方予依法受理。

三、虚假陈述民事赔偿案件的诉讼时效为两年，从中国证券监督管理委员会及其派出机构对虚假陈述行为作出处罚决定之日起计算。

四、对于虚假陈述民事赔偿案件，人民法院应当采取单独或者共同诉讼的形式予以受理，不宜以集团诉讼的形式受理。

五、各直辖市、省会市、计划单列市或经济特区中级人民法院为一审管辖法院；地域管辖采用原告就被告原则，统一规定为：

1. 对凡含有上市公司在内的被告提起的民事诉讼,由上市公司所在直辖市、省会市、计划单列市或经济特区中级人民法院管辖。

2. 对以机构(指作出虚假陈述的证券公司、中介服务机构等,下同)和自然人为共同被告提起的民事诉讼,由机构所在直辖市、省会市、计划单列市或经济特区中级人民法院管辖。

3. 对以数个机构为共同被告提起的民事诉讼,原告可以选择向其中一个机构所在直辖市、省会市、计划单列市或经济特区中级人民法院提起民事诉讼。原告向两个以上中级人民法院提起民事诉讼的,由最先立案的中级人民法院管辖。

六、有关中级人民法院受理此类案件后,应在三日内将受理情况逐级上报至最高人民法院。

加强内控
——独董制度需优化，公司内部控不严

民营上市公司因为各种原因，内部控制环境薄弱。从公司治理结构层面看，民营上市公司内部控制存在的风险，主要是小股东是否能够与大股东一样获得参加股东大会的权利，是否能够过得到与大股东相同的信息。独立董事是为保护小股东而设立的，是内部控制环境的重要组成部分。

以案说法

一、经典案例

力福科（陕西）农业开发股份有限公司（以下简称"力福科"）成立于2003年，原为陕西省桃花县陕农福万有限责任公司，后又更名为陕西陕农福万农业开发有限公司。2009年10月经股东会审议通过，整体变更设立力福科（陕西）农业开发股份有限公司，法定代表人为西某。公司股票于2011年9月在深圳证券交易所挂牌上市。公司主要从事稻米精深加工系列产品的研发、生产和销售，并获得过很多荣誉称号。2012年9月14日，证监会立案稽查力福科涉嫌财务造假等违法违规行为。力福科成为涉嫌欺诈发行股票创业板第一股。2012年9月18日企业停牌。2012年10月25日，企业发布2012年中报更正公告，承认在2012年半年报中虚增营业收入187,590,816.61元、虚增营业成本145,558,495.31元、虚增利润402,315,95.41元，并反省是因为公司放松了内部管理，没有很好地执行内部控制制度。2013年3月2日，该公司承认在2008—2011年累计虚增收入7.4亿元左右，虚增营业利润1.8亿元左右，虚增净利润1.6亿元左右。经过9个多月的立案调查，中国证监会对审计力福科的中山会计师事务所罚以撤销中山所证券服务业务许可，对力福科处以30万元罚款，对董事长处以30万元罚款，对财务总监如某处以25万元的罚款，并终身不得从事证券业务或者担任上市公司董事、监事、高级管理人员职务。

二、案例分析

一个企业的财务信息造假、违法经营在很大程度上是由于缺乏有效的内部控制。在力福科的财务造假被曝光之前,三位独立董事未缺席一次董事会会议,看似勤勉,却对企业的各项决议均发表了无异议意见。独立董事制度流于形式。独立董事的严重不称职体现了内部控制环境薄弱。

1. 力福科独立董事分析

力福科在主要舞弊期间,有三位独立董事满足《关于上市公司独立董事制度的指导意见》(以下简称《指导意见》)的最低要求。从专业背景看,在三位独立董事中,有一位会计师,两位经营领域方向的专家;一个财务背景、两个战略背景的独立董事。可见,能够对企业的生产经营提供高质量的独立意见。

对力福科三位独立董事的任职时间进行分析后发现,三位独立董事中,有两位是从 2009 年开始任职,一位是从 2010 年开始任职。可以说,在力福科主要舞弊期间,三位独立董事都参与了企业的工作。从上市到 2012 年 9 月 15 日被中国证监会立案稽查,力福科共召开了 17 次董事会会议(其中披露的有 10 次),独立董事均未对董事会决定事项提出异议。在 2011—2012 年,三位独立董事的述职报告中均写到全部出席了本年度的董事会,可见,力福科的独立董事在行为上是勤勉尽责的。

从以上分析可以看出,力福科的独立董事在数量和专业背景上均符合要求。但是,三位独立董事虽然积极参与董事会会议,却并没有察觉到公司的舞弊情况。由此可知,力福科对独立董事隐瞒了公司的真实信息,造成独立董事和内部董事信息不对称。

2. 力福科独立董事不作为的原因分析

一股独大造成信息不对称。截至 2013 年,西某和姜某夫妇并列为公司的第一大股东,直接分别持有力福科 29.99% 和 29.99% 的股权,共同为公司的实际控制人。再看力福科管理层人员,在造假的 2011 年和 2012 年,西某同时担任着董事长和总经理的职务(直至 2013 年,证监会对力福科立案调查处罚后,西某才卸任总经理的职务)。董事长拥有监督权和决策权,总经理拥有经营权和部分决策权。西某既是企业的实际控制人,又享有监督权、决策权和经营权，权力很大。

由此可以看出，由于一股独大使该企业的控制权和所有权高度集中，带有典型的家族企业的特征。在家族企业中，因为利益相关者都是亲属或者朋友，有着共同的经营理念和目标，在一定时期内，控制权和所有权的集合，能使信息交换更加顺利、畅通，从而减少信息不对称。因此，掌握着公司的所有权、控制权、经营权的西某和姜某夫妇在企业有绝对的话语权。但在这种权利高度集中的环境中，独立董事对董事会的内部监督职能难以实现，造成独立董事信息不对称，妨碍独立董事对公司决策发表独立意见。马某娟作为一位经验丰富的注册会计师，若能够知晓公司的财务状况，定会发现企业财务造假。再观察另两个作为"农业食品"行业专业人士的独立董事，虽然在财务上不能给企业建议，但在生产决策上，如原料稻谷、碎米的购买，也没有提出意见，加重了公司的经营风险。另外，在2012年上半年，循环经济型稻米精深加工生产线项目停产，该项目是力福科在创业板募集资金的主要投产项目，占募集资金的63.4%。这属于影响企业经营的重大项目，应该要披露。从力福科2011年9月至被证监会处罚前的10次董事会会议记录发现，董事会会议中并没有提及该项目停产的信息，只在2012年3月16日召开的董事会第十三次会议上，对2011年募集基金的使用情况提及，独立董事对其也没有任何异议。在2012年4月24日召开的第十五次董事会会议公告决议中，更是认为力福科《2012年第一季度报告全文》内容真实、准确、完整且不存在虚假记载，这与后来的《更正》形成了鲜明的对比。独立董事对此也没有发表反对意见。对此，人们可以推测，独立董事对公司的经营状况并不是十分了解，这可能是信息不对称造成的。

独立董事薪酬低，缺乏激励作用。力福科2011年和2012年的年报披露的薪酬为3.6万元，到2013年仅为1.8万元，为所有董事高管里最低，且没有任何其他薪酬激励。独立董事要参与董事会议，每年应保证不少于10天的时间对公司情况进行现场调查。如此低的薪酬，难免会引起独立董事对其工作的懈怠。这也从侧面印证了力福科对独立董事制度的不重视。

三、律师观点

1. 建立合理的股权结构

一股独大是我国民营上市公司普遍存在的问题。控制权与股权分配直接相关。在权力过于集中，民营企业在不得不设置独立董事监督的情况下，会更倾向于聘请一些会计、法律专业背景不强的人士作为公司的独立董事，削弱其监督职能，加强咨询职能。这样不仅监事会的外部监督难以实现，对董事会内部监督的独立董事制度也难以有效运行，何谈让独立董事来提高内部控制质量，保护中小投资者利益。因此，要让民营上市公司蓬勃发展，应该平衡股权，降低公司实际控制人的股权，从而加强独立董事的话语权，发挥其监督作用，从源头上加强内部控制环境。近年来，人们对股权结构是否合理有了更多关注。

2. 适当提高独立董事比例

独立董事有义务对监督企业经营决策并提出独立公正的意见，更重要的是，独立董事属于董事会的一员，因此，适当地增加独立董事席位，能更好地制衡其他内部董事。在董事会下设的各种委员会中，独立董事要发挥其作用，在数量上也应占大多数，同时，应该丰富独立董事的专业背景。最佳的独立董事背景应该涵盖会计、战略、法律等专业领域。这样，既能满足上市公司咨询的需要，又能加强对企业的监督，提高企业内部控制环境。不要总是想独立董事分割了权力，实际上是正确行使权力的监督，有利于企业的健康发展。

3. 完善独立董事激励约束机制

我国对独立董事的激励，主要有声誉激励和薪酬激励两种。鉴于独立董事都是有一定威望的人士，声誉激励对其的作用有限。主要是薪酬激励不够。就如古人云："工欲善其事，必先利其器"。薪酬低，必将产生懈怠心理，不会全力投入工作。薪酬过高则无法保持独立性。

美国是最早要求董事会设置独立董事的国家。近年来，在美国独立董事薪酬中，现金薪酬的支付比例有所下降，越来越多的公司选择了股票薪酬，逐渐形成了股票与现金薪酬为一体的二元薪酬结构。除了最基本的职位薪酬外，还有直接与独立董事勤勉度和工作业绩直接挂钩的会议费和服务报酬。再加上引入股票薪酬后，独立董事的薪酬与企业经营绩效相关，且从只有现金薪酬的短期激励转为长期激励。股票期权其实是对独立董事赋予获利的可能性。在中国，这种做法也同样适用。将公司业绩与独立董事的尽职程度和独立董事的薪酬挂钩，更加能够加强对董事会的监督职能。且拥有了公司少量股权（根据我国《上市公司独立董事制度》，为了保持独立性，独立董事不得直接或间接持有上市公司已发行股份1%以上。）的独立董事，实质上成了企业的小股东，这样就将独立董事的利益和小股东的利益捆绑在一起，加强独立董事的监督职能。与激励制度相适应的就是独立董事的惩罚制度。力福科的独立董事受到的惩罚力度小于内部董事，如果独立董事应对出具不适当的意见负责，与企业一同承担连带责任，这样就会对独立董事起到警示和激励的作用。因此，应该改革上市公司独立董事薪酬制度，建立科学合理的制度。

必懂知识

1. 何为独立董事

独立董事是指具有完全意志、代表公司的全体股东和公司利益的董事会成员、独立董事除独立于公司的管理和经营活动及可能影响他们作出独立判断的事物之外，不能与公司有任何影响其客观和独立判断的关系。它不代表出资人、管理层、股东大会及董事会任何一方的利益，因此，会从企业自身出发，顾全大局，改变董事会决策一家之言的局面，并将最终给所有股东带来利益。

美国证券交易委员会将独立董事界定为与公司没有重大关系的董事。所谓没有"重大关系"是指以下情形：不是公司以前的执行董事，并且与公司没有职业上的关系；不是一个重要的消费者或供应商；不是以个人关系为基础而被推荐或任命的；与任何执行董事没有密切的私人关系；不具有大额的股份或代表任何重要的股东等。

2. 独立董事具有独立性

独立董事的一个最大的特点就是其具有独立性。这种独立性表现在：其一，法律地位的独立。独立董事由股东大会选举产生，不是由大股东委派或推荐，也不是公司雇用的经营管理人员,他们代表公司全体股东和公司整体利益,不能与公司、公司的内部人、大股东存在任何影响其作出独立客观判断的关系。其二,意思独立。独立董事以超然的地位,履行自己的职责,监督高层管理人员,检查董事会和执行董事的表现,确保其遵守最佳行为准则;就公司的发展战略、业绩、资源、主要人员任命和操守标准、薪酬等问题作出独立判断。尽管有人认为,独立董事的职责不仅仅是监督,但监督仍然是独立董事最主要的和最具有实质意义的职责。除了监督者的角色,独立董事还扮演着专家顾问的角色,但后者的功能是次要的和依附于前者的。

一、《关于在上市公司建立独立董事制度的指导意见》

一、上市公司应当建立独立董事制度

(三)各境内上市公司应当按照本指导意见的要求修改公司章程,聘任适当人员担任独立董事,其中至少包括一名会计专业人士(会计专业人士是指具有高级职称或注册会计师资格的人士)。在二〇〇二年六月三十日前,董事会成员中应当至少包括两名独立董事;在二〇〇三年六月三十日前,上市公司董事会成员中应当至少包括三分之一独立董事。

六、独立董事应当对上市公司重大事项发表独立意见

(一)独立董事除履行上述职责外,还应当对以下事项向董事会或股东大会发表独立意见:

1. 提名、任免董事;
2. 聘任或解聘高级管理人员;
3. 公司董事、高级管理人员的薪酬;
4. 上市公司的股东、实际控制人及其关联企业对上市公司现有或新发生的总额高于300万元或高于上市公司最近经审计净资产值的5%的借款或其他资金往来,以及公司是

否采取有效措施回收欠款；

5. 独立董事认为可能损害中小股东权益的事项；

6. 公司章程规定的其他事项。

二、《中华人民共和国公司法》

第一百一十条第一款　董事会每年度至少召开两次会议，每次会议应当于会议召开十日前通知全体董事和监事。

第一百一十二条　董事会会议，应由董事本人出席；董事因故不能出席，可以书面委托其他董事代为出席，委托书中应载明授权范围。

董事会应当对会议所议事项的决定作成会议记录，出席会议的董事应当在会议记录上签名。

董事应当对董事会的决议承担责任。董事会的决议违反法律、行政法规或者公司章程、股东大会决议，致使公司遭受严重损失的，参与决议的董事对公司负赔偿责任。但经证明在表决时曾表明异议并记载于会议记录的，该董事可以免除责任。

第一百四十七条　董事、监事、高级管理人员应当遵守法律、行政法规和公司章程，对公司负有忠实义务和勤勉义务。

董事、监事、高级管理人员不得利用职权收受贿赂或者其他非法收入，不得侵占公司的财产。

第一百四十八条　董事、高级管理人员不得有下列行为：

（一）挪用公司资金；

（二）将公司资金以其个人名义或者以其他个人名义开立账户存储；

（三）违反公司章程的规定，未经股东会、股东大会或者董事会同意，将公司资金借贷给他人或者以公司财产为他人提供担保；

（四）违反公司章程的规定或者未经股东会、股东大会同意，与本公司订立合同或者进行交易；

（五）未经股东会或者股东大会同意，利用职务便利为自己或者他人谋取属于公司的商业机会，自营或者为他人经营与所任职公司同类的业务；

（六）接受他人与公司交易的佣金归为己有；

（七）擅自披露公司秘密；

（八）违反对公司忠实义务的其他行为。

董事、高级管理人员违反前款规定所得的收入应当归公司所有。

第一百四十九条　董事、监事、高级管理人员执行公司职务时违反法律、行政法规或者公司章程的规定，给公司造成损失的，应当承担赔偿责任。

三、《中华人民共和国证券法》

第八十五条　信息披露义务人未按照规定披露信息，或者公告的证券发行文件、定期报告、临时报告及其他信息披露资料存在虚假记载、误导性陈述或者重大遗漏，致使投资者在证券交易中遭受损失的，信息披露义务人应当承担赔偿责任；发行人的控股股东、实际控制人、董事、监事、高级管理人员和其他直接责任人员以及保荐人、承销的证券公司及其直接责任人员，应当与发行人承担连带赔偿责任，但是能够证明自己没有过错的除外。

查阅限制
——公司利益大于天，知情损害不能查

股东知情权是《中华人民共和国公司法》赋予股东的一项基本权利，是股东行使诸如利润分配请求权等其他权利、了解公司经营和管理情况的前提和基础。2013年新修订的《中华人民共和国公司法》进一步扩大了有限责任公司股东知情权的范围，股东不但有权查阅、复制公司章程、董事会会议决议、监事会会议决议，同时规定，股东可以有条件地查阅公司会计账簿。但是，如果不从法律上对股东知情权加以规制，有可能存在股东滥用该项权利的风险，从而影响公司的正常生产经营，并最终侵害到其他股东的合法利益。司法实务中，法院在对待有限责任公司股东行使知情权问题上，尤其是在审查股东要求查阅公司会计账簿上，持一种审慎的态度。

以案说法

一、经典案例

××恒达科技有限责任公司（以下简称"恒达科技公司"）于2010年5月在××市洪山区成立，工商注册资本为60万元，经营范围包括研制和销售电子仪器产品。公司共3名股东，其中杨某出资24万元、孙某出资20万元、吕某女出资16万元。2012年8月15日，通过股权转让方式，杨某将其出资24万元转让给吕某某，吕某女将其出资16万元转让给肖某，孙某将其出资20万元转让给肖某，并办理了工商变更登记手续。至此，吕某某和肖某成为恒达科技公司的新股东，其中，吕某某持有公司股份40%，肖某持有股份60%。肖某担任公司法定代表人兼执行董事，聘请刘某任公司总经理，吕某某为公司监事。2013年2月，刘某、杨某、吕某子、吕某女共同出资成立了一家名为××遥源科技有限责任公司（以下简称"通源科技公司"），注册地为××市青山区，注册资本100万元。该公司的经营范围包括销售电子产品、机器设备。经查，杨某是吕某某的妻子，吕某子是吕某某的儿子，吕某女是吕某某的女儿，刘某是吕某某的儿媳。通源科技公司曾经在报纸上刊登招聘启事，招聘电子仪器设备的销售人员若干名。2013年8月7日，吕某某向恒达科技公司发出了《查阅公司会计账簿》的申请书，主要内容为：恒达科技公司自成立以来，从未向股东公开过财务信息，吕某某对于公司的财务、经营管理状况完全不了解，其作为股东应享有的知情权受到严重影响，要求公司在收到申请书后15日内向吕某某公开恒达科技公司2011年1月1日至今的会计账簿。上述申请书由吕某某通过快递方式寄送恒达科技公司，该件于2013年8月10日被签收。2013年8月24日，恒达科技公司书面回复吕某某称，你所述情况与事实不符，公司已经向股东公开过相关信息。你所申请查询账目内容因涉及公司商业秘密，无法向你提供。

协商未果，吕某某于2013年11月20日向××市洪山区人民法院提起诉讼，主要诉讼请求为，要求法院判令恒达科技公司向其公开2011年1月1日至今的财务报告和会计账簿。一审法院审理后，支持吕某某要求查询恒达科技公司财务会计报告的请求，但驳回了吕某某要求查询会计账簿的请求。

吕某某不服一审判决，向××中院提起上诉，主要理由是：一是一审判决认定吕某某与通源科技公司存在利益关联关系，推定吕某某查阅恒达科技公司的会计账簿可能侵犯公司商业秘密，损害公司利益，属于认定事实错误和缺乏法律依据。首先，吕某某不是通源科技公司股东，其在通源科技公司没有任何财产，吕某某与通源公司在商业上没有必然联系。其次，吕某某的亲属才是通源公司的股东，各方之间的民事行为和权利能力是相互独立的，吕某某与通源科技公司不存在法律上的关联。最后，因为恒达科技公司长期不向小股东公开其经营信息和财务数据，导致小股东无法维护自身的合法权益，迫于无奈才成立的通源科技公司，其成立目的并不是要与恒达科技公司争夺市场。二是查阅恒达科技公司的会计账簿，是法律赋予吕某某的正当股东权利。恒达科技公司被其他大股东控制，长期不向小股东公开财务信息，吕某某虽然是公司的合法出资人，却不能了解公司的经营情况和销售利润，也无法评估自己应获得的收益，侵犯了吕某某作为股东的合法权益。综上，吕某某请求二审法院依法改判，要求恒达科技公司向吕某某提供2011年1月1日至今的会计账簿，并承担本案的全部诉讼费用。

××市中级人民法院审理后，判决驳回吕某某的全部上诉请求，维持一审原判。

二、案例分析

1. 股东知情权受法律保护

本案主要的争议焦点是：吕某某要求查阅恒达科技公司会计账簿目的是否具有正当

性。吕某某作为恒达科技公司的股东，依照法律的有关规定可以行使股东知情权。《中华人民共和国公司法》第三十三条第一款规定，"股东有权查阅、复制公司章程、股东会会议记录、董事会会议决议、监事会会议决议和财务会计报告"。吕某某要求查阅恒达科技公司 2011 年 1 月 1 日起至今的财务会计报告，符合《中华人民共和国公司法》的规定。虽然吕某某是通过股权转让的方式，于 2012 年 8 月 15 日从原股东杨某处受让股权成为恒达科技公司的新股东，但是从公司财务会计报告公开性角度考虑（需要向税务、工商行政机关提交），且该财务会计报告只是公司总体经营状况的宏观反映，并不会披露公司交易的详细信息，因此吕某某查阅恒达科技公司 2011 年 1 月 1 日至今财务会计报告的行为，不会严重损害公司的经济利益，或侵害商业秘密。

2. 知情权也须受到限制

吕某某的妻子、儿子、女儿、儿媳通过另行出资的方式设立了与恒达科技公司经营范围重合的通源科技公司，而且通源科技公司的全部股东均是吕某某的家庭成员和近亲属，吕某某与他们之间存在密切的人身关系、经济和财产利益关系。通源科技公司的商业活动因其股东与吕某某由近亲属关系，与吕某某之间形成了利益关联和冲突。同时，通源科技公司与恒达科技公司在经营项目上重合，两家公司之间的同行业竞争关系是客观查明的事实。吕某某一旦获得恒达科技公司具有商业秘密性质的数据信息，通源科技公司的股东具有很高的可能性获悉同样的数据信息并进行利用，从而使通源公司在与恒达科技公司的竞争中处于有利的市场竞争地位，并可能损害恒达科技公司的经济利益。而上述具有商业秘密性质的数据信息，均体现于恒达科技公司的会计账簿中。基于这种可能出现的情况，一旦法院判决允许吕某某查阅恒达科技公司的会计账簿，将有很大可能性造成恒达科技公司商业秘密的泄露，从而导致恒达科技公司与通源科技公司在同一市场的竞争中处于劣势，进而损害到公司的经济利益。

综上，一审、二审法院在审判中，充分考虑到了上述因股东查阅公司会计账簿而可能损害公司利益的风险，对股东知情权采取了必要的限制。笔者认为，一审、二审法院认定事实清楚，适用法律正确，审判程序合法，其判决是完全正确的。

三、律师观点

1. 依法行使股东知情权,明晰案件审理核心

所谓依法行使股东知情权,是指股东严格按照法律的规定和程序,获得有关信息的方式。同时,法院在判断股东行使知情权的范围和程度时,应当在两者之间寻找平衡点,既应当保障该权利的有效实施,也应当避免由于股东过度行使知情权可能对公司商业秘密和经营利益造成的损害。鉴于股东和公司实际管理人之间所掌握的公司财务信息的不对称,申请查阅公司会计账簿是股东行使法定知情权的重要组成部分,亦是股东权益受到侵害时维护自身合法权益,采取其他维权举措的基础和前提。我国《中华人民共和国公司法》第三十三条第二款对于股东要求查阅公司会计账簿所规定的要件,即"第一提出书面请求、第二说明查账目的、第三不损害公司利益",亦符合国际上的相关立法惯例。因此,查明股东申请查账的书面形式、目的及该目的正当与否、是否会损害公司利益,是审理该类案件的核心问题。

2. 坚持立法本意,维护公司合法权利

从立法角度分析,《中华人民共和国公司法》对股东知情权作了必要的限制,尤其是针对公司会计账簿。《中华人民共和国公司法》第三十三条第二款规定,"股东可以要求查阅公司会计账簿。股东要求查阅公司会计账簿的,应当向公司提出书面请求,说明目的。公司有合理根据认为股东查阅会计账簿有不正当目的,可能损害公司合法利益的,可以拒绝提供查阅,并应当自股东提出书面请求之日起十五日内书面答复股东并说明理由。公司拒绝提供查阅的,股东可以请求人民法院要求公司提供查阅"。该条文中法律的表述是,"有权查阅、复制财务会计报告",而第三十四条第二款表述则是"可以要求查阅会计账簿"。从以上文字表述的差别,可以了解到针对财务会计报告和会计账簿股东行使知情权的程度是有明显区别的。此外,《中华人民共和国公司法》第三十三条第二款规定,"公司有合理根据认为股东查阅会计账簿有不正当目的,可能损害公司合法利益的,可以拒绝提供查阅",以上内容充分表达了立法者的立法导向和法意内涵,即限制股东查阅公司会计账簿,赋予公司可以以合理理由拒绝查阅的权利。

在司法实践中，对于《中华人民共和国公司法》第三十三条第二款的适用应当兼顾公司股东和公司的利益，这一点亦是该法律条款的立法本意。因此，在法律适用过程中并不存在凌驾于公司利益之上的股东知情权，保障公司权益不受损害和股东知情权不受侵犯二者应当是互为前提的关系。股东向人民法院起诉请求查阅公司会计账簿，业已提出书面申请，且明确说明合理目的遭到公司拒绝的，公司不能就"目的不当"及查账行为"损害公司合法利益"充分举证的，应当支持股东的诉讼请求；而当公司举证且法院查明股东查阅公司账簿的行为可能给公司带来利益上的损害时，虽然仅仅是一种可能，但针对这种可能性，法院在审理该类案件中亦应当予以防止。

3. 合理充分举证，保护公司合法利益

在权衡"股东可以要求查阅"与"公司有合理根据可以拒绝查阅"的权利冲突时，核心标准并不在于公司与股东地位的强势与弱势、持股比例的大与小，甚至不需要股东对公司经营活动细节的了解，核心问题在于公司的利益是否会（或者有可能）受到股东行使知情权的损害。法院在审判的过程中，应当坚持的原则是：保护公司的经营活动及与此有关的商业信息和商业秘密，相对于保护股东的知情权更为重要。一旦公司向法院提交证据的证明作用占据优势地位，法院即应当支持公司的拒绝查阅之决定。依照《中华人民共和国公司法》第三十三条第二款规定，股东向公司要求查阅会计账簿的，应当说明目的以及同所要求查阅内容具有何种关系，公司认为股东查阅会计账簿具有不正当目的而拒绝查阅的，应当承担相应的举证责任。在法庭质证环节中，公司有证据证明股东查阅公司会计账簿偏离了其正当目的，或者存在损害公司权益可能的（是可能而非必然，但这种可能应当是客观、实然的），应当判决驳回股东的查账诉请。本案中，针对吕某某申请查阅公司会计账簿的形式要件，双方都持认可的意见，即"提出书面请求"；针对查账的目的，吕某某在庭审中明确了其查阅公司会计账簿的目的在于，了解电子产品同相关客户销售产品的数量、价格和利润，进而查明可分配利润，该目的明确且符合同股东地位应享有利益具有直接联系的条件；然而针对是否会损害公司利益的问题，承担举证责任的恒达科技公司举证证明了吕某某近亲属开办了通源科技公司、通源科技公司经营同恒达科技公司相同业务的事实，以及两家公司在客观上必然存在业务竞争的可能。恒达科技公司的有效的举证，让法院确信若允许吕某某查阅恒达科技公司的会计账簿,则有可能导致竞争对手知悉其商业秘密,将有损害恒达科技公司的利益可能,最终依法判决驳回原告查询会计账簿的诉讼请求。

必懂知识

股东知情权,是指股东了解公司经营状况、财务状况并对公司提出建议或者质询的权利。我国公司法针对有限责任公司和股份有限公司做出了不尽相同的规定:

关于有限责任公司股东的知情权,《中华人民共和国公司法》第三十三条规定,股东有权查阅、复制公司章程、股东会会议记录、监事会会议决议和财务会计报告。股东可以要求查阅公司会计账簿。股东要求查阅公司会计账簿的,应当向公司提出书面请求,说明目的。公司有合理根据认为股东查阅会计账簿有不正当目的,可能损害公司合法利益的,可以拒绝提供查阅,并应当自股东提出书面请求之日起15日内书面答复股东并说明理由。公司拒绝提供查阅的,股东可以请求人民法院要求公司提供查阅。有限责任公司和股份有限公司的股东依据公司法对股东相关权利的保护,所提起起诉公司请求查阅、复制公司文件材料的案件,法院应当受理该诉请,但公司在有证据足以证明原告起诉时或者在诉讼中已经不具有股东身份的,法院应当驳回原告之起诉。本条规定包含了如下内容:

第一,法律赋予了有限责任公司股东较为充分的知情权。股东不仅可以查阅,而且可以复制。其查询、复制的范围包括公司章程、股东会会议记录、董事会会议决议、董事会会议决议和财务会计报告,其中包括查阅公司会计账簿。

第二,法律对股东知情权也设定了一定的限制,即股东在查阅公司会计账簿时,应当向公司提出书面请求,说明目的。如果公司有合理根据认为股东查阅会计账簿有不正当目的,可能损害公司合法利益,可以拒绝提供查询。但是,公司的拒绝本身有可能是不合理的,这里必须有一个平衡。所以,法律要求公司如果拒绝提供查阅,必须在法定期限内予以书面答复并说明理由。如果股东对此不满意,则可以提起诉讼。这可以说是一种"适当目的"限制。但它是针对双方的,即股东查阅要有适当目的;公司拒绝同样要有合理根据。明确股东起诉请求查阅公司会计账簿及与会计账簿记载内容有关的记账凭证或者原始凭证等材料的,应当依法受理,系对《中华人民共和国公司法》第三十三条所称"公司会计账簿"和《中华人民共和国公司法》第九十七条所称"财务会计报告"的查询对象的延伸。但同时以第二款赋予公司的救济权,以排除股东的不正当目的,即延续《中华人民共和国公司法》第三十三条第二款所确立"公司有合理根据认为股东查阅会计账簿有不正当目的,可能损害公司合法利益的,可以拒绝提供查阅"的保护机制。至于什么是适当目的,则取决于股东获取该信息的目的是否与保护股东和公司利益具有直接的联系。有限责任公司和股份有限公司以法定理由之外的抗辩拒绝股东依法查阅、复制公司文件材料的,法院将不予支持。

在股东依据《中华人民共和国公司法》第三十三条或者第九十七条起诉公司请求查阅、复制公司文件材料案件中,如法院对股东诉请予以支持时,应一并判决在确定的时间、在公司住所地或者原告与公司协商确定的其他地点,由公司提供有关文件材料供股东查阅或者复制,避免股东需要在确权之诉后再行诉请公司给付之诉,既节省司法资源,也有利于股东权利实现。另外,股东可以委托代理人查阅、复制公司文件材料。

关于股份有限公司股东的知情权,《中华人民共和国公司法》第九十七条规定,"股份有限公司应当将公司章程、股东名册、公司债券存根、股东大会会议记录、董事会会议记录、监事会会议决议、财务会计报告,对公司的经营提出建议或者质询"。

对法律保护的股东依法可获查阅公司会计账簿及与会计账簿记载内容有关的记账凭证或者原始凭证等材料的权利,在个案中如因公司未依法制作和保存公司文件材料之法定义务对象的,如股东起诉请求公司董事、高级管理人员承担民事赔偿责任的,应予支持。但如股东以上权利受侵害,如何诉请民事赔偿的标的,在司法实践中还有待细化。

必懂法规

一、《中华人民共和国公司法》

第三十三条　股东有权查阅、复制公司章程、股东会会议记录、董事会会议决议、监事会会议决议和财务会计报告。

股东可以要求查阅公司会计账簿。股东要求查阅公司会计账簿的，应当向公司提出书面请求，说明目的。公司有合理根据认为股东查阅会计账簿有不正当目的，可能损害公司合法利益的，可以拒绝提供查阅，并应当自股东提出书面请求之日起十五日内书面答复股东并说明理由。公司拒绝提供查阅的，股东可以请求人民法院要求公司提供查阅。

第九十六条　股份有限公司应当将公司章程、股东名册、公司债券存根、股东大会会议记录、董事会会议记录、监事会会议记录、财务会计报告置备于本公司。

第九十七条　股东有权查阅公司章程、股东名册、公司债券存根、股东大会会议记录、董事会会议决议、监事会会议决议、财务会计报告，对公司的经营提出建议或者质询。

第一百一十六条　公司应当定期向股东披露董事、监事、高级管理人员从公司获得报酬的情况。

第一百六十五条　有限责任公司应当依照公司章程规定的期限将财务会计报告送交各股东。

股份有限公司的财务会计报告应当在召开股东大会年会的二十日前置备于本公司，供股东查阅；公开发行股票的股份有限公司必须公告其财务会计报告。

独董保障

——独董制度完善好，会计信息质量高

独立董事制度在我国施行的最初的目的，是为了抑制上市公司中股权的高度集中，内部监控和监督机制缺位的情况，以此完善国内上市公司内部管理机制，尽可能地减少甚至杜绝上市公司可能会发生的财务舞弊和会计造假行为，但是独立董事制度引入国内至今，不仅没有有效制止上市公司会计信息披露不真实现象，反而让大众认为独董制度形同虚设，根本起不到任何的监督作用。因此，在一定程度上动摇了投资者对证券市场的信心，严重影响了我国资本市场的健康发展。究其主要原因，是独立董事制度的不完善，试想不完善的制度又怎能担起保证上市公司会计信息的真实性呢？

以案说法

一、经典案例

1. 独董不履职,后果甚严重

2003年8月,A国资委为了促进C企业的可持续发展,通过公开招标后决定引进B集团来运作C企业,2005年5月18日,B集团成为C企业的第一大股东,持有其30.49%的股份,同时B集团的董事长陈某也成为其实际控制人,处于绝对控股地位。

在随后的几年里,B集团不仅没有把C企业做大做强,反而与第二大股东D公司联合起来将某企业的优质资产转让给B集团的关联方,并将自己旗下沉重的劣质资产卖给C企业,加上高位减持股份套现并提供贷款担保等多种方式,为攫取私人利益掏空了C企业。

2010年5月,C企业因涉嫌违反证券法律法规,由证监会立案调查发现此案其2006—2010年五年间虚增利润总额超过2亿元,且未按规定及时披露2009年1月7日发生的4000万元对外担保信息,还有于2008年年度报告中未按规定披露借款信息,具体违法事实如表1、表2所示。值得注意的是,这样触目惊心的造假数据,连续五年大规模虚构利润,而其聘用的会计师事务所连续五年出具标准无保留意见,且独立董事、监事会都没有任何监督作用。这是上市公司治理全面失败的典范!

表1　C企业2009年1月7日发生的未按规定及时披露的对外担保信息

单位：万元

被担保方	担保金额	担保类型	担保是否逾期	担保逾期金额
D有限公司	2000	连带责任担保	是	2000
E有限公司	1000	连带责任担保	是	1000
B集团有限公司	1000	连带责任担保	是	1000

资料来源：C企业报。

表2　C企业2008年年报未按规定披露的借款信息

单位：万元

借款事项	金额
C企业全资子公司F2008年向非金融和自然人借款	4919
C企业2008年向非金融机构和自然人借款	1300

资源来源：中国证券监督管理委员会网站。

2. 人情董事占多数，公司利益损失重

C企业的独立董事人数虽在2006—2010年从四人变化到三人，但是在A国有资产经营有限公司退出后，独立董事在人数和人员上都有了较大的变动，除了马某之外，其他人员全部变更，而且变更之后的三个独立董事马某、景某和董某与控股股东有很大的关联，实为公司的"人情董事"，他们在履职过程中难以保证自身独立性，进而导致B集团自2004年入驻C企业起就通过关联交易和对外担保等多种方式掏空该企业，使其利益损失惨重。

二、案例分析

在以上案件中，B集团为攫取更多利益不惜采用多种方式掏空C企业，期间，独立董事并没有对C企业未按规定披露的关联交易和对外担保信息发表过独立意见，更没有对企业公布的"利润总额超过2亿元的"的会计信息进行有效监督，最终导致公司被证监会处以警告和巨额罚款。究其原因如下：

1. 独董选任不公平，监督作用难实现

C 企业的《公司章程》中规定，"C 企业独立董事由董事会、监事会、单独或合计持有本公司有表决权股份总数 5% 以上的股东提名，股东大会选举产生"。通过对 C 企业 2006—2010 年度财务报表的研究可以发现，在五年间独立董事共计变更三名，且三名独立董事均由董事长直接提名，后经董事会决议推荐由股东大会投票被选举为独立董事。2006—2010 年间，C 企业董事会成员均已连续担任多届董事会成员，董事长在董事会中一股独大，对董事会进行操控，干扰独立董事的选举。在此情况下，原本以制衡、监督董事会、大股东，来保护中小股东利益的独立董事，根本没有起到应有的监督作用而成为了名副其实的"花瓶"董事，对董事会的舞弊行为听之任之。从财务造假的 2006—2010 年的年报、对外披露的信息及未对外披露的信息中可以发现，期间在任的独立董事没有否决任何董事会会议议案，对相关财务数据的真实性没有提出任何质疑，完全未能发挥《中华人民共和国公司法》及《公司章程》赋予的职权。完全可以说独立董事成了摆设。

C 企业的独立董事选举受到大股东的操控，就使得独立董事在董事会中难以保证独立性，上市公司在会计信息披露上会得益于独立董事们的相关专业背景及他们的专业知识，该企业的三名董事都拥有较高学历，他们的专业背景技能水平较高，本来可以提高会计信息质量，但是这些独立董事选任程序就受到了操控，他们实际上是大股东安排在董事会中利益代言人，在董事会中难以发挥应有的监督作用，无法对上市公司会计信息的披露起到有效的监控作用，进而对会计信息质量产生影响。

2. 薪酬来源不合理，利益驱动难公正

由中国证券监督管理委员会发布的《关于在上市公司建立独立董事制度的指导意见》中规定，"上市公司应当给予独立董事适当的津贴。津贴的标准应当由董事会制定预案，股东大会审议通过，并在公司年报中进行披露"。由此可知，独立董事的报酬在很大程度上受到大股东及内部人员的影响，所以，C 企业的独立董事为了不冲撞大股东实现自身利益最大化，不仅对企业未按规定披露的关联交易和对外担保信息不发表任何意见，对企业披露的"利润总额超过 2 亿元的"的会计信息也不进行监督。从而成为真正的

"花瓶董事"。

另外,独立董事从企业领取任职津贴,属于企业支付的管理人员薪酬,这意味着独立董事在对企业管理层的经营决策进行评价和监督时难以保持真正的独立。

3. 约束机制不健全,独董行事无拘束

现阶段,我国对独立董事履职的约束机制的规定并不完善,中国证券监督管理委员会发布的《关于在上市公司建立独立董事制度的指导意见》仅规定"独立董事对上市公司及全体股东负有诚信与勤勉义务",对独立董事一定要履行的职责并没有明确规定,且对独立董事的不作为等违反法律规定应受到何种惩罚也没有明确规定。而在实践中,除了明显违背诚信原则、纵容上市公司会计造假的独立董事受到证监会的行政处罚以外,其他多流于形式,"不作为"的独立董事没有一人受到证监会和法律的约束,所以,本案例中的独立董事在面对企业未按规定披露的关联交易和对外担保信息不发表任何意见,对企业披露的"利润总额超过2亿元的"的会计信息选择无视、不作为,是因为他们明晰,他们的不履职、不作为并不会受到法律制裁,所以完善独董履职的约束机制非常有必要。

三、律师观点

1. 完善独董选任程序,提升会计信息质量

根据C企业2010年的《公司章程》中的相应条款"某公司的独立董事选举由董事会、监事会、单独或者合计持有本公司有表决权股份总数5%以上的股东提名,股东大会选举产生"。建议C企业为确保独立董事的独立性,防止大股东操控选举,可成立提名选任委员,由各位委员负责独立董事候选人的提名。在委员会提名候选人的过程中,采取各个委员"一人一票"的原则,而不是依照所占股份进行表决,并且要保证有足够的独立董事候选人参加选举,建议候选人的人数要超过实际需要的独立董事。这样才能保证独立董事的选举不被大股东多操控。另外,根据上市公司独立董事现状,还需要作出如下措施用以改进独立董事选任程序:

（1）强化独董任职资格，披露信息更真实

经实践研究发现，会计专业背景的独立董事可以提高会计信息的披露质量，同时，证监会也应当进一步作出规定，明确独立董事中具备会计专业背景的最低比例。另外，在实践中，经济学家和技术类专家是独立董事最热门的人选，但他们不一定具有丰富的企业管理经验，也不一定对会计专业相关知识有充分的了解。因此，上市公司在选聘独立董事时，应优先考虑丰富企业管理经验的企业家及多年职业经验的注册会计师类人才，而不能盲目地追究名人效应。

（2）独董任期需合理，优胜劣汰有必要

对于独立董事的任期及退休年限，一定要有特别的规定，而且要明确独立董事的重新任命。其实针对任期，我们可以借鉴国外与这方面相关的规定，例如，美国就在本国的《公司法》中提到，独立董事在上市公司任职不能超过三年，三年以后独立董事的身份就会失去，但是这个时候可以选择继续作为董事在公司中来留任。

证监会发布的《关于在上市公司建立独立董事制度的指导意见》也规定独立董事最长的连任期限时间不超过六年，实际上，这个期限对于我国现有状况来说是比较长的，因此将其缩短到一半年限，实际上是非常有必要的，而在三年之后，独立董事这个时候可以有两个选择：一是因为表现优异，所以可以继续到另外一家公司担任董事或者转为这个公司相应的内部董事；二是不再被聘用。这种优胜劣汰的人才选择机制不仅可以促进独立董事工作的积极性，也有利于培养与建立真正的独立董事。

2. 建立合理的薪酬制度

在薪酬制定方面，可以建立一个对独立董事综合考核的机制，由证监会或者其他机构定期对独立董事进行综合考核，并依据考核结果确定其酬薪。在酬薪发放方面，由上市公司定期向证券会或者其他机构缴纳相应的会费。独立董事的薪酬不从公司支付，直接由证券会或者其他机构根据考核结果进行支付。由此一来，独立董事因为担心自身利益不受保障而选择不作为、不履职的现象就会相应的减少，在一定程度上可以保证独立董事独立履行职责。

3. 建立有效的约束机制

我国有关的法律法规对独立董事的责任、过失追究等尚缺乏明确的规定。因而要想保证独董行事公正、客观，则就必须要有严格的来自道德与法律的双重约束。

首先，要明确独董法律责任，强化其法律约束。基于我国独立董事制度的目的，具体规定独立董事在任职期间必须履行的职责，这样能促使其更加积极主动对公司经营决策进行监督和评价，而不只是一个形式主义，另外，明确独董的法律责任非常有必要，因为，独立董事在主动行使职权时，有可能会被管理层利用或者逼迫，那么这时独董很大可能基于自身利益而选择不作为、不尽职，因为他们清楚的认识到法律并没有对其不作为、不履职要承担什么样的后果作出规定，所以他们可以肆意作为，无所畏惧。从而因违背诚信义务给股东和公司造成无法弥补的损失。由此，明确独董不履职以及不履职导致股东、公司利益受损应承担怎样法律后果非常重要。

其次，给独立董事建立诚信档案。利用证券交易所、证监会及相关的中介机构，专门为独立董事人建立诚信档案库，这样可以促使独董因考虑自身长远利益而自觉积极履行职责。

最后，成立独立董事管理协会。因为，在我国公司，先行的独立董事管理制度，必须要有独立董事管理机构才可以充分有效地发挥独立董事作用。

必懂知识

1. 独立董事制度的产生背景及发展

独立董事首创于美国。早在20世纪40年代，美国由于股权高度分散，股东大会对整个董事会及管理层的约束力弱，多数中小股东不直接参与经营，结果导致信息不对称，董事会和经理人员的决策行为和经营管理行为得不到有效的约束，因而产生了严重的"内部人"控制。公司内部管理当局利用手中权力，谋取自身利益最大化，同时，进行财务报告舞弊，掩盖不法行为。而作为中介审计机构，受聘于公司管理当局，不能保证其审计独立性，结果严重影响了广大中小投资者的利益。在此情况下，人们呼吁董事会设置一个专门委员会，该委员会由独立董事组成，负责代表股东遴选鉴定公司财务报告的注册会计师，以增强注册会计师的独立性，避免财务报告舞弊案件的发生。这便是独立董事制度的最初渊源。

独立董事制度作为一种强化公司内部制衡作用的机制，在完善上市公司治理结构，促进财务报告体系的自律与健全，进而引导证券市场的健康发展。

2. 会计信息质量特征

市场只是通过完善的会计信息披露才能对公司进行有效的监督，股东只有在对公司会计信息全面了解的情况下才能高效地行使表决权。会计信息质量特征应当融入到公司对外披露的会计信息中，应该严格遵守《企业会计准则》《中华人民共和国证券法》等相关法律法规，主要从真实性、完整性、准确性、及时性四个方面披露上市公司的信息。

真实性。上市公司会计信息最基本的特征。要求会计信息内容要和实际经营情况一致，不能有任何虚假成分。一般可以从客观性、一致性、规范性三个方面判断会计信息的真实性。客观性要求公司披露的会计信息必须是正常经营活动中发生的或者即将发生的，不能编造虚假会计信息来影响股票市场价格；一致性是所披露的内容要和所反映的事实一样，符合客观实际；规范性是指上市公司披露的财务信息必须符合证券法等相关法律的规定。

完整性。完整性要求上市公司不能隐瞒和漏报，必须如实地、全面地披露对证券市场价格产生影响的财务信息。这一特征在减少内幕信息、防止内幕交易方面起到很重要的作用。内幕交易信息是指对内幕人员所知悉的、尚未公开的和可能影响证券市场价格的重大信息。保证会计信息披露的完整性，不仅在一定程度上缩小上市公司中内幕信息的范围，对减少公司内幕人员进行内幕交易的现象也有所作用。

准确性。对上市公司而言，准确性必须保证其披露的会计信息不能让人产生误解。会计信息披露的准确性特征强调会计信息发布者与各个信息使用者之间在理解同样的信息上保持一致。所以必须在法定标准的前提下披露信息，且披露的内容能够让投资者所理解。

及时性。上市公司必须遵守相关法律法规，及时完成对会计信息的披露。上市公司的经营活动是持续进行的，其经营状况处于不断变动的状态，投资者只有随时掌握上市公司经营状况的变动情况，才得以作出适当的投资判断，因此，上市公司应在较短的时间内披露会计信息，以减少内幕交易的现象。

必懂法规

一、《中华人民共和国公司法》

第一百二十二条　上市公司设独立董事，具体办法由国务院规定。

二、《证券公司监督管理条例》

第十九条　证券公司可以设独立董事。证券公司的独立董事，不得在本证券公司担任董事会外的职务，不得与本证券公司存在可能妨碍其做出独立、客观判断的关系。

第二十条　证券公司经营证券经纪业务、证券资产管理业务、融资融券业务和证券承销与保荐业务中两种以上业务的，其董事会应当设薪酬与提名委员会、审计委员会和风险控制委员会，行使公司章程规定的职权。

证券公司董事会设薪酬与提名委员会、审计委员会的，委员会负责人由独立董事担任。

三、《关于提高上市公司质量的意见》

（三）完善法人治理结构。上市公司要严格按照《中华人民共和国公司法》、外商投资相关法律法规和现代企业制度的要求，完善股东大会、董事会、监事会制度，形成权力机构、决策机构、监督机构与经理层之间权责分明、各司其职、有效制衡、科学决策、协调运作的法人治理结构。股东大会要认真行使法定职权，严格遵守表决事项和表决程序的有关规定，科学民主决策，维护上市公司和股东的合法权益。董事会要对全体股东负责，严格按照法律和公司章程的规定履行职责，把好决策关，加强对公司经理层的激励、监督和约束。要设立以独立董事为主的审计委员会、薪酬与考核委员会并充分发挥其作用。公司全体董事必须勤勉尽责，依法行使职权。监事会要认真发挥好对董事会和经理层的监督作用。经理层要严格执行股东大会和董事会的决定，不断提高公司管理水平和经营业绩。

（十二）规范关联交易行为。上市公司在履行关联交易的决策程序时要严格执行关联方回避制度，并履行相应的信息披露义务，保证关联交易的公允性和交易行为的透明度。要充分发挥独立董事在关联交易决策和信息披露程序中的职责和作用。公司董事、监事和高级管理人员不得通过隐瞒甚至虚假披露关联方信息等手段，规避关联交易决策程序和信息披露要求。对因非公允关联交易造成上市公司利益损失的，上市公司有关人员应承担责任。

（十八）强化上市公司监管。有关部门要完善相关法律法规体系，抓紧制订上市公司监管条例，积极推进相关法律的修改，为广大投资者维护自身权益和上市公司规范运作提供法律保障。要进一步加强上市公司监管制度建设，建立累积投票制度和征集投票权制度、完善股东大会网络投票制度、独立董事制度及信息披露相关规则，规范上市公司运作。要落实和完善监管责任制，不断改进监管方式和监管手段，完善上市公司风险监控体系。进一步健全证券监督管理机构与公安、司法部门的协作机制，及时将涉嫌犯罪人员移送公安、司法机关，严肃查处违法犯罪行为，增强上市公司监管的威慑力，提高监管的有效性和权威性，切实维护市场和社会稳定。

四、《注册资本登记制度改革方案》

三、严格市场主体监督管理，依法维护市场秩序

（五）强化企业自我管理。实行注册资本认缴登记制，涉及公司基础制度的调整，公司应健全自我管理办法和机制，完善内部治理结构，发挥独立董事、监事的监督作用，强

化主体责任。公司股东（发起人）应正确认识注册资本认缴的责任，理性作出认缴承诺，严格按照章程、协议约定的时间、数额等履行实际出资责任。

五、《关于在上市公司建立独立董事制度的指导意见》

一、上市公司应当建立独立董事制度

（一）上市公司独立董事是指不在公司担任除董事外的其他职务，并与其所受聘的上市公司及其主要股东不存在可能妨碍其进行独立客观判断的关系的董事。

（二）独立董事对上市公司及全体股东负有诚信与勤勉义务。独立董事应当按照相关法律法规、本指导意见和公司章程的要求，认真履行职责，维护公司整体利益，尤其要关注中小股东的合法权益不受损害。独立董事应当独立履行职责，不受上市公司主要股东、实际控制人、或者其他与上市公司存在利害关系的单位或个人的影响。独立董事原则上最多在5家上市公司兼任独立董事，并确保有足够的时间和精力有效地履行独立董事的职责。

（三）各境内上市公司应当按照本指导意见的要求修改公司章程，聘任适当人员担任独立董事，其中至少包括一名会计专业人士（会计专业人士是指具有高级职称或注册会计师资格的人士）。在二〇〇二年六月三十日前，董事会成员中应当至少包括2名独立董事；在二〇〇三年六月三十日前，上市公司董事会成员中应当至少包括三分之一独立董事。

（四）独立董事出现不符合独立性条件或其他不适宜履行独立董事职责的情形，由此造成上市公司独立董事达不到本《指导意见》要求的人数时，上市公司应按规定补足独立董事人数。

（五）独立董事及拟担任独立董事的人士应当按照中国证监会的要求，参加中国证监会及其授权机构所组织的培训。

三、独立董事必须具有独立性

下列人员不得担任独立董事：

（一）在上市公司或者其附属企业任职的人员及其直系亲属、主要社会关系（直系亲属是指配偶、父母、子女等；主要社会关系是指兄弟姐妹、岳父母、儿媳女婿、兄弟姐妹的配偶、配偶的兄弟姐妹等）；

（二）直接或间接持有上市公司已发行股份1%以上或者是上市公司前十名股东中的自然人股东及其直系亲属；

（三）在直接或间接持有上市公司已发行股份5%以上的股东单位或者在上市公司前五名股东单位任职的人员及其直系亲属；

（四）最近一年内曾经具有前三项所列举情形的人员；

（五）为上市公司或者其附属企业提供财务、法律、咨询等服务的人员；

（六）公司章程规定的其他人员；

（七）中国证监会认定的其他人员。

四、独立董事的提名、选举和更换应当依法、规范地进行

（一）上市公司董事会、监事会、单独或者合并持有上市公司已发行股份1%以上的股东可以提出独立董事候选人，并经股东大会选举决定。

（二）独立董事的提名人在提名前应当征得被提名人的同意。提名人应当充分了解被提名人职业、学历、职称、详细的工作经历、全部兼职等情况，并对其担任独立董事的资格和独立性发表意见，被提名人应当就其本人与上市公司之间不存在任何影响其独立客观判断的关系发表公开声明。

在选举独立董事的股东大会召开前，上市公司董事会应当按照规定公布上述内容。

（三）在选举独立董事的股东大会召开前，上市公司应将所有被提名人的有关材料同时报送中国证监会、公司所在地中国证监会派出机构和公司股票挂牌交易的证券交易所。上市公司董事会对被提名人的有关情况有异议的，应同时报送董事会的书面意见。中国证监会在15个工作日内对独立董事的任职资格和独立性进行审核。对中国证监会持有异议的被提名人，可作为公司董事候选人，但不作为独立董事候选人。在召开股东大会选举独立董事时，上市公司董事会应对独立董事候选人是否被中国证监会提出异议的情况进行说明。对于本《指导意见》发布前已担任上市公司独立董事的人士，上市公司应将前述材料

在本《指导意见》发布实施起一个月内报送中国证监会、公司所在地中国证监会派出机构和公司股票挂牌交易的证券交易所。

（四）独立董事每届任期与该上市公司其他董事任期相同，任期届满，连选可以连任，但是连任时间不得超过六年。

七、为了保证独立董事有效行使职权，上市公司应当为独立董事提供必要的条件

（三）独立董事行使职权时，上市公司有关人员应当积极配合，不得拒绝、阻碍或隐瞒，不得干预其独立行使职权。

（四）独立董事聘请中介机构的费用及其他行使职权时所需的费用由上市公司承担。

（五）上市公司应当给予独立董事适当的津贴。津贴的标准应当由董事会制订预案，股东大会审议通过，并在公司年报中进行披露。

除上述津贴外，独立董事不应从该上市公司及其主要股东或有利害关系的机构和人员取得额外的、未予披露的其他利益。

六、《证券公司董事（包括独立董事）、监事任职资格核准》

《证券公司董事、监事和高级管理人员任职资格监管办法》第十一条规定，独立董事不得与证券公司存在关联关系、利益冲突或者存在其他可能妨碍独立客观判断的情形。

下列人员不得担任证券公司独立董事：

（一）在证券公司或其关联方任职的人员及其近亲属和主要社会关系人员；

（二）在下列机构任职的人员及其近亲属和主要社会关系人员：持有或控制证券公司5%以上股权的单位、证券公司前5名股东单位与证券公司存在业务联系或利益关系的机构；

（三）持有或控制上市证券公司1%以上股权的自然人，上市证券公司前10名股东中的自然人股东，或者控制证券公司5%以上股权的自然人及其上述人员的近亲属；

（四）为证券公司及其关联方提供财务、法律、咨询等服务的人员及其近亲属；

（五）最近1年内曾经具有前四项所列举情形之一的人员；

（六）在其他证券公司担任除独立董事以外职务的人员；

（七）中国证监会认定的其他人员。

七、《上市公司独立董事履职指引》

第二条　适用范围

本指引为上市公司独立董事的工作履职指导，适用于中华人民共和国境内（不含港、澳、台地区）上市的中国上市公司协会会员的独立董事，非中国上市公司协会会员的独立董事可参照执行。

第四条　保持独立性的义务

独立董事应当保持身份和履职的独立性。在履职过程中，不应受上市公司控股股东、实际控制人及其他与公司存在利害关系的单位或个人的影响；当发生对身份独立性构成影响的情形时，独立董事应当及时通知公司并进行消除，无法符合独立性条件的，应当提出辞职。

第九条　关注上市公司相关信息

独立董事应重点关注上市公司的关联交易、对外担保、募集资金使用、社会公众股股东保护、并购重组、重大投融资活动、财务管理、高管薪酬、利润分配和信息披露等事项，必要时应根据有关规定主动提议召开董事会、提交股东大会审议或者聘请会计事务所审计相关事项。

独立董事应当核查上市公司公告的董事会决议内容，并主动关注有关上市公司的报道及信息，在发现有可能对公司的发展、证券的交易价格产生较大影响的报道或传闻时，需及时向公司进行书面质询，并在必要时督促公司做出书面说明或公开澄清。上市公司未能应独立董事的要求及时进行说明或者澄清的，独立董事可自行采取调查措施，并可向中国证监会派出机构或公司证券上市地的证券交易所报告。

第十条　对上市公司及相关主体进行监督和调查

独立董事发现上市公司或相关主体存在下列情形时，应主动进行调查，了解情况：

（一）重大事项未按规定提交董事会或股东大会审议；

（二）公司未及时或适当地履行信息披露义务；

（三）公司发布的信息中可能存在虚假记载、误导性陈述或重大遗漏；

（四）公司生产经营可能违反法律、法规或者公司章程；

（五）其他涉嫌违法违规或损害社会公众股东权益的情形。

确认上述情形确实存在的，独立董事应立即督促上市公司或相关主体进行改正，并向中国证监会派出机构和公司证券上市地的证券交易所报告。

第二十条　要求上市公司支付津贴、承担履职费用

独立董事有权从公司领取适当津贴，但法规、政策另有规定时除外。除以上津贴外，独立董事不应从其所任职的上市公司及其附属企业、控股股东或有利害关系的机构和人员取得包括股权激励在内的任何额外的、未予披露的其他利益。

独立董事履职过程中支出的合理费用由所任职的上市公司承担。独立董事有权向上市公司借支履职相关的合理费用。

独立董事享有要求上市公司为其履行独立董事职责购买责任保险的权利。

第二十五条　对外担保事项的审议

独立董事审查对外担保事项，应当了解被担保对象的基本情况，如经营和财务状况、资信情况、纳税情况等，对被担保方偿还债务的能力以及反担保方的实际承担能力作出审慎判断。必要时，独立董事可要求上市公司提供作出判断所需的相关信息。

独立董事应特别关注董事会会议相关审议内容及程序是否符合相关监管机构所发布的规范性文件中的要求。

独立董事应就公司对外担保事项发表独立意见，并特别注意，应在年度报告中，对上市公司累计和当期对外担保情况、执行上述规定情况进行专项说明，并发表独立意见。必要时可聘请会计师事务所或其他证券中介服务机构对公司累计和当期对外担保情况进行核查。上市公司违规对外担保事项得到纠正时，独立董事应出具专项意见。独立董事在审议上市公司对外担保事项过程中，如发现异常情况，应及时提请公司董事会采取相应措施，必要时可向中国证监会派出机构或公司证券上市地的证券交易所报告。

第二十六条　关联交易事项的审议

独立董事应当定期查阅上市公司与关联方之间的交易和资金往来情况，了解公司是否存在被控股股东及其关联方占用、转移资金、资产及其他资源的现象。如发现异常情况，应及时提请公司董事会采取相应措施，必要时向中国证监会派出机构或公司证券上市地的证券交易所报告。

独立董事应关注公司在重大关联交易事项提交董事会讨论前，是否事先取得了独立董事的认可。

对于具体关联交易事项，独立董事应当对关联交易的必要性、真实意图、对上市公司的影响作出审慎判断，特别关注交易的定价政策及定价依据、评估值的公允性、交易标的的成交价格与账面值或评估值之间的关系等。

董事会审议关联交易事项时，独立董事需要特别关注其是否符合相关监管机构所发布的规定及证券交易所上市规则中的相关要求，以及公司是否存在通过关联交易非关联化的方式掩盖关联交易实质的行为。

独立董事应在上述工作基础上对上市公司重大关联交易发表独立意见。对上市公司关联方以资抵债方案，应发表独立意见或者聘请有证券期货相关业务资格的中介机构出具独立财务顾问报告。上市公司存在向控股股东或者其关联人提供资金的事项情形，相关事项情形已消除的，独立董事须出具专项意见。

履职保障
——独董"不懂事"难干事，履职保障尚需完善

在公司治理结构中，董事会是当之无愧的核心，上承投资人下接经理层。董事会一方面承担着公司所有者——股东的重托，另一方面承担着任免高级管理人员及进行战略管理职能。

董事会作为所有者（股东）与经营者（经理阶层）之间的重要枢纽，若不能较好地发挥其在公司治理结构中应有的作用，将对公司的发展和中小股东权益的保护危害甚大。为了防止"内部人控制"的问题，引入独立董事制度，确保其外部与独立的身份，形成一个超越经理层角色之上的监督机构成为众望所归。

然而理想很丰满，现实很骨感。独立董事在我国往往沦为上市公司的一个标签、摆设，起不到监督、对抗大股东肆意控制公司的作用。这其中不光是由于相应的政策法规模糊不到位，独立董事"好吃懒做"，更重要的是许多独立董事行使职权得不到保障，只要"花瓶"董事不"懂事"随时可能被替换。

以案说法

一、经典案例

1. 龙头企业投资亏损，独立董事竟不知情

内蒙古 A 实业集团股份有限公司（以下简称"A 公司"）系全国乳品行业龙头企业之一，2004 年 8 月 17 日，媒体刊登了"A 股份国债投资出现巨亏""A 股份账面亏损 8000 万元"等报道。实际上，A 公司在近一年多来分数次投入了总近 3.5 亿元的巨额资金买卖国债，且买卖时没有及时进行公告。特别具有讽刺意味的是，A 股份的独立董事们是在看到媒体的报道后才知道"国债"一事。

2. 三位独立董事发表声明，申请进行独立审计

随后，A股份发布临时公告称，公司于2002年10月18日召开第四届四次董事会会议，通过相关决议而购买了国债。但是，投资者和社会公众显然对此解释并不"买账"，从而引发了一系列对公司的不断猜疑。于是，A股份于2004年5月25日再次发布公告称，截至2004年5月25日，公司自主投资的国债大约为1.44亿元。

2004年6月17日，独立董事刘某、王某及孙某发表了《独立董事声明》，三位独立董事认为，国债投资属于短期投资，应以流动性和收益性为目的，公司长期持有国债不利于提高资金流动性，也不利于规避风险，不符合股东利益。因此，他们提出了对A股份国债投资事项应聘请独立审计机构进行审计的建议，以厘清责任。

3. 独立董事、监事会起冲突，独立董事遭到罢免

2004年6月18日，A公司监事会一致表决通过了《提请股东大会免去刘某先生独立董事的议案》。

该份议案称独立董事刘某所担任主要职务的公司与A股份发生了关联交易，且关联交易数额较大，但刘某未向A股份通报并相应回避表决程序，与其作为独立董事应具备之独立性相冲突。刘某已经不适合继续担任A公司的独立董事。

2004年6月30日，在股东大会上，独立董事刘某、王某及孙某再次联合发表了《独立董事声明》，要求A股份对国债投资、乐天贸易股权等问题聘请中介机构进行审计，披露更为详细的信息；同时，他们要求公司的监事会对错误的国债投资决策给公司造成的损失代为公司提起诉讼。

同年6月17日，A公司董事会临时会议形成决议，同意了监事会的提案，罢免了刘某独立董事的职务。但独立董事刘某和孙某均未提前收到通知，未能参加该临时会议。

随后，刘某发表公开声明，指出A股份的决议既不客观又不公允，同时也严重违背了公司章程和法律的规定。

4. 耿直独立董事终被罢免，继任独立董事尚存争议

2004年6月30日，A股份在此召开股东大会，撤回6月17日做出的存在程序违法的罢免提案，但同时再次提议罢免刘某，结果该项提案仍获得通过。

2004年8月3日，A股份召开临时股东大会，通过了罢免刘某独立董事的议案。在此之前，公司发布临时公告，称独立董事孙某于8月3日提出申请要求辞去独立董事之职。A股份第一次临时股东大会的资料显示，仅有占A股份36.12%的股东代表出席了临时股东大会，其中85.76%的股东投了赞成票，12.90%的股东投了弃权票，1.34%的股东投了反对票。随后，公司董事会于2004年8月10日通过了出卖国债的决议。

2004年9月14日，A股份召开董事会，同意孙某辞去独立董事一职，同时拟增补两名独立董事李某广和欧某锦。10月19日，A股份召开第二次临时股东大会，审议通过了孙某辞去独立董事一职，补选李三、欧某祥为独立董事。但是，出席本次会的股东代表仅有14人，其代表的股份仅占A公司股份总数的29.55%，说明大多数股东，尤其是分散股权持有者的中小股东并未出席这次临时股东大会。

二、案例分析

1. A公司独立董事被罢免的原因分析

（1）刘某被罢免的理由是否充分？

为什么A公司会罢免独立董事？是因为独立董事不独立，存在一定的关联交易，还是因为独立董事不听话，与大股东对着干？

事实上，作为A公司聘请的三位独立董事之一的刘某，其亲属担任法人代表的深圳大洋公司的确实存在与A公司之间的合作关系。该公司虽非A的附属企业，但该公司为A提供有过合计50万元的咨询项目合同。按照刘某本人的说法，"1999年A遭遇危机后，委托亚商提供管理咨询，这个项目由我负责。做了很多有成效的工作，对A也积累了感情。2001年，郭某董事长请我出任独立董事，并建议我以社会关系注册咨询公司以规避独立董事不得兼职公司业务的规定。我就以亲属名义注册咨询公司为A服务"。

那么，此种关系是不是关联交易，能否妨碍独立董事的客观判断呢？

证监会于2001年颁布的《关于在上市公司建立独立董事制度的指导意见》（以下简称《指导意见》）中明确规定，在上市公司或者其附属企业任职的人员及其直系亲属、主要社会关系，以及为上市公司或者其附属企业提供财务、法律咨询等服务的人员不得担任独立董事。

可见从规范的字面意义上来看明显是不构成的，刘某被怀疑存在关联交易的情形是其亲属担任法定代表人的深圳飞天公司成为A公司提供过咨询服务。然而刘某及其亲属并未在A公司及其附属公司任职，而提供咨询服务的深圳飞天公司从法律外观来看也并非刘某本人的公司，自然难以认定其具备《指导意见》规定的情形，丧失了独立性不能再担任独立董事。

退一步讲，即使这一情况属于关联交易，但这一情况是A公司明知的，既然已经知道刘某已丧失其独立性，为何还置证监会禁令于不顾，聘请刘某作独立董事？

（2）A公司的罢免案名为维护公司利益，实为打击报复

A公司以刘某的亲属担任法定代表人的公司和本公司存在较大数额的咨询业务，不顾这一事实是其明知和"默许"的，进而认定刘某与公司存在关联交易，丧失了身为独立董事的独立性。

我们认为，A公司提出的罢免刘某独立董事职务的理由看似非常充分，但很难令人信服，因为A股份事先是知道独立董事刘某与公司具有"关联"的，而A股份这样搞"突然袭击"的做法，即在独立董事6月15日发表声明申请审计之后，公司于6月16日立即提出罢免独立董事，行动如此迅速、不同寻常，显然是因为独立董事不听话，而不是因为独立董事不独立。

可见独立董事行使职责实在是险象环生，在当前制度如此不明朗的情况下，若想凭一己之力与大股东之间进行抗衡，着实有着一丝丝"以卵击石"的悲壮。

2. 独立董事与监事会之间的权责摩擦

（1）独立董事与监事会权责摩擦的制度背景

本案还涉及一个典型问题就是独立董事和监事会之间的权责划分的问题，在本案中监事会存在和公司董事会狼狈为奸的嫌疑，排挤仗义执言的独立董事。

在我国，为了完善公司治理结构，解决"内部人控制"问题，引进了独立董事制度，从而使我国公司治理由平行式"二元制"公司治理结构演变为"二元制"加英美法系"一

元制"的治理模式，形成两种监管制度——监事会制度和独立董事制度并存的局面。

新的制度引进往往不能立即发挥成效，需要和原来的制度相互协调适应，也需要国家将规范的内容逐步推行落到实处。

本案这一问题就凸显了出来，公司监事会相当于检举了"独立董事"，两个监督机构相互推诿、形成内耗。这个问题如果不能妥善解决势必会对我国公司治理结构的完善产生很大影响。

（2）独立董事与监事会权责摩擦的实质原因

为了强化监督功能，我国引入独立董事制度后，公司治理模式就演变为世界上独一无二的平行式大陆法系"二元制"模式外加"一元制"治理模式。

这一独具特色的中国治理模式并非是我们具有先进性的独创，相反是原本二元制："董事会＋监事会"治理模式存在普遍失灵的情形，不得已我们才继续引进了独立董事的制度，这种叠床架屋的构造着实有一种病急乱投医的感觉。

就我国实定法来看，监事会是监督公司是否正常运转最当之无愧的"老大"。依据《中华人民共和国公司法》第五十三条、第一百一十八条规定，"监事会行使下列职权，监事会、不设监事会的公司的监事行使下列职权：（一）检查公司财务；（二）对董事、高级管理人员执行公司职务的行为进行监督，对违反法律、行政法规、公司章程或者股东会决议的董事、高级管理人员提出罢免的建议；（三）当董事、高级管理人员的行为损害公司的利益时，要求董事、高级管理人员予以纠正……"可见，公司赋予了监事会对公司财务、人事全方面的，最高层次的检查、审计的权力。

另一方面依据《指导意见》，独立董事的职责包括：参与公司重大经营决策，协助公司的重大项目论证工作；监督和检查公司的重大经营决策、重大关联方交易行为，维护中小投资者的合法权益不受侵害；审计公司的财务，监督公司司的财务报告过程，督察公司的内部审计程序，详细讨论审计业务中的问题，评估公司的内部控制制度。

由此可见，独立董事与监事会在监管职能上存在着明显的交叉、重合。只不过独立董事更偏重于对公司中小投资者权益的维护，注重公司的审计工作。

可以说独立董事与监事会在职责之间的摩擦和内耗是法律制度引进时"消化不良"

造成的。为此，必须在今后合理界定二者的权力边界，只有权力界定清楚责任才能明确，才能降低制度运作成本。让 A 公司案中监事会与独立董事之间"互相打架"的局面不再出现。

3. 独立董事的履职缺乏保障

独立董事正当行使职权时遭受阻挠甚至是报复，这可能是独立董事充当"花瓶"很难有所作为的一个主要原因。为了促进独立董事们积极行使职权，切实维护上市公司的健康发展，就有必要建立和健全独立董事行权的保障机制，解除他们的后顾之忧。

《中华人民共和国公司法》近年来经过多轮修改，但其第 122 条对独立董事的规定依然是转引性质的规定，"上市公司设立独立董事，具体办法由国务院规定"。而国务院出台的位阶较高的规范文件只有《指导意见》，对独立董事的保障还是一如既往的"落后"。

例如，《指导意见》中对于独立董事的提议未被采纳或职权不能正常行使时的规定是：上市公司应将有关情况予以披露。但是如果上市公司不披露有关情况，目前的法律体系缺少相应的惩罚机制。

可见，对独立董事的履职完善不仅存在很大的法律空白，而且现有的规定还很落后，很空乏。为此，《中华人民共和国公司法》在未来的修改中必须重视起来，完善对独立董事履职的保护。

三、律师观点

1. 完善我国的独立董事选聘制度

（1）A 公司独立董事选聘存在的问题

A 公司独立董事刘某最后被罢免，其实在刘某最初被聘为独立董事时就已经埋下了隐患。"2001 年，郭某董事长聘请其出任独立董事，并建议刘某以社会关系注册咨询公司以规避独立董事不得兼职公司业务的规定。于是刘某就以亲属名义注册咨询公司为 A 服务"，正是因为这一选任上的瑕疵，之后 A 公司"反咬一口"，罢免了刘某独立董事的职务。

此外在 A 公司董事被罢免案的最后，新接任的独立董事，其聘任程序也存在许多瑕疵。出席补选独董的股东大会的股东代表仅有 14 人，其代表的股份仅占 A 公司股份总数的 29.65%，大多数股东，尤其是分散股权持有者的中小股东并未出席这次临时股东大会。可以说这样的独董人选只能代表大股东的利益，选举的结果很难体现独立董事的独立性，也很难维护中小股东的合法权益。

可见无论是最初的独董选聘，还是罢免刘某之后的接任者选聘都存在许多问题。

（2）应由独立的第三方进行选任

独立董事的选聘直接关乎独立董事能否保有独立性的。目前，我国独立董事的选聘主要依据《指导意见》第四条规定，授权上市公司董事会、监事会、单独或者合并持有上司公司已发行股份 1% 以上的股东提出独立董事候选人并经股东大会选举决定。

可见现有的规范性文件是从提名权的角度保证了独董候选人的民意代表性，但是选举还是同股同权，这样独立董事的选举结果依然是大股东说了算，可想而知独立董事往往还是大股东的陪衬，甚至是"爪牙"。

为此我们可以向其他国家吸取经验。在美国，有些市场中介组织专门负责为公司遴选独立董事的候选人；英国设立了"促进非执行董事举用委员会"，从事独立董事的推荐工作。效仿他国做法，独立董事的选任应独立于公司经理层、控股股东等内部人，而交给董事协会等自律组织去行使。

具体做法如下：

首先，设立独立董事人才储备库，将所有符合任职资格的专业人士登记进电子信息系统，并且有条件的按照专业人士的履历、教育背景、专长领域分门别类的建立子目录。

其次，当需要选任独立董事时，根据相应的要求在人才储备库中随机抽选，并且要考察该候选人的社会背景和公司的关联性，并向社会披露。

最后，由上述社会中介组织进行综合评价，选出独立性最高的候选人担任独立董事。

这样的选举结果一方面具有极强的独立性——系统随机确立再由中立机构选出；另一方面能有效的摆脱大股东的控制，能真正的为中小投资者谋利益。

（3）建立累积投票选举及退出陈述制度

为了能在独立董事的选举结果中充分反映中小股东的意见，我们认为应强制股东大会实行累积投票制度,同时在此基础上建立独立董事退出陈述制度。

在目前我国上市公司经常出现的一股独大的情况下,允许股东大会无故行使对独立董事的罢免权,则控股股东和管理层将很容易罢免"不听话"的独立董事,这将使建立独立董事的功效大打折扣。因此,建议上市公司建立退出陈述制度,公司在股东大会前通知将被罢免的独立董事,独立董事亲自出席并做出书面陈述,只有在做出的书面陈述与上市公司给出的正当理由相吻合情况下,经由股东大会以累积投票方式才可表决通过此罢免议案。

2. 独立董事与监事会之间的权责分析

从制度安排的角度来看,公司治理就是一种对控制权分配和约束的机制。不论是哪一种公司治理模式,经营权和控制权都是在股东大会、董事会和经理层三个层次进行配置(如图1所示)。

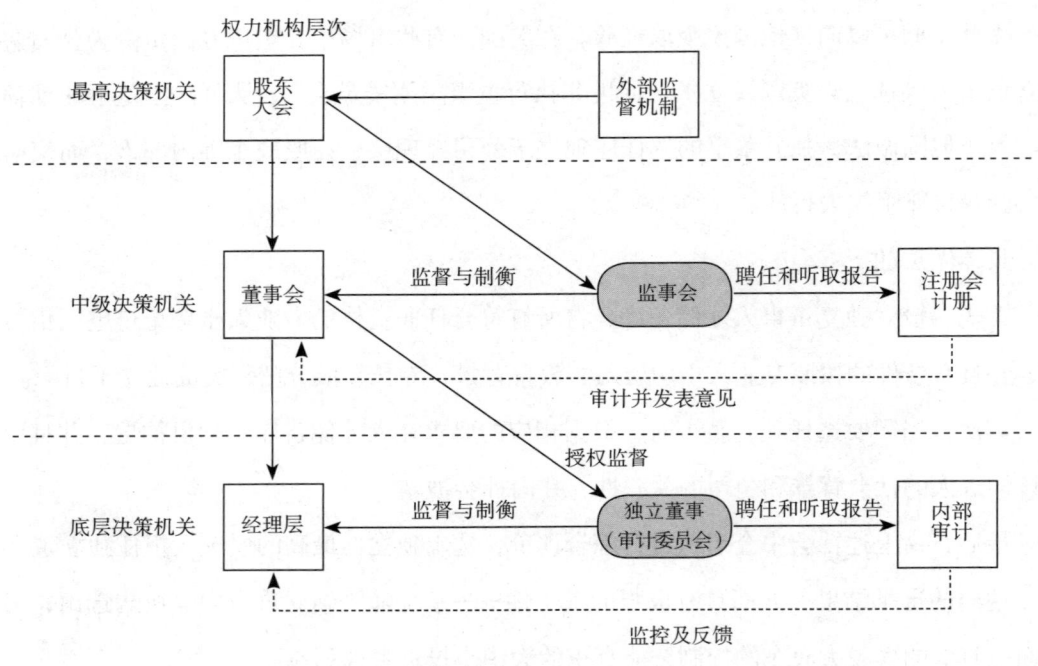

图1 企业经营权的配置与监督机制

股东大会享有最终决策权并将大部分控制权委托董事会来代理,形成第一层委托——

代理关系。股东大会保留对董事会的直接监督权并授权其他机构（如监事会或独立董事）对其进行日常监督。而对于股东大会的监督主要来自于资本市场、产品市场、经理人市场和证监会等外部监督机构，公司治理效率的提高离不开外部监管市场的发展和完善。

董事会受股东大会委托负责公司的重大决策，同时，董事会委托经理层执行董事会决策，监督经理层经营和执行的效率，这里董事会与经理层构成了第二层委托——代理关系。在"二元"公司治理模式下监督董事会的法定机关是监事会，监事会在隶属关系上平行于甚至高于董事会，直接受股东大会的委托监督董事会和经理层的经营决策。

经理层负责公司日常经营管理决策，对董事会负责。当经理层的利益与公司利益不一致时，道德风险和逆向选择就可能成为经理层的策略选择。董事会既充当经理层的上层机构也充当监督者的角色。

独立董事在上市公司内部发挥作用主要是通过审计委员会来实现的，依据《上市公司治理准则》第三十九条规定，"审计委员会的主要职责是：提议聘请或更换外部审计机构；监督公司的内部审计制度及其实施；负责内部审计与外部审计之间的沟通；审核公司的财务信息及其披露；审查公司的内控制度"。

可见审计委员会的职责范围涉及了财务报告的产生、审计及其所依赖的内部控制环境的各个方面，而这一全方位的监督机制对于改善公司治理结构、提高会计信息质量以及保护投资者特别是中小投资者利益、维护证券市场秩序无疑具有重要作用。

从图1中可以看出，在我国公司治理机制中，监事会的监督层级显然更高。其向全体股东负责，检查公司财务、监督和检查董事、经理及其他高级管理人员的行为等；但监事会不参与决策过程，侧重于事后监督。

而主要由独立董事组成的审计委员会基本处于最低一层的决策层级，主要对经理层的实际执行进行监督，并且要参与决策过程，更侧重于事前监督。

要调和独立董事与监事会，关键要处理好两者的关系，发挥独立董事和监事会的双重监督作用。独立董事的职责应当与监事会相辅相成，避免重叠或冲突，否则会降低监督的效率和有效性。独立董事配合监事会的监事审计活动，在监督公司管理当局的问题上相互合作；审计委员会作为董事会的下设委员会，也是监事会的监督对象。

必懂知识

1. 独立董事的角色定位

独立董事在公司中究竟应该扮演什么角色，有的人认为其承担着和监事会接近的职能也是监督者，有的人认为在当前法律规定存在较大空白的阶段其主要应该作为咨询专家。

持监督论观点的人认为在监督者与顾问之间，前者是第一位的，后者是第二位的。持此种观点的人往往是站在独立董事制度目的的角度考虑的，由于上市公司原有的"二元"治理体制存在普遍失灵的现象，因而引入独立董事旨在更好地监督公司是否被大股东全面掌控进而危及公司基本利益和中小股东的权益。

而持咨询论者则认为独立董事扮演的角色是"企业顾问"而不是"监督者"。持此种观点的人士主要是站在现状的角度进行的考评，由于"独立董事"普遍被认为是"花瓶"且现阶段仍无力和大股东直接对抗，因此，充分发挥其专业优势才是上策。

我国独立董事制度仍处于较为初级的阶段，独立董事目前也还主要被认为是"花瓶顾问"。实务中独立董事为上市公司提供咨询的现象是客观存在的并且有相当的合理性，导致这一现象的原因很多，其中两个因素不能忽视：其一，独立董事多是具有丰富专业经验和相当专业技能的人士，客观上能为董事会决策带来诸多"功能性资源"其参与决策确能提升公司决策水平；其二，若独立董事专司监督职能以纯粹批评、监督的角色出现于董事会，势必为公司管理层所不欢迎甚至抵制，由于内部董事及经理层在公司资源控制中处于优势地位，这样独立董事会处境尴尬甚至难堪。我们认为独立董事在上市公司中扮演咨询专家的角色在实践中是存在的，并且也对上市公司的业务发展提供有益的帮助，但是咨询专家的角色并不是我国引进立董事制度的初衷。

现阶段，独立董事制度已趋于完善，不宜再将其本质作用限定在为提高上市公司的形象和声誉、提供专业性意见和建议。从私法自治的角度而言，公司为自身业务的发展聘任什么样的人担任顾问，不属于法律规范的范围应当由公司自己决定。

在上市公司中引进独立董事的目的在于发挥其监督作用，保证信息披露制度的真实、准确完整，避免出现内部人控制现象，进而保护广大中小股东的利益。

2. 独立董事的提名与聘任

依据《指导意见》，独立董事的提名和聘任有着严格的程序：

在提名环节，独立董事由谁提名，对紧接着的选举会产生决定性影响，上市公司董事会、监事会、单独或者合并持有上市公司已发行股份1%以上的股东可以提出独立董事候选人，并经股东大会选举决定。

独立董事的提名人在提名前应当征得被提名人的同意。提名人应当充分了解被提名人职业、学历、职称、详细的工作经历、全部兼职等情况，并对其担任独立董事的资格和独立性发表意见，被提名人应当就其本人与上市公司之间不存在任何影响其独立客观判断的关系发表公开声明。并且最迟在选举独立董事的股东大会召开前，上市公司董事会应当公布上述内容。

在选举环节，值得注意的是被提名人的名单要经过证监会审核一遍。在选举独立董事的股东大会召开前，上市公司应将所有被提名人的有关材料同时报送中国证监会、公司所在地中国证监会派出机构和公司股票挂牌交易的证券交易所。上市公司董事会对被提名人的有关情况有异议的，应同时报送董事会的书面意见。中国证监会在15个工作日内对独立董事的任职资格和独立性进行审核。

在召开股东大会选举独立董事时，上市公司董事会应对独立董事候选人是否被中国证监会提出异议的情况进行说明。

此外独立董事也有任期限制，不过限制程度较低，每届任期与该上市公司其他董事任期相同，任期届满，连选可以连任，但是连任时间不得超过六年。

对于独立董事的罢免与撤换，有明确的法律规定，"独立董事连续三次未亲自出席董事会会议的，由董事会提请股东大会予以撤换"。

除出现上述情况及《中华人民共和国公司法》中规定的不得担任董事的情形外，独立董事任期届满前不得无故被免职。提前免职的，上市公司应将其作为特别披露事项予以披露，被免职的独立董事认为公司的免职理由不当的，可以做出公开的声明。

独立董事在任期届满前可以提出辞职。独立董事辞职应向董事会提交书面辞职报告，对任何与其辞职有关或其认为有必要引起公司股东和债权人注意的情况进行说明。如因独立董事辞职导致公司董事会中独立董事所占的比例低于《指导意见》规定的最低要求时，该独立董事的辞职报告应当在下任独立董事填补其缺额后生效。

必懂法规

一、《关于在上市公司建立独立董事制度的指导意见》

七、为了保证独立董事有效行使职权，上市公司应当为独立董事提供必要的条件

（一）上市公司应当保证独立董事享有与其他董事同等的知情权。凡须经董事会决策的事项，上市公司必须按法定的时间提前通知独立董事并同时提供足够的资料，独立董事认为资料不充分的，可以要求补充。当2名或2名以上独立董事认为资料不充分或论证不明确时，可联名书面向董事会提出延期召开董事会会议或延期审议该事项，董事会应予以采纳。

上市公司向独立董事提供的资料，上市公司及独立董事本人应当至少保存5年。

（二）上市公司应提供独立董事履行职责所必需的工作条件。上市公司董事会秘书应积极为独立董事履行职责提供协助，如介绍情况、提供材料等。独立董事发表的独立意见、提案及书面说明应当公告的，董事会秘书应及时到证券交易所办理公告事宜。

（三）独立董事行使职权时，上市公司有关人员应当积极配合，不得拒绝、阻碍或隐瞒，不得干预其独立行使职权。

（四）独立董事聘请中介机构的费用及其他行使职权时所需的费用由上市公司承担。

（五）上市公司应当给予独立董事适当的津贴。津贴的标准应当由董事会制订预案，股东大会审议通过，并在公司年报中进行披露。

除上述津贴外，独立董事不应从该上市公司及其主要股东或有利害关系的机构和人员取得额外的、未予披露的其他利益。

（六）上市公司可以建立必要的独立董事责任保险制度，以降低独立董事正常履行职责可能引致的风险。

二、《上市公司治理准则》

第三十四条　上市公司应当依照有关规定建立独立董事制度。独立董事不得在上市公司兼任除董事会专门委员会委员外的其他职务。

第三十五条　独立董事的任职条件、选举更换程序等，应当符合有关规定。独立董事不得与其所受聘上市公司及其主要股东存在可能妨碍其进行独立客观判断的关系。

第三十九条　审计委员会的主要职责包括：

（一）监督及评估外部审计工作，提议聘请或者更换外部审计机构；

（二）监督及评估内部审计工作，负责内部审计与外部审计的协调；

（三）审核公司的财务信息及其披露；

（四）监督及评估公司的内部控制；

（五）负责法律法规、公司章程和董事会授权的其他事项。

三、《深圳证券交易所独立董事备案办法》

第五条　独立董事候选人应当具备上市公司运作相关的基本知识，熟悉相关法律、行政法规、部门规章、规范性文件及本所业务规则，具有五年以上法律、经济、管理、会计、财务或者其他履行独立董事职责所必需的工作经验。

第六条　独立董事及拟担任独立董事的人士应当按照《指导意见》的要求，参加相关培训并根据《培训工作指引》及相关规定取得本所认可的独立董事资格证书。

独立董事候选人在上市公司发布召开关于选举独立董事的股东大会通知公告时尚未取得独立董事资格证书的，应当书面承诺参加最近一次独立董事培训并取得本所认可的独立董事资格证书，并予以公告。

第七条 独立董事候选人应当具有独立性，下列人员不得担任独立董事：

（一）在上市公司或者其附属企业任职的人员及其直系亲属和主要社会关系；

（二）直接或间接持有上市公司已发行股份1%以上或者是上市公司前十名股东中的自然人股东及其直系亲属；

（三）在直接或间接持有上市公司已发行股份5%以上的股东单位或者在上市公司前五名股东单位任职的人员及其直系亲属；

（四）在上市公司控股股东、实际控制人及其附属企业任职的人员及其直系亲属；

（五）为上市公司及其控股股东、实际控制人或者其各自附属企业提供财务、法律、咨询等服务的人员，包括但不限于提供服务的中介机构的项目组全体人员、各级复核人员、在报告上签字的人员、合伙人及主要负责人；

（六）在与上市公司及其控股股东、实际控制人或者其各自的附属企业有重大业务往来的单位任职的人员，或者在有重大业务往来单位的控股股东单位任职的人员；

（七）最近十二个月内曾经具有前六项所列情形之一的人员；

（八）最近十二个月内，独立董事候选人、其任职及曾任职的单位存在其他影响其独立性情形的人员；

（九）本所认定不具有独立性的其他人员。

前款第（四）项、第（五）项及第（六）项中的上市公司控股股东、实际控制人的附属企业，不包括根据《股票上市规则》《创业板股票上市规则》第10.1.4条规定，与上市公司不构成关联关系的附属企业。

第八条 独立董事候选人应无下列不良记录：

（一）被中国证监会采取证券市场禁入措施，期限尚未届满的；

（二）被证券交易所公开认定不适合担任上市公司董事、监事和高级管理人员，期限尚未届满的；

（三）最近三十六个月内因证券期货违法犯罪，受到中国证监会行政处罚或者司法机关刑事处罚的；

（四）因涉嫌证券期货违法犯罪，被中国证监会立案调查或者被司法机关立案侦查，

尚未有明确结论意见的;

（五）最近三十六个月内受到证券交易所公开谴责或三次以上通报批评的;

（六）作为失信惩戒对象等被国家发改委等部委认定限制担任上市公司董事职务的;

（七）在过往任职独立董事期间因连续三次未亲自出席董事会会议或者因连续两次未能亲自出席也不委托其他董事出席董事会会议被董事会提请股东大会予以撤换，未满十二个月的;

（八）本所认定的其他情形。

第九条　在同一上市公司连续任职独立董事已满六年的，自该事实发生之日起十二个月内不得被提名为该上市公司独立董事候选人。

关联交易

——控股股东虚构事实，关联交易害人害己

关联交易就是企业关联方之间的交易，在企业财务和经营决策中，如果一方控制、共同控制另一方或对另一方施加重大影响，以及两方或两方以上同受一方控制、共同控制或重大影响的，构成关联方。

关联交易是公司运作中经常出现的而又易于发生不公平结果的交易。关联交易在市场经济条件下主为存在，从有利的方面讲，交易双方因存在关联关系，可以节约大量商业谈判等方面的交易成本，并可运用行政的力量保证商业合同的优先执行，从而提高交易效率。从不利的方面讲，由于关联交易方可以运用行政力量撮合交易的进行，从而有可能使交易的价格、方式等在非竞争的条件下出现不公正情况，形成对股东部分股东权益的侵犯，也易导致债权人利益受到损害。

以案说法

一、经典案例

1. 高管股东相勾结，第三人利益受损害

蔡某源是飞腾公司的股东，曾任公司董事长、总裁、法定代表人，在2011年前一直是飞腾公司的实际控制人。蔡某源与蔡某春是亲兄妹关系，王某力与蔡某春是夫妻，王某力经营着千事达经营部。蔡某源利用其在飞腾公司的特殊身份和地位，与王某力、蔡某春作为实际控制人的千事达经营部签订多份供货合同，故蔡某源与蔡某春、王某力、利源经营部存在关联关系。蔡某源作为飞腾公司的实际控制人，蔡某源、王某力、蔡某春之间存在的可能导致飞腾公司利益转移的关系应属关联关系。因蔡莫标、王某斌、蔡某红之间存在关联关系，故东营真功夫公司与王某斌、蔡某红之间的交易应属于关联交易。

2. 关联交易被披露,侵权必然要赔偿

在 2008—2010 年度期间,由王某力、蔡某春以千事达经营部的名义向飞腾公司供应农产品等货物,飞腾公司支付了货款 1430 万元。在 2008—2010 年期间,飞腾公司董事会持续、多次要求蔡某源停止关联交易,如关联交易有损公司利益的,应采取措施维护公司利益,蔡某源也承诺不迟于 2009 年 3 月 31 日停止交易。蔡某源、王某力、蔡某春通过关联交易在 2008—2010 年间收取飞腾公司 317 万元,并未向东营真功夫公司交付货物。此举造成了飞腾公司损失 399 万元的货款及利息。因此,人民法院判定关联交易造成飞腾公司的损失,应由蔡某源、王某力、蔡某春承担赔偿责任。

二、案例分析

1. 进行关联交易原因分析

产生关联交易的原因很多,但主要原因是因为中国的上市公司大多不是整体上市,而只是其中部分资产或者产业链中部分环节上市。这样上市公司在生产经营的环节,就具有了产生关联交易的条件。再加上控股股东主观上有"肥水不流外人田"的思想,所以就更加容易产生关联交易。

有些关联交易可以为上市公司的经营提供一定的便利条件,比如为上市公司提供必需的铁路运输专用线路等。但更多的关联交易对上市公司的权益是有损害的,这是因为一般情况下上市公司的资产质量要优于控股股东非上市部分的资产,而上市公司的盈利能力也强于控股股东的盈利能力。所以现实中,控股股东往往通过关联交易获得或多或少的额外利润,这样就使得上市公司中小股东的权益受到损害。比如,某白酒上市公司,自上市以来,长期与为其提供包装的公司发生关联交易,从披露的信息中发现,该包装公司的利润率要远远大于该上市公司的利润率。而我们都知道白酒本就是利润率很高的行业了,而为其提供包装的公司居然利润率比它还要高出很多,这就不得不让人怀疑该关联交易的合理性了。

2. 关联交易的危害分析

不正当的关联交易实质上等同于非法的利润操控，其对投资者有很大影响。我国已有少数上市公司，为实现自身的"保配"或"保牌"目标，直接通过关联交易来谋取不正当的经济效益。现实中，有部分上市公司实质上已几近亏损，却通过关联交易来获得母公司的支持，从而稳固其当前业绩，这就容易使很多中小投资者产生误解。

在关联交易中，上市公司在操控利润的同时，还可成功将税负转移给其他人，这便会给国家及广大投资者带来不必要的损失。以降低税负为目的而引起的关联交易，可有效减少公司的纳税额，影响国家的税收收入。另外，税负风险被转移后，广大投资者将成为关联交易最大的受害者。

利用关联交易操纵利润，资本市场的有限资源则无法得到优化配置，同时还会误导投资者进行错误投资。相当一部分发展前途不大的公司经营业绩有所改观，整个市场也将恢复暂时的回温，投资者将金额投入给这些公司后，市场中的劣币便会逐渐将良币驱逐出去，仅有的资源无法得到充分利用，甚至还会扰乱整个证券市场的正常秩序。

三、律师观点

（1）建立健全与关联交易相适应的信息披露制度。完善信息披露制度，大体可从下列几方面着手：建立健全会计准则及运行机制，从各个方面来公开、披露关联双方存在关系及交易信息；以便从多个环节、角度上将关联方的交易渠道阻截，避免其恶意操纵利润，以便更好地减少不正当关联方交易。

（2）积极开展培训。使会计人员对关联交易有全面了解应强化对关联交易相关知识的培训力度，使上市公司内部的会计人员能更有效地了解报表及其附注的价值，并熟练掌握编制财务报表及其附注的技能及方法，确保关联交易能得到规范化实施，从而不断稳定证券市场的秩序。

（3）严格判定关联关系，规范财务审计工作。基于当前所实施的财务审计制度，我们应进一步发挥社会对财务审计的监督作用，使关联方交易能变得更加透明。现实中，会计事务所应尽量披露和监督部分上市公司已存在的关联方交易事实，为广大投资者的投资提供可靠保障。

总体而言，及时、合理披露上市公司存在的关联方关系及交易行为，能够使投资者更直观地了解其实际的经营、财务状况，减少不正当的关联交易行为发生，为广大投资者谋福祉。此外，对关联交易信息进行披露，还可有效解决转型期我国经济股权结构调整与升级问题，推动证券市场稳步向前发展。对非法关联方，给国家、集体或者他人造成重大损失的，可以将其纳入诚信征集系统，向社会公开披露，对社会成员起到警示作用。

必懂知识

1. 关联关系

关联关系，是指公司控股股东、实际控制人、董事、监事、高级管理人员与其直接或者间接控制的企业之间的关系，以及可能导致公司利益转移的其他关系。但是，国家控股的企业之间不仅仅因为同受国家控股而具有关联关系。

控股股东，是指其出资额占有限责任公司资本总额50%以上或者其持有的股份占股份有限公司股本总额50%以上的股东；出资额或者持有股份的比例虽然不足50%，但依其出资额或者持有的股份所享有的表决权已足以对股东会、股东大会的决议产生重大影响的股东。

实际控制人，是指虽不是公司的股东，但通过投资关系、协议（如VIE）或者其他安排，能够实际支配公司行为的人。

高级管理人员，是指公司的经理、副经理、财务负责人，上市公司董事会秘书和公司章程规定的其他人员。

交易，可能导致转移资源或者义务的任何事项，核心认定标准是实质重于形式原则。

2. 关联交易

关联交易就是企业关联方之间的交易，关联交易是公司运作中经常出现的而又易于发生不公平结果的交易。关联交易在市场经济条件下主为存在，从有利的方面讲，交易双方因存在关联关系，可以节约大量商业谈判等方面的交易成本，并可运用行政的力量保证商业合同的优先执行，从而提高交易效率。从不利的方面讲，由于关联交易方可以运用行政力量撮合交易的进行，从而有可能使交易的价格、方式等在非竞争的条件下出现不公正情况，形成对股东或部分股东权益的侵犯，也易导致债权人利益受到损害。

在企业财务和经营决策中，如果一方控制、共同控制另一方或对另一方施加重大影响，以及两方或两方以上同受一方控制、共同控制或重大影响的，构成关联方。

这里的控制，是指有权决定一个企业的财务和经营政策，并能据以从该企业的经营活动中获取利益。所谓重大影响，是指对一个企业的财务和经营政策有参与决策的权力，但并不决定这些政策。参与决策的途径主要包括：在董事会或类似的权力机构中派有代表，参与政策的制定过程，互相交换管理人员等。凡以上关联方之间发生转移资源或义务的事项，不论是否收取价款，均被视为关联交易。

关联交易在市场经济条件下广为存在，但它与市场经济的基本原则却不相吻合。按市场经济原则，一切企业之间的交易都应该在市场竞争的原则下进行，而在关联交易中由于交易双方存在各种各样的关联关系，有利益上的牵扯，交易并不是在完全公开竞争的条件下进行的。关联交易客观上可能给企业带来或好或坏的影响。从有利的方面讲，交易双方因存在关联关系，可以节约大量商业谈判等方面的交易成本，并可运用行政的力量保证商业合同的优先执行，从而提高交易效率。从不利的方面讲，由于关联交易方可以运用行政力量撮合交易的进行，从而有可能使交易的价格、方式等在非竞争的条件下出现不公正情况，形成对股东或部分股东权益的侵犯。全面规范关联方及关联交易的信息披露非常有必要。

3. 我国目前对上市公司关联交易的基本态度

我国目前对上市公司关联交易的基本态度是宽容，但监管尺度有收紧之势。第一，对上市公司坚持披露重于存在原则（风险的披露比风险本身更重要）。

第二，决策程序控制。特定的关联交易的股东大会批准制度、关联股东回避表决制度。上市公司中关联董事回避表决制度,《中华人民共和国公司法》规定,"上市公司董事与董事会会议决议事项所涉及的企业有关联关系的,不得对该项决议行使表决权,也不得代理其他董事行使表决权"。该董事会会议由过半数的无关联关系董事出席即可举行,董事会会议所作决议须经无关联关系董事过半数通过。出席董事会的无关联关系董事人数不足三人的,应将该事项提交上市公司股东大会审议。上市公司独立董事对关联交易的事前审核制度,成立上市公司审计委员会(或关联交易控制委员会)。

第三,强化公司管理层、控股股东及实际控制人的诚信义务及法律责任,加强保障中小股东诉讼权利。

第四,加强对企业集团的立法、鼓励国有企业和家族企业整体上市。

必懂法规

《中华人民共和国公司法》

第十六条　公司向其他企业投资或者为他人提供担保,依照公司章程的规定,由董事会或者股东会、股东大会决议;公司章程对投资或者担保的总额及单项投资或者担保的数额有限额规定的,不得超过规定的限额。

公司为公司股东或者实际控制人提供担保的,必须经股东会或者股东大会决议。

前款规定的股东或者受前款规定的实际控制人支配的股东,不得参加前款规定事项的表决。该项表决由出席会议的其他股东所持表决权的过半数通过。

第二百一十六条　本法下列用语的含义:

(四)关联关系,是指公司控股股东、实际控制人、董事、监事、高级管理人员与其直接或者间接控制的企业之间的关系,以及可能导致公司利益转移的其他关系。但是,国家控股的企业之间不仅因为同受国家控股而具有关联关系。

虚假交易

——虚假交易受损失,起诉赔偿应支持

以案说法

一、经典案例

1. 上市房产公司合作开发，合作之中产生纠纷

火华房地产公司于 2006 年 9 月 11 日成立，其中，凯哭公司持股 55%，菲力公司持股 45%。在公司经营过程中，凯哭公司作为该公司的控股股东、并向火华房产公司派驻了董事及高级管理人员，但是凯哭公司采用不经招投标即以不合理高价发包工程的手段，虚增建筑成本，给火华公司造成损失 6800 万元，损害火华公司的利益。为此，2010 年 2 月 25 日，火华公司监事会召开监事会会议，同意以火华公司监事会名义对凯哭公司以及相关关联交易方提起诉讼。请求判令：被告赔偿火华公司损失 6800 万元。

2. 虚假交易被揭发，公司损失被挽回

损害公司利益责任纠纷是指公司股东滥用股东权利或者董事、监事、高级管理人员违反法定义务，损害公司利益而引发的纠纷。凯哭作为火华公司的控股股东，采用不经招投标即以不合理高价发包工程的手段，虚增建筑成本，对开元公司造成损失 6800 万元，因此应依法承担赔偿责任。

二、案例分析

根据《中华人民共和国公司法》第二十条第二款规定,"公司股东滥用股东权利给公司或者其他股东造成损失的,应当依法承担赔偿责任"。第二十一条规定,"公司的控股股东、实际控制人、董事、监事、高级管理人员不得利用其关联关系损害公司利益。违反前款规定,给公司造成损失的,应当承担赔偿责任"。第一百五十一条规定,"董事、高级管理人员有本法第一百四十九条规定的情形的,有限责任公司的股东、股份有限公司连续一百八十日以上单独或者合计持有公司百分之一以上股份的股东,可以书面请求监事会或者不设监事会的有限责任公司的监事向人民法院提起诉讼;监事有本法第一百四十九条规定的情形的,前述股东可以书面请求董事会或者不设董事会的有限责任公司的执行董事向人民法院提起诉讼"。同时,在法律未明确控股股东、实际控制人损害公司利益时,公司股东可以不经公司同意直接起诉公司其他股东及实际控制人的情况下,本案对股东、实际控制人的起诉,同样应遵循《中华人民共和国公司法》第一百五十一条有关作出前置程序的规定。故股东、实际控制人、董事、监事、高级管理人员等均可能成为由监事会提起诉讼的适格被告。本案中,火华公司召开监事会,公司全体监事均参加会议并形成监事会决议,决定以火华公司监事会自己的名义对凯哭公司提起损害公司利益责任诉讼。因此,火华公司监事会以自己的名义对凯哭公司提起本案诉讼,符合法律规定。

三、律师观点

监事与公司之间系委任关系,因此,监事在执行其监督职务时,应对公司负忠实义务和善良管理人之注意义务,否则,就应对公司负损害赔偿责任。此外,监事对公司负损害赔偿责任而董事亦负其责任时,该监事及董事为连带债务人。

公司内部监督机构的设置,不是凭空想象的,也不是一成不变的。总是要从本国当前的经济政治状况、文化社会背景出发,设计出最适合本国国情的内部监督制度。我国公司监事会制度未能充分发挥其应有的功能,并非这种制度有致命的结构性缺陷,而在于我国的监事会制度规定不完善，缺乏使之落实的机制。当前我们应当做的是在已确定引入独立董事制度的前提下，做好内部监督权力资源的再分配，理顺独立董事制度与监事会制度的关系，最大限度的发挥两者的监督职能。更为重要的是，要进一步完善作为公司内部专门监督机构的监事会。通过强化监事会的监督职能，赋予监事会独立的法律地位，才能使监事和监事会依法独立行使其监督职权，而不受董事会、经理或其他人员的干涉，才能使监事会在公司法人治理结构中真正发挥分权制衡的监督职能。在经济高速发展的今天，市场纷繁复杂，必然要求公司对市场变化作出迅速、灵活的反应。

必懂知识

1. 监事会的职能

一是检查公司的财务。

二是对董事、经理执行公司职务时违反法律、法规或者公司章程的行为进行监督。

三是当董事和经理的行为损害公司的利益时，要求董事和经理予以纠正。

四是提议召开临时股东大会。

五是公司章程规定的其他职权。

为了保证公司正常有序有规则地进行经营，保证公司决策正确和领导层正确执行公务，防止滥用职权，危及公司、股东及第三人的利益，各国都规定在公司中设立监察人或监事会。监事会是股东大会领导下的公司的常设监察机构，执行监督职能。监事会与董事会（Board of Directors）并立，独立地行使对董事会、总经理、高级职员及整个公司管理的监督权。为保证监事会和监事的独立性，监事不得兼任董事和经理。监事会对股东大会负责，对公司的经营管理进行全面的监督，包括调查和审查公司的业务状况，检查各种财务情况，并向股东大会或董事会提供报告，对公司各级干部的行为实行监督，并对领导干部的任免提出建议，对公司的计划、决策及其实施进行监督等。

二、监事的忠实、勤勉、诚信义务

忠实义务就是要求董事在行为时做到"先公后私",英美法系称其为信义义务,是指董事为公司执行其职务应忠诚尽力。它要求董事竭尽忠诚地为公司工作并诚实、正当地履行其职责,其实施的与公司有关的行为,必须符合公司的整体利益,个人的私利(包括与自己有厉害关系的第三人的利益)不得与公司的利益相矛盾,若出现这种情况,应采取公司利益优先的行动。不得利用其在公司的优先地位为自己或与自己有关系的第三人谋求在正常交易中不能或者很难获得的利益。

勤勉义务,在大陆法系被称为"善良管理人的注意义务",在英美法系国家被称为"注意义务""勤勉、注意和技能义务"。其含义是指董事应当谨慎、认真、勤勉地行使公司所赋予的权利,在行使权利或者履行义务时,以一个合理的谨慎的人在相似情形下所应表现的谨慎、勤勉和技能为其所应为的行为。如果董事履行职责时没有达到合理的谨慎程度,则应对公司承担相应的法律责任。

诚信义务是在民商事法律领域基于诚实信用原则而产生的义务。它要求主体在从事民商事活动时维持当事人之间利益平衡和当事人与社会公共利益之间的平衡。它是一种法定的、默示的、附随的义务,即使法律没有明确规定也不能免除。它要求董事应当在强行法律规范与公序良俗允许的范围内,忠诚于公司的利益,始终以最大限度地实现和保护公司利益作为自己执行董事职务的标准,全心全意为公司(最终为公司的利益相关者)服务。

必懂法规

《中华人民共和国公司法》

第二十条 公司股东应当遵守法律、行政法规和公司章程,依法行使股东权利,不得滥用股东权利损害公司或者其他股东的利益;不得滥用公司法人独立地位和股东有限责任损害公司债权人的利益。

公司股东滥用股东权利给公司或者其他股东造成损失的，应当依法承担赔偿责任。

公司股东滥用公司法人独立地位和股东有限责任，逃避债务，严重损害公司债权人利益的，应当对公司债务承担连带责任。

第二十一条　公司的控股股东、实际控制人、董事、监事、高级管理人员不得利用其关联关系损害公司利益。

违反前款规定，给公司造成损失的，应当承担赔偿责任。

第二十二条　公司股东会或者股东大会、董事会的决议内容违反法律、行政法规的无效。

股东会或者股东大会、董事会的会议召集程序、表决方式违反法律、行政法规或者公司章程，或者决议内容违反公司章程的，股东可以自决议作出之日起六十日内，请求人民法院撤销。

股东依照前款规定提起诉讼的，人民法院可以应公司的请求，要求股东提供相应担保。

公司根据股东会或者股东大会、董事会决议已办理变更登记的，人民法院宣告该决议无效或者撤销该决议后，公司应当向公司登记机关申请撤销变更登记。

第五十一条　有限责任公司设监事会，其成员不得少于三人。股东人数较少或者规模较小的有限责任公司，可以设一至二名监事，不设监事会。

监事会应当包括股东代表和适当比例的公司职工代表，其中职工代表的比例不得低于三分之一，具体比例由公司章程规定。监事会中的职工代表由公司职工通过职工代表大会、职工大会或者其他形式民主选举产生。

监事会设主席一人，由全体监事过半数选举产生。监事会主席召集和主持监事会会议；监事会主席不能履行职务或者不履行职务的，由半数以上监事共同推举一名监事召集和主持监事会会议。

董事、高级管理人员不得兼任监事。

第五十二条　监事的任期每届为三年。监事任期届满，连选可以连任。

监事任期届满未及时改选，或者监事在任期内辞职导致监事会成员低于法定人数的，在改选出的监事就任前，原监事仍应当依照法律、行政法规和公司章程的规定，履行监事职务。

第五十三条　监事会、不设监事会的公司的监事行使下列职权：

（一）检查公司财务；

（二）对董事、高级管理人员执行公司职务的行为进行监督，对违反法律、行政法规、公司章程或者股东会决议的董事、高级管理人员提出罢免的建议；

（三）当董事、高级管理人员的行为损害公司的利益时，要求董事、高级管理人员予以纠正；

（四）提议召开临时股东会会议，在董事会不履行本法规定的召集和主持股东会会议职责时召集和主持股东会会议；

（五）向股东会会议提出提案；

（六）依照本法第一百五十一条的规定，对董事、高级管理人员提起诉讼；

（七）公司章程规定的其他职权。

第五十四条　监事可以列席董事会会议，并对董事会决议事项提出质询或者建议。

监事会、不设监事会的公司的监事发现公司经营情况异常，可以进行调查；必要时，可以聘请会计师事务所等协助其工作，费用由公司承担。

第五十五条　监事会每年度至少召开一次会议，监事可以提议召开临时监事会会议。

监事会的议事方式和表决程序，除本法有规定的外，由公司章程规定。

监事会决议应当经半数以上监事通过。

监事会应当对所议事项的决定作成会议记录，出席会议的监事应当在会议记录上签名。

第五十六条　监事会、不设监事会的公司的监事行使职权所必需的费用，由公司承担。

第一百四十九条　董事、监事、高级管理人员执行公司职务时违反法律、行政法规或者公司章程的规定，给公司造成损失的，应当承担赔偿责任。

第一百五十条　股东会或者股东大会要求董事、监事、高级管理人员列席会议的，董事、监事、高级管理人员应当列席并接受股东的质询。

董事、高级管理人员应当如实向监事会或者不设监事会的有限责任公司的监事提供有关情况和资料，不得妨碍监事会或者监事行使职权。

第一百五十一条　董事、高级管理人员有本法第一百四十九条规定的情形的，有限责任公司的股东、股份有限公司连续一百八十日以上单独或者合计持有公司百分之一以上股份的股东，可以书面请求监事会或者不设监事会的有限责任公司的监事向人民法院提起诉讼；监事有本法第一百四十九条规定的情形的，前述股东可以书面请求董事会或者不设董事会的有限责任公司的执行董事向人民法院提起诉讼。

监事会、不设监事会的有限责任公司的监事，或者董事会、执行董事收到前款规定的股东书面请求后拒绝提起诉讼，或者自收到请求之日起三十日内未提起诉讼，或者情况紧急、不立即提起诉讼将会使公司利益受到难以弥补的损害的，前款规定的股东有权为了公司的利益以自己的名义直接向人民法院提起诉讼。

他人侵犯公司合法权益，给公司造成损失的，本条第一款规定的股东可以依照前两款的规定向人民法院提起诉讼。

诚信收购

——要约收购需诚信,缔约过失要负责

对上市公司的收购,《中华人民共和国证券法》规定了要约收购和协议收购两种收购方式。还规定了通过证券交易所的证券交易,投资者持有或者通过协议、其他安排与他人共同持有一个上市公司已发行的股份达到30%时,继续进行收购的,应当依法向该上市公司所有股东发出收购上市公司全部或者部分股份的要约的强制要约收购。要约收购最大的特点是在所有股东平等获取信息的基础上由股东自主做出选择,因此,被视为完全市场化的、规范的收购模式,有利于防止各种内幕交易,保障全体股东尤其是中小股东的利益。要约一经发出即对要约人具有拘束力,上市公司收购要约也是如此,但是,由于收购过程的复杂性,出现特定情势也应给予收购人改变意思表示的可能,但这仅为法定情形下的例外规定。第六十八条规定,"在收购要约确定的承诺期限内,收购人不得撤销其收购要约。收购人需要变更收购要约的,应当及时公告,载明具体变更事项,且不得存在下列情形:(一)降低收购价格;(二)减少预定收购股份数额;(三)缩短收购期限;(四)国务院证券监督管理机构规定的其他情形"。

以案说法

一、经典案例

1. 间接股权收购,触发强制要约收购

2011年4月26日,圣大机械有限公司(以下简称"圣大机械")与安徽省××县人民政府签订一份《产权交易合同》，约定安徽省××县人民政府所持华西集团100%股权转让给圣大机械。由于华西集团持有上市公司华西动力44.39%的股权，因此，圣大机械通过受让华西集团100%的股权，从而间接控制上市公司华西动力44.39%的股权，超过该公司已发行股份的30%。依照《中华人民共和国证券法》第六十五条规定，"通过证券交易所的证券交易，投资者持有或者通过协议、其他安排与他人共同持有一个上市公司已发行的有表决权股份达到百分之三十时，继续进行收购的，应当依法向该上市公司所有股东发出收购上市公司全部或者部分股份的要约。收购上市公司部分股份的要约应当约定，被收购公司股东承诺出售的股份数额超过预定收购的股份数额的，收购人按比例进行收购"。

2. 被告撤回要约收购，原告信赖受损

2011年4月28日，圣大机械以16.62元/股的价格，向上市公司华西动力剩余近56%的股东发出要约收购报告。兴全全球基金管理有限公司（以下简称"兴全基金"）认为圣大机械的这一行为昭示着其计划全面要约收购华西动力股份，实际系向华西动力的股东表达缔约意向。基于此，兴全基金从2011年5月开始大量买入华西动力的股票，从而持有华西动力股份，成为华西动力的股东。圣大机械于2011年6月29日发布一份《关于延期上报有关补正材料的公告》，承诺《产权交易合同》取得国资委、商务部相关批复文件后立即将有关补正材料上报中国证监会。但圣大机械取得国资委、商务部相关批复文件后，怠于向中国证监会递交补正材料，且最终从证监会撤回对华西动力的全面要约收购申请材料。

3. 撤回要约遭起诉，诚实信用受质疑

对于圣大机械的撤回收购行为，兴全基金起诉至法院要求圣大机械承担缔约过失责任，赔偿其损失。兴全基金的诉讼理由是：第一，圣大机械于2011年6月29日发布一份《关于延期上报有关补正材料的公告》，承诺待取得国资委、商务部相关批复文件后立即将有关补正材料上报中国证监会。但圣大机械取得国资委、商务部相关批复文件后，直至取消要约收购之日，未将补正材料上报中国证监会。据此，应认定圣大机械严重违反先合同义务，违背诚实信用原则，应承担缔约过失责任。第二，兴全基金作为投资者在此期间所买进并持有的华西动力股票所受之损失，与圣大机械这一缔约过失存在法律上的因果关系，圣大机械应对兴全基金的相关损失进行赔偿。

二、案例分析

1. 圣大机械履行先合同义务是否违背诚实信用原则

根据《中华人民共和国合同法》第四十二条规定，"当事人在订立合同过程中有下列情形之一，给对方造成损失的，应当承担损害赔偿责任：（一）假借订立合同，恶意进行磋商；（二）故意隐瞒与订立合同有关的重要事实或者提供虚假情况；（三）有其他违背诚实信用原则的行为"。这就要求当事人在订立合同过程中，应履行通知、说明、保密等义务，亦即通常所说的先合同义务。纵观全案，圣大机械自己或通过华西动力先后多次以公告、报告的形式，真实、准确、完整地披露了与收购华西动力股份有关的重要信息，符合《上市公司收购管理办法》第三条关于"上市公司的收购及相关股份权益变动活动，必须遵循公开、公平、公正的原则；上市公司的收购及相关股份权益变动活动中的信息披露义务人，应当充分披露其在上市公司中的权益及变动情况，依法严格履行报告、公告和其他法定义务；在相关信息披露前，负有保密义务；信息披露义务人报告、公告的信息必须真实、准确、完整，不得有虚假记载、误导性陈述或者重大遗漏"之规定。本案中，并无直接、有效的证据证明圣大机械披露的信息有虚假记载、误导性陈述、重大遗漏，或违反公开、公平、公正原则。兴全基金提出圣大机械履行先合同义务违背诚实信用原则的理由，缺乏事实根据，不能成立。

2. 圣大机械撤回收购要约是否违法

由于《产权交易合同》在国资委、商务部相关批准文件有效期内并未实施，至今亦无直接、有效的证据证明圣大机械通过其他投资关系、协议、安排，间接拥有华西动力权益的股份超过该公司已发行股份的30%。这种情况下，强制圣大机械发出全面收购要约的条件尚不具备，依法其仍享有自愿订立合同的权利。因此，圣大机械向中国证监会撤回行政许可申请材料，取消全面要约收购华西动力股份计划，不违背诚实信用原则。根据《上市公司收购管理办法》第三十一条关于"收购人向中国证监会报送要约收购报告书后，在公告要约收购报告书之前，拟自行取消收购计划的，应当向中国证监会提出取消收购计划的申请及原因说明，并予公告；自公告之日起12个月内，该收购人不得再次对同一上市公司进行收购"之规定，圣大机械于2012年8月10日向中国证监会撤回行政许可申请材料，自行取消全面要约收购华西动力股份计划，也就没有必要再依2011年6月29日发布的《关于延期上报有关补正材料的公告》所称，立即向中国证监会补正上报国资委、商务部相关批复文件等材料。

三、律师观点

1. 要约收购为何有利于保护中小股东的利益

从收购成本和时间来说，强制要约收购制度对于收购方是相对较为严苛的负担。该制度的主要特征就是事先确定了获得一个公司实质控制权的持股比例触发点，并将该比例作为公司控制权是否发生变化的判断标准。之所以要确立该制度，主要是为了对被收购公司的众多中小股东提供强有力的法律保护。首先，被收购公司的部分股份转让导致公司的控制权发生变化时，可能会使得公司的经营者和经营策略发生转变，而有些中小股东未必认同这种改变，因此，应当给予这些股东撤出投资的机会，保障其退出的权利。其次，基于公司股东平等的原则，在收购过程中，被收购公司的股东有权利获得相同的对价。在收购方拥有被收购公司的股份数额达到一定比例时，必须用相同的法定价格向所有的股东发出要约，有效禁止在公司控制权转移过程中的歧视行为，通过给予中小股东卖出股份的机会，使中小股东的权益受到保障。最后，被收购公司大股东所持股份对公司具有控制价值（控制权溢价），该价值并不应只属于持有该股份的大股东，而应属于公司的全体股东，因而收购者为获得公司的控制权而付出的溢价应当归公司的全体股东平等享有。

2. 完善要约收购撤回或变更的法律规制

根据《收购办法》第三十一条的规定，"我国的法规确实赋予了收购方自行取消收购机会并且撤回要约收购申请的权利，且这样的撤回权利是未加限制的，只需向证监会撤回申请并说明原因即可,证监会对此并无审查机制"。在本案中,圣大机械由于和××县政府签订的《产权交易合同》而触发法定全面要约收购义务,圣大机械不可能仅仅履行《产权交易合同》而放弃要约收购义务;同时,其一旦撤回要约收购申请,就必然导致《产权交易合同》无法履行。在这种因基础协议触发法定要约收购义务的情况下,各方投资者的信赖是有依据的,为了维护交易的严肃性和市场的秩序,应当规定收购方不得随意撤回或者变更要约收购申请。此种情况下,应该对于收购方撤回或者变更申请的权利严格限定。参照深圳《公司收购及合并守则》和台湾《证券交易法》的有关规定,以下几种经证监会审核批准后才可撤回或者变更要约收购申请的情形:①出现不可抗力;②收购人出现破产、死亡等无法实施收购的情形的;③目标公司的财务、业务等基本状况发生了重大变化,收购人可出具相关证明的;④证监会规定的其他情形。只有出现了上述几种特殊的情形,收购方才可向证监会提出撤回或者变更要约收购申请,并且只有经过证监会严格的审查批准方可实施。

必懂知识

1. 要约收购与协议收购的区别

收购上市公司,有两种方式:协议收购和要约收购,而后者是更市场化的收购方式。从协议收购向要约收购发展,是资产重组市场化改革的必然选择。协议收购是收购者在证券交易所之外以协商的方式与被收购公司的股东签订收购其股份的协议,从而达到控制该上市公司的目的。收购人可依照法律、行政法规的规定同被收购公司的股东以协议方式进行股权转让。要约收购,是指通过证券交易所的买卖交易使收购者持有目标公司股份达到法定比例(《中华人民共和国证券法》规定该比例为30%),若继续增持股份,必须依法向目标公司所有股东发出全面收购要约。协议收购与要约收购的区别主要有以下几个方面:

一是交易场地不同。要约收购只能通过证券交易所的证券交易进行,而协议收购则可以在证券交易所场外通过协议转让股份的方式进行。

二是股份限制不同。要约收购在收购人持有上市公司发行在外的股份达到30%时，若继续收购，须向被收购公司的全体股东发出收购要约，持有上市公司股份达到90%以上时，收购人负有强制性要约收购的义务。而协议收购的实施对持有股份的比例无限制。

三是收购态度不同。协议收购是收购者与目标公司的控股股东或大股东本着友好协商的态度订立合同收购股份以实现公司控制权的转移，所以协议收购通常表现为善意的；要约收购的对象则是目标公司全体股东持有的股份，不需要征得目标公司的同意，因此，要约收购又称敌意收购。

四是收购对象的股权结构不同。协议收购方大多选择股权集中、存在控股股东的目标公司，以较少的协议次数、较低的成本获得控制权；而要约收购中，收购倾向于选择股权较为分散的公司，以降低收购难度。

五是收购性质不同。根据收购人收购的股份占该上市公司已发行股份的比例，上市公司收购可分为部分收购和全面收购两种。部分收购是指试图收购一家公司少于100%的股份而获得对该公司控制权的行为，它是公司收购的一种，与全面收购相对应。

2. 缔约过失责任

《中华人民共和国合同法》第四十二条规定了缔约过失责任，当事人在订立合同过程中有下列情形之一，给对方造成损失的，应当承担损害赔偿责任：（一）假借订立合同，恶意进行磋商；（二）故意隐瞒与订立合同有关的重要事实或者提供虚假情况；（三）有其他违背诚实信用原则的行为。所谓的缔约过失责任，当事人在订立合同过程中，因过错违反依诚实信用原则负有的先合同义务，导致合同不成立，或者合同虽然成立，但不符合法定的生效条件而被确认无效、被变更或被撤销，给对方造成损失时所应承担的民事责任。因此，在订立合同过程中，双方当事人依诚实信用原则应该履行协助、通知、告知、保护、照管、保密、忠实等义务。

 **必懂法规**

一、《中华人民共和国合同法》

第四十二条 当事人在订立合同过程中有下列情形之一,给对方造成损失的,应当承担损害赔偿责任:

(一)假借订立合同,恶意进行磋商;

(二)故意隐瞒与订立合同有关的重要事实或者提供虚假情况;

(三)有其他违背诚实信用原则的行为。

二、《上市公司收购管理办法》

第三条 上市公司的收购及相关股份权益变动活动,必须遵循公开、公平、公正的原则。

上市公司的收购及相关股份权益变动活动中的信息披露义务人,应当充分披露其在上市公司中的权益及变动情况,依法严格履行报告、公告和其他法定义务。在相关信息披露前,负有保密义务。

信息披露义务人报告、公告的信息必须真实、准确、完整,不得有虚假记载、误导性陈述或者重大遗漏。

第二十三条 投资者自愿选择以要约方式收购上市公司股份的,可以向被收购公司所有股东发出收购其所持有的全部股份的要约(以下简称全面要约),也可以向被收购公司所有股东发出收购其所持有的部分股份的要约(以下简称部分要约)。

第二十四条 通过证券交易所的证券交易,收购人持有一个上市公司的股份达到该公司已发行股份的30%时,继续增持股份的,应当采取要约方式进行,发出全面要约或者部分要约。

第二十五条 收购人依照本办法第二十三条、第二十四条、第四十七条、第五十六条的规定，以要约方式收购一个上市公司股份的，其预定收购的股份比例均不得低于该上市公司已发行股份的 5%。

第二十六条 以要约方式进行上市公司收购的，收购人应当公平对待被收购公司的所有股东。持有同一种类股份的股东应当得到同等对待。

第三十一条 收购人自作出要约收购提示性公告起 60 日内，未公告要约收购报告书的，收购人应当在期满后次一个工作日通知被收购公司，并予公告；此后每 30 日应当公告一次，直至公告要约收购报告书。

收购人作出要约收购提示性公告后，在公告要约收购报告书之前，拟自行取消收购计划的，应当公告原因；自公告之日起 12 个月内，该收购人不得再次对同一上市公司进行收购。

第五十六条 收购人虽不是上市公司的股东，但通过投资关系、协议、其他安排导致其拥有权益的股份达到或者超过一个上市公司已发行股份的 5% 未超过 30% 的，应当按照本办法第二章的规定办理。

收购人拥有权益的股份超过该公司已发行股份的 30% 的，应当向该公司所有股东发出全面要约；收购人预计无法在事实发生之日起 30 日内发出全面要约的，应当在前述 30 日内促使其控制的股东将所持有的上市公司股份减持至 30% 或者 30% 以下，并自减持之日起 2 个工作日内予以公告；其后收购人或者其控制的股东拟继续增持的，应当采取要约方式；拟依据本办法第六章的规定免于发出要约的，应当按照本办法第四十八条的规定办理。

三、《中华人民共和国证券法》

第七十八条 发行人及法律、行政法规和国务院证券监督管理机构规定的其他信息披露义务人，应当及时依法履行信息披露义务。

信息披露义务人披露的信息，应当真实、准确、完整，简明清晰，通俗易懂，不得有虚假记载、误导性陈述或者重大遗漏。

证券同时在境内境外公开发行、交易的，其信息披露义务人在境外披露的信息，应当在境内同时披露。

第八十五条　信息披露义务人未按照规定披露信息，或者公告的证券发行文件、定期报告、临时报告及其他信息披露资料存在虚假记载、误导性陈述或者重大遗漏，致使投资者在证券交易中遭受损失的，信息披露义务人应当承担赔偿责任；发行人的控股股东、实际控制人、董事、监事、高级管理人员和其他直接责任人员以及保荐人、承销的证券公司及其直接责任人员，应当与发行人承担连带赔偿责任，但是能够证明自己没有过错的除外。

第六十五条　通过证券交易所的证券交易，投资者持有或者通过协议、其他安排与他人共同持有一个上市公司已发行的有表决权股份达到百分之三十时，继续进行收购的，应当依法向该上市公司所有股东发出收购上市公司全部或者部分股份的要约。

收购上市公司部分股份的要约应当约定，被收购公司股东承诺出售的股份数额超过预定收购的股份数额的，收购人按比例进行收购。

第六十七条　收购要约约定的收购期限不得少于三十日，并不得超过六十日。

第六十八条　在收购要约确定的承诺期限内，收购人不得撤销其收购要约。收购人需要变更收购要约的，应当及时公告，载明具体变更事项，且不得存在下列情形：

（一）降低收购价格；

（二）减少预定收购股份数额；

（三）缩短收购期限；

（四）国务院证券监督管理机构规定的其他情形。

第六十九条　收购要约提出的各项收购条件，适用于被收购公司的所有股东。

上市公司发行不同种类股份的，收购人可以针对不同种类股份提出不同的收购条件。

第七十条　采取要约收购方式的，收购人在收购期限内，不得卖出被收购公司的股票，也不得采取要约规定以外的形式和超出要约的条件买入被收购公司的股票。

第七十一条　采取协议收购方式的，收购人可以依照法律、行政法规的规定同被收购公司的股东以协议方式进行股份转让。

以协议方式收购上市公司时，达成协议后，收购人必须在三日内将该收购协议向国务院证券监督管理机构及证券交易所作出书面报告，并予公告。

在公告前不得履行收购协议。

如实陈述
——信息披露需诚信，虚假陈述遭起诉

证券市场繁荣与危险并存的背景下，为了保护投资者的知情权和财产利益，《中华人民共和国公司法》《中华人民共和国证券法》等规定了上市公司重大事项的信息披露制度。由于投资者与上市公司之间严重的信息不对称，因此，在眼花缭乱的证券市场上，投资者选择将资金投入哪家上市公司主要是根据上市公司信息披露的相关信息来抉择，上市公司信息披露的真实与否直接影响投资者的投资选择和财产权益。

面对信息披露严格的法律规制，仍有一些上市公司铤而走险，为谋求更多资金投资从而虚假陈述公司信息，导致众多无辜的投资者上当受骗，财产损失惨重。鉴于此，为了惩治虚假陈述的相关企业，挽回投资者的财产损失，根据《最高人民法院关于审理证券市场因虚假陈述引发的民事赔偿案件的若干规定》，投资者可以以信息披露义务人违反法律规定，进行虚假陈述并致使其遭受损失为由，而向人民法院提起民事诉讼要求进行赔偿。

以案说法

一、经典案例

1. 虚假披露不归路，危机潜伏浑不知

星光公司系一家以化工业务为主的股份公司，在深圳证券交易所上市A股，证券代码600XXX，控股股东为星光集团有限公司。作为一家知名度颇高的上市公司，星光公司自成功上市以来就获得大量投资者的青睐，其股票价格自然也水涨船高。然而，星光公司却将投资者的信任和利益于不顾，无视法律规定的真实信息披露义务，自2009年3月开始连续虚假陈述，如隐瞒与控股股东星光集团有限公司之间存在的大额直接非经营性资金往来；未及时披露两次重大担保事实；未按规定披露关联方关系、关联交易，等等。

2. 虚假陈述零容忍，监管部门出重拳

2010年11月23日，星光公司发布《关于收到中国证券监督管理委员会河南证监局调查通知书公告》，载明公司因涉嫌违反相关证券法律法规被立案调查。

2011年10月29日，星光公司发布《关于收到中国证券监督管理委员会河南证监局的公告》，载明星光公司存在大股东非经营性占用上市公司资金、大股东及其附属企业经营性占用上市公司资金、财务核算存在问题等需要提出切实可行的整改措施。

2011年11月4日，星光公司发布《关于收到中国证券监督管理委员会某证监局调查通知书公告》，载明星光公司因涉嫌违反相关证券法律法规被立案调查。

2012年8月19日，星光公司发布被中国证券监督管理委员会行政处罚的公告，中国证券监督管理委员会根据其虚假陈述的事实，责令星光公司改正，给予警告，并处以50万元罚款；给予相关负责人员警告并分别处以3万元罚款。

2013年2月8日，星光公司发布被中国证券监督管理委员会行政处罚的公告，中国证券监督管理委员会根据其虚假陈述的事实，责令星光公司改正，给予警告，并处以40万元罚款；给予相关负责人员警告并分别处以3万元罚款。

3. 股民受骗寻救济，各执一词难辨析

2014年5月27日，河南省某市中级人民法院依法审理了原告黎某欣诉被告星光公司证券虚假陈述责任纠纷一案。原告黎某欣诉称，根据星光公司信息披露的公告，对其公司股票进行投资，在星光公司虚假陈述实施日至虚假陈述揭露日之间购买了该公司股票（黎欣于2009年6月19日买入星光公司股票500股，2010年3月29日买入5100股，2011年7月4日买入9500股），符合法定损失的因果关系，因此，请求法院判令星光公司向其赔偿投资损失19827元，并承担诉讼费用。被告星光公司则辩称原告黎某欣的投资损失与公司的虚假陈述行为之间不存在因果关系，即使存在因果关系，因上证指数大盘下跌的情况下星光化学个股下跌属于正常波动范围，所以系统风险因素对星光化学股价的影响也应当予以扣除。

二、案例分析

1. 上市公司的虚假陈述

所谓的"虚假陈述",最高人民法院《关于审理证券市场因虚假陈述引发的民事赔偿案件的若干规定》(以下简称《若干规定》)第十七条对此有详细的规定,证券市场虚假陈述,是指信息披露义务人违反证券法律规定,在证券发行或者交易过程中,对重大事件作出违背事实真相的虚假记载、误导性陈述,或者在披露信息时发生重大遗漏、不正当披露信息的行为。具体分为以下几个方面:①虚假记载,是指信息披露义务人在披露信息时,将不存在的事实在信息披露文件中予以记载的行为;②误导性陈述,是指虚假陈述行为人在信息披露文件中或者通过媒体,作出使投资人对其投资行为发生错误判断并产生重大影响的陈述;③重大遗漏,是指信息披露义务人在信息披露文件中,未将应当记载的事项完全或者部分予以记载;④不正当披露,是指信息披露义务人未在适当期限内或者未以法定方式公开披露应当披露的信息。

2. 星光公司虚假陈述的实施日、揭露日的确定

虚假陈述实施日,是指作出虚假陈述或者发生虚假陈述之日。在本案中,中国证券监督管理委员会两次行政处罚公告中均对虚假陈述的时间有认定:第一次行政处罚决定书认定,星光公司因各种事由发生虚假陈述的期间自2009年1月—2010年11月;第二次行政处罚决定书亦认定,星光公司虚假陈述的期间自2009年1月—2011年6月。因此,结合中国证券管理委员会对于星光公司两次的虚假陈述期间认定的重合时间,将2009年1月认定为虚假陈述的实施日。

虚假陈述揭露日,是指虚假陈述在全国范围发行或者播放的报刊、电台、电视台等媒体上,首次被公开揭露之日。在本案中,2010年11月16日,星光公司发布的《关于收到中国证券监督管理委员会河南证监局调查通知书公告》中载明,公司因涉嫌违反相关证券法律法规被立案调查。同日,星光公司发布《关于收到某证监局的公告》中载明,星光公司存在大股东非经营性占用上市公司资金、大股东及其附属企业经营性占用上市公司资金、其他关联交易及信息披露方面存在问题、财务核算方面存在问题、规范运作方面存在

问题等需要提出切实可行的整改措施。星光公司已按照有关证券管理部门的要求对其实施的虚假陈述行为进行了揭露，2010年11月16日应被认定为本案虚假陈述行为的揭露日。

3. 原告损失与被告虚假陈述的因果关系的认定

本案争议的焦点是原告的投资损失与被告的虚假陈述之间究竟有无因果关系，以及有多大的因果关系。根据《若干规定》第十八条规定，"投资人具有以下情形的，人民法院应当认定虚假陈述与损害结果之间存在因果关系：（一）投资人所投资的是与虚假陈述直接关联的证券；（二）投资人在虚假陈述实施日及以后，至揭露日或者更正日之前买入该证券；（三）投资人在虚假陈述揭露日或者更正日及以后，因卖出该证券发生亏损，或者因持续持有该证券而产生亏损"。厘清了虚假陈述实施日、揭露日及原告三次买入星光公司股票的时间点，针对原被告关于因果关系的争议，法院认为黎某欣在本案中主张的19827元投资损失包括两部分：第一部分为虚假陈述行为揭露日（2010年11月16日）之前购入的5200股星光公司股票所致损失2227元；第二部分为虚假陈述行为揭露日之后购入9500股星光公司股票所致损失17600元。

虚假陈述最早的揭露日为2010年11月16日，因此，黎某欣在2011年7月4日购入星光公司股票时，虽然中国证券监督管理委员会尚未对星光公司是否构成虚假陈述进行最后认定，但黎某欣此时应知道星光公司因虚假陈述已被有关证券部门立案调查，黎某欣作为理性投资者，在获悉星光公司因涉嫌虚假陈述被有关证券部门立案调查之后，买入星光公司的股票，其行为或属于应当预见星光公司涉嫌存在的虚假信息披露行为可能被定性为虚假陈述行为的结果，会给自己带来投资风险而没有预见，或属于已经预见星光公司涉嫌存在的虚假信息披露行为，可能被定性为虚假陈述行为的结果会给自己带来投资风险，但抱有不必然给自己带来投资风险之侥幸心理，显然属缺乏足够的证券市场风险防范意识。在此情况下，黎某欣诉求之该部分经济损失，属证券市场中正常的投资交易风险，不应归责于星光公司，依据《最高人民法院关于审理证券市场因虚假陈述引发的民事赔偿案件的若干规定》第十九条第（二）项规定，在虚假陈述揭露日或者更正日及以后进行的投资，应当认定虚假陈述与损害结果之间不存在因果关系的规定，应认定黎某欣于2011年7月4日投资损失与星光公司虚假陈述行为之间不存在因果关系。因此，判决星光公司仅对虚假陈述行为揭露日（2010年11月16日）之前购入的5200股星光公司股票所致损失2227元进行赔偿，驳回原告其他的诉讼请求。

三、律师观点

1. 何种违反信息披露行为构成虚假陈述

根据《若干规定》第十七条规定，"证券市场虚假陈述，是指信息披露义务人违反证券法律规定，在证券发行或者交易过程中，对重大事件作出违背事实真相的虚假记录、误导性陈述，或者在披露信息时发生重大遗漏、不正当披露的行为"。可见，只有针对"重大事件"作出虚假陈述，亦即不法披露行为所涉信息具有"重大性"，才构成证券市场虚假陈述。司法实践中存在的分歧在于：在证监会对不法信息披露行为作出处罚后，法院是否对不法披露行为所涉信息的重大性进行实质审查。一种观点认为，行政责任在价值取向、归责原则上有别于民事责任，接受行政处罚并不意味着需承担民事责任，随着处罚事项的多元化，法院应突破前置程序的限制，对不法信息披露行为所涉信息是否具有重大性进行独立判断。另一种观点认为，虚假陈述所涉信息的重大性并非法院的审查义务，《若干规定》设置前置程序的目的是弥补法院在认定重大性方面所欠缺的专业技能，需要借助监管机关的专业认定，制止诉讼的失控和泛滥。

纵观人民法院审理的上市公司虚假陈述系列案件，法院一般采纳第二种观点。证券行政监管部门的处罚决定，不仅是人民法院受理证券虚假陈述案件的前提条件，也是人民法院在实体审理中认定证券虚假陈述行为的重要依据。如果上市公司对证券管理部门的认定有异议，可以依据行政复议、行政诉讼的途径解决。当然，法院在审理虚假陈述案件中也应该实事求是的从定性分析和定量分析两个角度认定"重大事件"和"重大性"，即对上市公司虚假陈述的具体内容是否对投资者的决策产生影响，是否可能侵犯股东的权益进行定性分析，对虚假陈述的时间跨度、次数、所涉金额来分析上市公司违反信息披露义务严重性进行定量分析。

2. 虚假陈述损失中的系统风险的剔除

证券投资损失的影响因素往往还包括证券市场的系统风险。证券市场系统风险一般应指对证券市场产生普遍影响的客观风险因素，该风险对证券市场所有股票价格均产生影响，并且这种影响为个别企业或行业所不能控制，投资人亦无法通过分散投资加以消除。换言之，如果被诉股票的股价中与大盘指数因某种客观原因呈现相同的变化趋势，重合部分的下跌幅度不能认为与当事人所主张的虚假陈述行为存在因果关系，因此，在计算投资损失时应剔除系统风险的影响。

根据《若干规定》第十八条、第十九条，证券市场系统风险认定采取举证责任倒置规则，由被告举证证明原告的损失系由系统风险造成。实践中，上市公司往往列举宏观经济数据、股价走势去证明系统风险存在。以往的判例中，法院往往比较上市公司股价与大盘指数的走势，对系统风险的致损比例进行酌定。本案中，星光公司举证，在揭露日2010年11月16日至基准日2011年3月1日之间，上证指数大盘下跌3.17%，星光化学个股下跌4.22%，以证明在此期间股价下跌是系统因素造成，不应计入投资者损害赔偿中。

3. 上市公司虚假陈述的责任承担

就法人虚假陈述对外承担民事责任的方式，在大陆法系国家和地区中存在两种立法模式：第一种模式以德国、瑞士为代表，主张法人单独对外承担责任，法人承担责任后可追究有过错的董事责任。第二种模式以日本、中国国台湾地区为代表，主张董事与法人承担连带责任。就本案而言，法院最终判决由星光公司承担原告的经济损失，而在裁判过程中未就星光公司的董事等相关责任人员是否应该承担连带赔偿责任予以阐明。从根本上来看，上市公司独自全部承担虚假陈述的民事赔偿，实际上由投资者自己补偿自己的损失，或者说一部分投资者来补偿另一部分投资者的损失。

根据《中华人民共和国证券法》第八十五条规定，"信息披露义务人未按照规定披露信息，或者公告的证券发行文件、定期报告、临时报告及其他信息披露资料存在虚假记载、误导性陈述或者重大遗漏，致使投资者在证券交易中遭受损失的，信息披露义务人应当承担赔偿责任；发行人的控股股东、实际控制人、董事、监事、高级管理人员和其他直接责任人员以及保荐人、承销的证券公司及其直接责任人员，应当与发行人承担连带赔偿责任，但是能够证明自己没有过错的除外"。明确规定了发行人、上市公司的董事、监事、高级管理人员和其他直接责任人员以及保荐人、承销的证券公司适用过错推定原则，控股股东、实际控制人适用过错责任原则。但在司法实践中，由于上市公司的偿付能力远高于直接责任人，且上市公司对虚假陈述承担无过错责任，投资人在提起虚假陈述民事诉讼时，通常倾向于将上市公司列为被告，并未将负有直接责任的个人列为被告，这容易造成上市公司董事、监事和高级管理人员等责任个人逃脱其民事责任。因此，秉承公平公正、罚不遗漏的原则，如果投资人只起诉发行人和上市公司虚假陈述的，人民法院应当依职权增加发行人和上市公司的董事、监事和经理等高级管理人员和其他直接责任人员为共同被告。

必懂知识

1. 信息披露的基本原则

信息披露制度是证券市场的基础和核心，它是维护证券市场秩序的基本法律制度，对证券市场的健康发展有着重要意义。上市公司在其股票上市交易期间将其经营状况及其可能影响其股票价格的重大信息按照法定的方式持续公开，引导投资者理性投资，保障投资者的知情权和财产权益，维护证券市场的稳定和繁荣。上市公司信息披露应该遵循以下几方面的原则：

（1）真实原则

在理论上，证券信息披露的越真实，证券价格才可能越接近价值，也才会最大程度的保护投资者的利益。因此，真实性原则是信息披露制度的首要原则。发行人应对可能影响证券品质的、已发生的或将要发生的情势进行客观反映和披露。发行人披露的信息应该具有真实性、准确性，不得含有虚假或者误导因素。

（2）充分原则

充分原则，即全面披露信息，发行人应公开与所发行证券投资价值有关的一切信息，既包括发行人内部信息,也包括与所发行证券之投资价值有关的其他信息,既包括可能对证券价格产生积极作用的利好消息,也包括产生消极影响的利空消息。当然,信息全面披露的同时也要注意不得公开的商业秘密以及国家秘密。

(3)及时原则

当存在某种影响证券价格的情形下,义务人应该在法定的时间内,及时披露相关信息,不得拖延信息披露。因为,证券市场千变万化,证券价格不断波动,信息和证券价格存在异常密切的关系,证券信息的披露的速度对于投资者的投资判断至关重要。确保信息披露的及时性,即要求发行人在法定的时间内披露有关的最新事实。

(4)适法原则

信息披露义务人,应该按照法律规定的文件形式、记载事项、披露方式合法有序地进行信息披露。信息披露文件主要包括招股说明书、募集说明书、上市公告书、定期报告和临时报告等;信息披露义务人应采取法定的报纸刊载、通知、备案等方式进行信息披露。

2. 诱多型虚假陈述和诱空型虚假陈述

投资者受到的实际损失,包括因股价大跌而遭受的损失,也包括股价应上涨却未上涨所遭受的损失。具体而言,从虚假陈述行为对市场走向和投资者判断的影响模式,可以分为诱多型虚假陈述和诱空型虚假陈述:①诱多型虚假陈述表现为信息披露义务人故意违背事实真相发布虚假的利多内容信息,或者隐瞒遗漏重大利空内容信息,诱使投资者看多并买入或持续持股;正如本案,星光公司故意隐瞒与控股股东星光集团有限公司之间存在的大额直接非经营性资金往来、未及时披露两次重大担保事实均属于重大利空消息。②诱空型虚假陈述则表现为信息披露义务人披露虚假的消极利空内容信息,或者隐瞒遗漏重大利多内容信息,诱使投资者在股价相对低位时卖出而遭受损失。若是上市公司对于应当公告的利好消息不予公告,使投资者本应享受的股价上涨红利未享受到,也应当认定虚假陈述行为存在因果关系。比如,某公司未及时披露的《产品销售协议》的内容,该协议可能使该公司利润大幅增长,对投资者而言系利好消息,故该公司未能及时披露该信息,属于隐瞒披露重大利多信息。

必懂法规

一、《最高人民法院关于审理证券市场因虚假陈述引发的民事赔偿案件的若干规定》

第五条 投资人对虚假陈述行为人提起民事赔偿的诉讼时效期间，适用民法通则第一百三十五条（民法总则第一百八十八条将此条修改为：第一百八十八条向人民法院请求保护民事权利的诉讼时效期间为三年。法律另有规定的，依照其规定。诉讼时效期间自权利人知道或者应当知道权利受到损害以及义务人之日起计算。法律另有规定的，依照其规定。但是自权利受到损害之日起超过二十年的，人民法院不予保护；有特殊情况的，人民法院可以根据权利人的申请决定延长。）的规定，根据下列不同情况分别起算：

（一）中国证券监督管理委员会或其派出机构公布对虚假陈述行为人作出处罚决定之日；

（二）中华人民共和国财政部、其他行政机关以及有权作出行政处罚的机构公布对虚假陈述行为人作出处罚决定之日；

（三）虚假陈述行为人未受行政处罚，但已被人民法院认定有罪的，作出刑事判决生效之日。

因同一虚假陈述行为，对不同虚假陈述行为人作出两个以上行政处罚；或者既有行政处罚，又有刑事处罚的，以最先作出的行政处罚决定公告之日或者作出的刑事判决生效之日，为诉讼时效起算之日

第七条 虚假陈述证券民事赔偿案件的被告，应当是虚假陈述行为人，包括：

（一）发起人、控股股东等实际控制人；

（二）发行人或者上市公司；

（三）证券承销商；

（四）证券上市推荐人；

（五）会计师事务所、律师事务所、资产评估机构等专业中介服务机构；

（六）上述（二）、（三）、（四）项所涉单位中负有责任的董事、监事和经理等高级管理人员以及（五）项中直接责任人；

（七）其他作出虚假陈述的机构或者自然人。

第八条 虚假陈述证券民事赔偿案件，由省、直辖市、自治区人民政府所在的市、计划单列市和经济特区中级人民法院管辖。

第十七条 证券市场虚假陈述，是指信息披露义务人违反证券法律规定，在证券发行或者交易过程中，对重大事件作出违背事实真相的虚假记载、误导性陈述，或者在披露信息时发生重大遗漏、不正当披露信息的行为。

虚假记载，是指信息披露义务人在披露信息时，将不存在的事实在信息披露文件中予以记载的行为。

误导性陈述，是指虚假陈述行为人在信息披露文件中或者通过媒体，作出使投资人对其投资行为发生错误判断并产生重大影响的陈述。

重大遗漏，是指信息披露义务人在信息披露文件中，未将应当记载的事项完全或者部分予以记载。

不正当披露，是指信息披露义务人未在适当期限内或者未以法定方式公开披露应当披露的信息。

第十八条 投资人具有以下情形的，人民法院应当认定虚假陈述与损害结果之间存在因果关系：

（一）投资人所投资的是与虚假陈述直接关联的证券；

（二）投资人在虚假陈述实施日及以后，至揭露日或者更正日之前买入该证券；

（三）投资人在虚假陈述揭露日或者更正日及以后，因卖出该证券发生亏损，或者因持续持有该证券而产生亏损。

第十九条 被告举证证明原告具有以下情形的，人民法院应当认定虚假陈述与损害结果之间不存在因果关系：

（一）在虚假陈述揭露日或者更正日之前已经卖出证券；

（二）在虚假陈述揭露日或者更正日及以后进行的投资；

（三）明知虚假陈述存在而进行的投资；

（四）损失或者部分损失是由证券市场系统风险等其他因素所导致；

（五）属于恶意投资、操纵证券价格的。

第二十条　本规定所指的虚假陈述实施日，是指作出虚假陈述或者发生虚假陈述之日。

虚假陈述揭露日，是指虚假陈述在全国范围发行或者播放的报刊、电台、电视台等媒体上，首次被公开揭露之日。

虚假陈述更正日，是指虚假陈述行为人在中国证券监督管理委员会指定披露证券市场信息的媒体上，自行公告更正虚假陈述并按规定履行停牌手续之日。

第二十八条　发行人、上市公司、证券承销商、证券上市推荐人负有责任的董事、监事和经理等高级管理人员有下列情形之一的，应当认定为共同虚假陈述，分别与发行人、上市公司、证券承销商、证券上市推荐人对投资人的损失承担连带责任：（一）参与虚假陈述的；（二）知道或者应当知道虚假陈述而未明确表示反对的；（三）其他应当负有责任的情形。

第三十三条　投资差额损失计算的基准日，是指虚假陈述揭露或者更正后，为将投资人应获赔偿限定在虚假陈述所造成的损失范围内，确定损失计算的合理期间而规定的截止日期。基准日分别按下列情况确定：

（一）揭露日或者更正日起，至被虚假陈述影响的证券累计成交量达到其可流通部分100%之日。但通过大宗交易协议转让的证券成交量不予计算。

（二）按前项规定在开庭审理前尚不能确定的，则以揭露日或者更正日后第30个交易日为基准日。

（三）已经退出证券交易市场的，以摘牌日前一交易日为基准日。

（四）已经停止证券交易的，可以停牌日前一交易日为基准日；恢复交易的，可以本条第（一）项规定确定基准日。

二、《上市公司信息披露管理办法》

第二条　信息披露义务人应当真实、准确、完整、及时地披露信息，不得有虚假记载、误导性陈述或者重大遗漏。

信息披露义务人应当同时向所有投资者公开披露信息。

在境内、外市场发行证券及其衍生品种并上市的公司在境外市场披露的信息，应当同时在境内市场披露。

第三条　发行人、上市公司的董事、监事、高级管理人员应当忠实、勤勉地履行职责，保证披露信息的真实、准确、完整、及时、公平。

第五条　信息披露文件主要包括招股说明书、募集说明书、上市公告书、定期报告和临时报告等。

第九条　中国证监会依法对信息披露文件及公告的情况、信息披露事务管理活动进行监督，对上市公司控股股东、实际控制人和信息披露义务人的行为进行监督。

证券交易所应当对上市公司及其他信息披露义务人披露信息进行监督，督促其依法及时、准确地披露信息，对证券及其衍生品种交易实行实时监控。证券交易所制订的上市规则和其他信息披露规则应当报中国证监会批准。

三、《中华人民共和国证券法》

第七十八条　发行人及法律、行政法规和国务院证券监督管理机构规定的其他信息披露义务人，应当及时依法履行信息披露义务。

信息披露义务人披露的信息，应当真实、准确、完整，简明清晰，通俗易懂，不得有虚假记载、误导性陈述或者重大遗漏。

证券同时在境内境外公开发行、交易的，其信息披露义务人在境外披露的信息，应当在境内同时披露。

第八十五条　信息披露义务人未按照规定披露信息，或者公告的证券发行文件、定期报告、临时报告及其他信息披露资料存在虚假记载、误导性陈述或者重大遗漏，致使投资者在证券交易中遭受损失的，信息披露义务人应当承担赔偿责任；发行人的控股股东、实际控制人、董事、监事、高级管理人员和其他直接责任人员以及保荐人、承销的证券公司及其直接责任人员，应当与发行人承担连带赔偿责任，但是能够证明自己没有过错的除外。

重视法规
——国有股权转让时，强制规定要当心

在我国，国有企业具有全民所有制的性质，即生产资料属于全体人民共同所有。从建国之初至今，国有企业为我国的工业化和现代化的经济发展做出了巨大贡献，是多元化的国民经济中的中流砥柱。鉴于国有企业特殊的性质和突出的经济地位，为了维护国有企业的稳定发展，因此，对于国有企业的经营过程中的分立、合并、破产、解散、增减资本、发行公司债券乃至股权转让等环节，法律都规定了严格的监督和管理办法。本文中的案例，涉及国有企业转让上市公司股权的问题，根据2007年修订的《国有股东转让所持上市公司股份管理暂行办法》第十四条规定，"国有股东拟协议转让上市公司股份的，在内部决策后，应当及时按照规定程序逐级书面报告省级或省级以上国有资产监督管理机构"，作为上市公司股东的国有企业转让其持有的上市公司股权时必须经过内部决策和逐级报告两个步骤，缺一不可。

以案说法

一、经典案例

1. 烟草国企欲转股，上级批示方得行

2009年1月4日，中国烟草总公司（以下简称"中烟总公司"）作出《关于湖北某烟草集团有限公司转让持有的湖北某药集团股份有限公司股份事项的批复》，同意某烟草有限公司有偿转让其持有的湖北某药集团股份有限公司（以下简称"湖北某药集团"）无限售条件的流通国有法人股份 65813912 股，要求湖北 A 烟工业有限公司（以下简称"湖北 A 烟公司"）依该批复指导某烟草有限公司按《国有股东转让所持上市公司股份管理暂行办法》和《上市公司解除限售存量股份转让指导意见》的规定进行股份转让。

2. 转让协议顺利签，信息披露及时跟

2009 年 9 月 10 日，某烟草有限公司与彦某签订了《股份转让协议》，约定某烟草有限公司将其持有的占湖北某药集团总股本 12.32% 的本案争议股份全部转让给彦某，对价为每股 33.543 元，总价款 2,207,596,050.22 元，在转让协议签订后五个工作日内一次性付清。该协议第十二条约定某烟草有限公司在转让协议生效并收到全部价款后，应当及时办理所有与本次目标股份转让有关的报批、信息披露等法律手续，彦某应当配合某烟草有限公司的上述工作。该协议第三十条约定，转让协议自签订之日起生效，但须获得有权国资监管机构的批准同意后方能实施。协议还对其他相关股权转让事宜进行了约定。

2009 年 9 月 11 日，湖北某药集团刊登了《关于湖北某烟草集团有限公司拟整体协议转让所持湖北某药股权进展情况的公告》，对本次股份转让交易进行了初次信息披露。2009 年 9 月 14 日，湖北某药集团发布公告，公告 2009 年 9 月 11 日彦某和某烟草有限公司签订的《湖北某烟草集团有限公司简式权益变动报告书》和《彦某简式权益变动报告书》，对股份变动再次进行了信息披露。《股份转让协议》签订后，彦某按约将 2,207,596,050.22 元支付到某烟草有限公司指定账户。

3. 内部决策遭否定，竹篮打水一场空

2009 年 9 月 11 日，某烟草有限公司向其上级机构某烟草（集团）有限责任公司（以下简称"某烟草集团公司"）上报了《湖北某烟草集团有限公司关于将所持湖北某药集团股份有限公司的股份整体协议转让给自然人彦某的请示》，并附上了相应的附件。同日，某烟草集团公司向其上级机构湖北 A 烟公司上报了《某烟草集团关于将湖北某烟草集团有限公司所持湖北某药集团股份有限公司的股份整体协议转让给自然人彦某的请示》，并附上了相应的附件。2009 年 12 月 2 日，湖北 A 烟公司向其上级机构中烟总公司上报了《湖北 A 烟工业公司关于湖北某烟草集团有限公司协议转让所持湖北某药集团股份有限公司股份的请示》，并附上了相应的附件。2012 年 1 月 17 日，中烟总公司作出《中国烟草总公司关于不同意湖北某烟草集团有限公司转让所持湖北某药集团股份有限公司股份事项的批复》后,湖北A烟公司和某烟草集团公司分别于2012年1月18日和2012年1月19日作出了不同意本次股份转让的相关批复。因此,2012年1月19日,某烟草有限公司致函彦某称,因上级主管单位批复不同意本次股份转让,要求解除《股权转让协议》,并返还对方已经支付的2207596050.22元。彦某就此向法院提起诉讼,要求某烟草有限公司继续履行《股份转让协议》并承担违约责任,并要求追加中烟总公司、湖北A烟公司、某烟草集团公司等作为无独立请求权第三人参加诉讼。

二、案例分析

1. 中烟总公司等不作为无独立请求权第三人参加诉讼

(1) 无独立请求权第三人

所谓的"无独立请求权第三人",是指在民事诉讼中,对原被告双方争议的诉讼标的没有独立的请求权,但案件处理的结果可能同他有法律上的利害关系,而参加到已经开始的诉讼中进行诉讼的人。《民事诉讼法》第五十六条第二款规定,"对当事人双方的诉讼标的,第三人虽然没有独立请求权,但案件处理结果同他有法律上的利害关系的,可以申请参加诉讼,或者由人民法院通知他参加诉讼。人民法院判决承担民事责任的第三人,有当事人的诉讼权利义务"。所谓的"有法律上的利害关系",通常是指当事人双方争议的诉讼标的涉及的法律关系,与无独立请求权的第三人参加的另一个法律关系有牵连。前一个法律关系的审理,将影响无独立请求权第三人在后一个法律关系中的责任承担。因此,要想成为无独立请求权的第三人,必须满足:第一,对案件诉讼标的没有独立的请求权;第二,同案件的处理结果有法律上的利害关系;第三,第三人申请参加或人民法院申请其参加。

(2) 中烟总公司等不符合无独立请求权第三人的条件

首先,本案的双方当事人是彦某与某烟草有限公司,争议的标的是基于《股份转让协议》产生的股权转让法律关系,中烟总公司等是某烟草有限公司的出资人,但不是《股份转让协议》的当事人,故不属于本案所审理的股权转让纠纷的当事人,对本案股权转让法律关系无独立的请求权。其次，中烟总公司等对《股份转让协议》所作的批复是依法行使国有资产出资人的权利，批复结果将影响《股份转让协议》的效力，故本案审理的股权转让法律关系应审查中烟总公司等的批复行为，但本案的审理结果并不会反过来影响中烟总公司等的批复行为效力的认定及相应的责任承担。因此，中烟总公司等不属于《民事诉讼法》第五十六条第二款所指的"有法律上的利害关系"的第三人，不能作为无独立请求权的第三人参加诉讼。

2.《股份转让协议》被认定未生效

由于《股权转让协议》涉及的是国有企业转让其所持有的上市公司股份，《企业国有资产监督管理暂行条例》（以下简称《暂行条例》）第二十三条规定，"国有资产监督管理机构决定其所出资企业的国有股权转让"。《暂行条例》第二十四条规定，"所出资企业投资设立的重要子企业的重大事项，需由所出资企业报国有资产监督管理机构批准的，管理办法由国务院国有资产监督管理机构另行制定，报国务院批准"。《国有股东转让所持上市公司股份管理暂行办法》第十四条规定，"国有股东拟协议转让上市公司股份的，在内部决策后，应当及时按照规定程序逐级书面报告省级或省级以上国有资产监督管理机构……"可见，法律法规对该种股权转让行为具有特殊规制，因此，根据《中华人民共和国合同法》第四十四条第二款规定，法律、行政法规规定应当办理批准、登记等手续生效的，依照其规定，本案所涉《股份转让协议》依法属于应当办理批准手续的合同，需经财政部批准才能生效，但因某烟草有限公司上级主管部门中烟总公司不同意本次股权转让，报批程序已经结束，《股份转让协议》已确定无法得到有权机关批准，故应依法认定为不生效合同。

三、律师观点

1. 违反主管部门批准程序的国有企业股权转让合同的效力问题

国有企业股权转让的批准程序，主要包括两种情形：第一种情形是国有资产管理部门转让企业国有产权致使国家不再拥有控股地位的，应当报同级人民政府批准；第二种情形是国有企业的重要子企业的产权转让事项。应当报同级国有资产监督管理机构会财政部门后批准。其中，涉及政府社会公共管理审批事项的，需预先报经政府有关部门审批。虽然《企业国有产权转让管理暂行办法》（本法已失效）第三十二条作出没有履行批准程序擅自转让企业国有产权的，可以请求法院确认转让行为无效的规定，但法院不应依此认定合同无效，而应当理解为国有股权转让合同欠缺形式要件，根据《中华人民共和国合同法》第四十四条第二款及其司法解释的规定，认定合同未生效。至于违反内部决策程序或者超越权限、擅自转让国有股权的情形，虽然《企业国有产权转让管理暂行办法》第三十二条规定可以请求法院确认无效，但由于这些"内部决策程序"和"权限"规定具有内部性，从保护交易安全以及转让信赖利益角度考虑，不宜作为认定合同无效的依据。而应根据《中华人民共和国合同法》第五十条的规定处理。

2. 国有公司转让上市公司股权的程序

国有股东拟协议转让上市公司国有股权的程序主要包括两部分，即内部决策程序和上报批准程序，从时间顺序上看大体可分为以下几个阶段：

第一，内部决策阶段。国有股东拟协议转让上市公司股份的，首先必须要经过内部决策阶段，在达成同意转让的内部决策后，要依据内部决策形成可行性研究报告。第二，省级审批阶段。在经过同意转让的内部决策后，拟转让方必须严格按照法律规定的程序，及时向省级或省级以上国有资产监督管理机构逐级书面上报，省级或省级以上国有资产监督管理机构收到股权转让的书面报告后，不论是否同意该股权转让，均应该在10个工作日内出具意见。第三，协议签订阶段。国有股东应对受让方的资格条件和受让方进行充分的调查论证，择优选择受让方，在选定受让方后，应当及时与受让方签订股份转让协议。第四，国务院国有资产监督管理机构审批阶段。转让双方在签订股份转让协议后，应当按照规定程序报国务院国有资产监督管理机构，由国务院国有资产监督管理机构对该股份转让协议进行最终的审核批准。第五，交付阶段。只有在受让方支付全部股权转让款，国务院国有资产监督管理机构作出同意股权转让的批准后，国有股权转让方才能将国有股权交付给受让方，才能要求证券交易所、中国证券登记结算有限责任公司办理上市公司股份过户手续，才能要求工商管理部门办理上市公司章程变更手续，从而完成国有股权协议转让的整个程序。

必懂知识

1. 国有股权转让与一般股权转让的区别

根据股权持有主体的不同，可以把股权分为国有股权和一般股权。同属股权，国有股权当然具备一般股权的属性，即国有股东和其他一般股东一样，股权的大小由各股东持有的股份和出资比例决定，在公司日常经营中处于同股同利、同权、同责的地位，但同时应当看到，在股权对外转让的过程中，国有股权和一般股权仍存在着明显的区别，主要体现在以下几个方面：

一是转让目的不同。在市场经济中，追求利益永远是市场投资主体的根本目的，所以一般非国有股权的转让具有非常明显的趋利性特点。但是，由于国有股权是国家持股，国家运营国有股权不仅要促进国有资产的保值增值，还要促进社会公益事业的实现，一些大型涉及公共事业的项目，由于投资巨大，回收期间较长，一般市场主体都不愿意进行投资，在这种情况下，唯有国资主体方能胜任。所以国有股权的转让并不单纯以追求利益最大化为目标。此外，国家通过对国有股权的持有，能够牢牢控制某些重点行业或领域，进而把握整个社会发展的经济命脉，维护社会稳定。

二是转让方式不同。一般股权是可以在证券市场上自由流通的，这一点以股份有限公司的股权表现的最为明显，而有限责任公司由于是人合公司的性质，其股权转让虽然会受到其他股东的影响，但是从本质上来讲，其还是可以自由转让的。而相比于一般股权的自由转让，国有股权的转让方式就受到了非常严格的限制，这就使得国有股权的流通性能要差得多。现阶段，国有股权仍不能在证券市场中自由流通，而只能采取以协议转让、无偿划拨、司法裁判等有限的方式进行转让。

三是批准程序不同。一般股权的转让更多的是强调自由原则，因而其批准程序也相对简单，一般只要转让双方达成转让意向即可，股份有限公司的股东可以在二级市场上自由转让股权，不受任何限制；而虽然有限责任公司股东对外转让股权时要经过其他股东的同意，但这仍然是一个非常简单易行的转让程序，不会给转让双方带来更多的限制。但是反观国有股权的转让，由于其带有强烈的行政色彩，这就使得国有股权的转让程序显得非常繁琐复杂，难以操作。当国有股东拟转让国有股权时，不仅其初步转让意向要得到上级主管部门的批准，而且其和受让方达成的转让协议还需要进一步上报，等待最终的批准。

2. 何种合同成立但不生效

根据《中华人民共和国合同法》第四十四条规定，"依法成立的合同，自成立时生效。法律、行政法规规定应当办理批准、登记等手续生效的，依照其规定"。一般来说，合同成立只要满足以下三个要件：合同主体合法，即自然人、法人或者其他组织必须具有与订立合同相适应的民事行为能力。行为人订立合同时的意思表示真实。意思表示真实，指意思表示人的表示行为真实的反应其内心的效果意思。合同内容不违反法律和社会公共利益。在本案中，彦某与某烟草有限公司签订的《股权转让协议》符合上述三个成立要件，因此该协议依法成立。根据《中华人民共和国合同法》第四十四条第二款的规定，法律、行政法规规定应当办理批准、登记等手续的，合同要想生效，除了满足以上三个要件外，在办理批准、登记等手续后才会依法生效。对此，《最高人民法院关于适用〈中华人民共和国合同法〉若干问题的解释（一）》第九条作出进一步规定，"依照《中华人民共和国合同法》第四十四条第二款的规定，法律、行政法规规定合同应当办理批准手续，或者办理批准、登记等手续才生效，在一审法庭辩论终结前当事人仍未办理批准手续的，或者仍未办理批准、登记等手续的，人民法院应当认定该合同未生效；法律、行政法规规定合同应当办理登记手续，但未规定登记后生效的，当事人未办理登记手续不影响合同的效力，合同标的物所有权及其他物权不能转移"。

必懂法规

一、《企业国有资产监督管理暂行条例》

第三条　本条例所称企业国有资产，是指国家对企业各种形式的投资和投资所形成的权益，以及依法认定为国家所有的其他权益。

第六条　国务院，省、自治区、直辖市人民政府，设区的市、自治州级人民政府，分别设立国有资产监督管理机构。国有资产监督管理机构根据授权，依法履行出资人职责，依法对企业国有资产进行监督管理。

企业国有资产较少的设区的市、自治州，经省、自治区、直辖市人民政府批准，可以不单独设立国有资产监督管理机构。

第二十三条　国有资产监督管理机构决定其所出资企业的国有股权转让。其中，转让全部国有股权或者转让部分国有股权致使国家不再拥有控股地位的，报本级人民政府批准。

第二十四条　所出资企业投资设立的重要子企业的重大事项，需由所出资企业报国有资产监督管理机构批准的，管理办法由国务院国有资产监督管理机构另行制定，报国务院批准。

第三十八条　所出资企业中的国有独资企业、国有独资公司未按照规定向国有资产监督管理机构报告财务状况、生产经营状况和国有资产保值增值状况的，予以警告；情节严重的，对直接负责的主管人员和其他直接责任人员依法给予纪律处分。

第三十九条　国有及国有控股企业的企业负责人滥用职权、玩忽职守，造成企业国有资产损失的，应负赔偿责任，并对其依法给予纪律处分；构成犯罪的，依法追究刑事责任。

二、《中华人民共和国合同法》

第四十四条　依法成立的合同，自成立时生效。

法律、行政法规规定应当办理批准、登记等手续生效的，依照其规定。

第六十条　当事人应当按照约定全面履行自己的义务。

当事人应当遵循诚实信用原则，根据合同的性质、目的和交易习惯履行通知、协助、保密等义务。

第一百零七条　当事人一方不履行合同义务或者履行合同义务不符合约定的，应当承担继续履行、采取补救措施或者赔偿损失等违约责任。

三、《中华人民共和国民事诉讼法》

第五十六条　对当事人双方的诉讼标的，第三人认为有独立请求权的，有权提起诉讼。

对当事人双方的诉讼标的，第三人虽然没有独立请求权，但案件处理结果同他有法律上的利害关系的，可以申请参加诉讼，或者由人民法院通知他参加诉讼。人民法院判决承担民事责任的第三人，有当事人的诉讼权利义务。

前两款规定的第三人，因不能归责于本人的事由未参加诉讼，但有证据证明发生法律效力的判决、裁定、调解书的部分或者全部内容错误，损害其民事权益的，可以自知道或者应当知道其民事权益受到损害之日起六个月内，向作出该判决、裁定、调解书的人民法院提起诉讼。人民法院经审理，诉讼请求成立的，应当改变或者撤销原判决、裁定、调解书；诉讼请求不成立的，驳回诉讼请求。

四、《国有股东转让所持上市公司股份管理暂行办法》（2007年修订）

第二条　本办法所称国有股东，是指持有上市公司股份的国有及国有控股企业、有关机构、部门、事业单位等。

第十四条　国有股东拟协议转让上市公司股份的，在内部决策后，应当及时按照规定程序逐级书面报告省级或省级以上国有资产监督管理机构，

并应当同时将拟协议转让股份的信息书面告知上市公司，由上市公司依法公开披露该信息，向社会公众进行提示性公告。公开披露文件中应当注明，本次股份拟协议转让事项须经相关国有资产监督管理机构同意后才能组织实施。

第十五条　国有股东报告省级或省级以上国有资产监督管理机构拟协议转让上市公司股份事项的材料主要包括：

（一）国有股东拟协议转让上市公司股份的内部决策文件及可行性研究报告；

（二）拟公开发布的股份协议转让信息内容；

（三）国有资产监督管理机构认为必要的其他文件。

第十六条 省级或省级以上国有资产监督管理机构收到国有股东拟协议转让上市公司股份的书面报告后，应在10个工作日内出具意见。

第十七条 国有股东获得国有资产监督管理机构对拟协议转让上市公司股份事项的意见后，应当书面告知上市公司，由上市公司依法公开披露国有股东所持上市公司股份拟协议转让信息。

第二十七条 国有股东与拟受让方签订股份转让协议后，应及时履行信息披露等相关义务，同时应按规定程序报国务院国有资产监督管理机构审核批准。

决定或批准国有股东协议转让上市公司股份，应当审查下列书面材料：

（一）国有股东协议转让上市公司股份的请示及可行性研究报告；

（二）国有股东公开征集的受让方案及关于选择拟受让方的有关论证情况；

（三）国有股东上一年度经审计的财务会计报告；

（四）拟受让方基本情况、公司章程及最近一期经审计的财务会计报告；

（五）上市公司基本情况、最近一期的年度报告及中期报告；

（六）股份转让协议及股份转让价格的定价说明；

（七）拟受让方与国有股东、上市公司之间在最近12个月内股权转让、资产置换、投资等重大情况及债权债务情况；

（八）律师事务所出具的法律意见书；

（九）国有资产监督管理机构认为必要的其他文件。

五、《最高人民法院关于适用〈中华人民共和国合同法〉若干问题的解释（一）》

第九条 依照《中华人民共和国合同法》第四十四条第二款的规定，法律、行政法规规定合同应当办理批准手续，或者办理批准、登记等手续才生效，在一审法庭辩论终结前当事人仍未办理批准手续的，或者仍未办理批准、登记等手续的，人民法院应当认定该合同未生效；法律、行政法规规定合同应当办理登记手续，但未规定登记后生效的，当事人未办理登记手续不影响合同的效力，合同标的物所有权及其他物权不能转移。

《中华人民共和国合同法》第七十七条第二款、第八十七条、第九十六条第二款所列合同变更、转让、解除等情形，依照前款规定处理。

风险规避

——商业地产市场广,法律风险求规避

商业地产是指用于商业用途的房地产，与住宅地产相对应，主要包括购物中心、百货、超市、商业街、主题商场、专业市场、写字楼、酒店等，狭义的商业地产仅指以购物中心为代表的用于零售的地产。截至 2015 年，全国购物中心超过 4000 个，商业建筑面积近 3 亿平米。商业地产租赁已经成为目前我国商业地产运营的重要模式，近年来，该市场呈现出投资活跃、租售两旺的局面，但也因涉及的法律问题和隐含的法律风险面广种类多而引发了大量的法律纠纷。究其根源，商业地产的承租方构成呈现出多元化趋势，除了国际国内知名品牌，一些小公司甚至个体户也开始在购物中心租铺开店，以期利用购物中心稳定的客流为自己带来收益。而在双方的合作过程中，市场地位并不均衡，本文就如何维护小公司作为承租方的权利以及规避必要的风险做了分析。

以案说法

一、经典案例

1. 出租单位突解约，承租单位力争讼

2015 年 5 月 16 日，B 公司与 A 广场签订《大迁镜湖 A 广场租赁合同》，约定 B 公司承租 A 公司 03-31/31A 号商铺，用于餐饮经营，租赁期限 55 个月，即自 2012 年 9 月 7 日—2017 年 4 月 6 日。

2013 年 2 月，A 公司突然提出要与 B 公司解除合同，并且擅自对 B 公司店铺进行封堵，

B公司据此认为没有继续合作下去的基础，并且要求A公司赔偿其损失。

2. 承租单位先违约，出租单位被驳回

对于解除合同这一项，A公司发律师函时，合同就已经解除，其他诉讼请求均不能成立。B公司未经A公司允许，自2013年2月1日起擅自关门歇业，该行为违反了双方合同约定，且严重影响了A公司的整体经营形象和统一管理。A公司分别于2013年2月1日、2月18日以函告的方式要求B公司整改，2月21日以律师函的方式通知B公司解除合同（2月25日），3月31日、4月15日又分别以律师函的方式要求B公司撤场及清场，交还房屋。A公司解除合同完全符合双方合同约定及法律约定，合法有效。A公司处置B公司商铺装修、设施、物品的行为符合合同约定，本案B公司擅自停业，且置A公司整改公告函于不顾，在A公司依据合同约定通知其解除合同，要求撤场清场，交还房屋的情况下，仍置之不理，导致A公司被迫于2013年5月委托第三方将B公司承租房屋内设备设施搬运至负二楼停车场的仓库。鉴于本案违约的是B公司而非A公司，因此，B公司要求A公司承担违约责任不能成立。

B公司要求退还的租金实际上是2013年1—2月两个月的租金。B公司虽然自2月1日开始擅自关门歇业，但并没有将房屋交还A公司，仍然事实上占据房屋直至2013年5月。A公司已于2013年5月委托第三方大迁市鸿运起重装卸有限公司搬运到A广场负二楼停车场仓库内，且至今还在该处，并无损失。A公司保留另行起诉要求B公司承担违约责任（支付违约金及赔偿全部损失）的权利。

依据《中华人民共和国合同法》第八条、第六十条、第九十三条第二款、第九十四条第（二）、（三）项、第九十六条第一款、第一百零八条、第二百一十二条，《中华人民共和国民事诉讼法》第六十四条，《最高人民法院关于民事诉讼证据的若干规定》第二条之规定，判决如下：

（1）被告大迁A有限公司于本判决生效之日起十日内退还原告安徽B投资管理有限公司物业服务费保证金76447元、服务质量保证金10000元，以上合计86447元。

（2）驳回原告安徽B投资管理有限公司的其他诉讼请求。

（3）如果未按本制定的期间履行给付金钱义务，应当按照《中华人民共和国民事诉讼法》第二百五十三条之规定,加倍支付迟延履行期间的债务利息。

(4)案件受理费29163元,由原告安徽B投资管理有限公司负担28000元,被告大迁A广场有限公司负担1163元。

3. 商业地产多租赁,严格守约应先行

根据《中华人民共和国合同法》第一百零八条规定,"当事人一方明确表示或者以自己的行为表明不履行合同义务的,对方可以在履行期限届满之前要求其承担违约责任"。合同期间内,B公司未经A公司允许擅自歇业,违反了合同的约定,对购物广场其他商户造成了不好的影响,损坏了整体营业形象。A商业管理公司先后发出两次函件,告知其A商业管理公司会单方面解除合同,尽到了提醒义务,B公司明显是违约方。

如果合同中约定了解除双方合同的条件,当该条件达到时,可以解除合同。在B公司两次收到函件却无任何动作的情况下,2013年2月25日,A公司向B公司寄出合同解约的律师函。合同自通知到达对方时解除。对方有异议的,可以请求法院或仲裁机构确认解除合同的效力。租赁合同第27.1条约定出租方和承租方按照列出的地址发送通知,且该律师函已被签收,事实上认为通知到达对方,合同解除。故B公司请求判令合同解除是无效的。

二、案例分析

首先,B公司与A公司签订的《大迁镜湖A广场租赁合同》、与A商业管理公司签订的《大迁镜湖A广场步行街物业服务协议》均系平等市场主体之间签订的合同,虽为格式合同,但相关当事人真实意思表示,不存在提供格式条款一方免除其责任、加重对方责任、排除对方主要权利条款的情形,应为合法有效,当事双方均应按合同约定履行义务。前述合同中关于未经甲方(A公司)、物业服务公司(A商业管理公司)许可或依据本合同相关约定,乙方(B公司)不得擅自停止经营或超范围经营,如经两次通知不予整改,甲方有权单方解除合同的相关约定,系A公司为维持其商业广场经营氛围而与承租商户所自愿达成的协议,不存在强迫情形,B公司关于前述合同存在霸王条款的辩解,法院不予采信。

其次，B公司在合同期限内未经A公司许可擅自歇业，经A商业管理公司两次书面通知后仍不进行整改并恢复营业，A公司有权依据双方合同约定解除合同，B公司与A公司签订的租赁合同自B公司2013年2月26日收到A商业管理公司发生的解除合同通知函件时解除，A商业管理公司的通知程序和方法亦符合双方合同约定，故B公司请求判令解除合同已无必要，该请求法院不予支持。B公司要求A公司退还履约保证金、POS机押金、两个月租金、装潢装修损失、留守人员工资、公证费损失的请求，因系B公司违约，根据双方合同约定，法院对B公司的上述请求难以支持。但B公司关于A公司应退还服务质量保证金1万元的诉讼请求，法院予以支持，A公司不予退还的辩解，缺少合同依据，法院不予采信。因双方租赁合同已于2013年2月26日解除，事实上，B公司此后亦未恢复营业，亦未实际享受A商业管理公司的物业服务，故A公司尚应退还B公司物业服务费保证金76447元。

再次，合同解除后，B公司未能自行腾空并交付承租的房屋，A公司于2013年5月8日自行收回该承租房，故2013年5月8日之前，该房应认定为B公司占用，B公司要求退还2013年2月和3月的租金，与事实不符，法院不予支持。

最后，鉴于B公司经A商业管理公司多次发律师函，仍然未就房屋交接、现场清理等与A商业管理公司进行联系，A公司即委托第三方将B公司的相关物品搬运至A广场地下车库仓库存放，A公司的该行为系依据双方合同所采取的自力救济行为，在B公司不恢复营业的情况下，亦可避免双方损失的进一步扩大，故A公司的该行为并无不妥。B公司关于A公司应赔偿其桌椅、厨具等方面的损失的请求，因前述物品并非已经灭失，故本院对该部分诉讼请求不予支持，如B公司有证据证明存在损失，可另行主张权利。

三、律师观点

1. 商业地产租赁合同与一般租赁合同的区别

商业地产租赁签订格式合同，格式合同是当事人为重复使用而预先拟定的，而一般租赁合同是双方协商拟定条款签订的。对购物中心而言，一个出租方需要与几十、上百个承租方签订合同，格式合同能降低缔约成本、节省交易时间、提高签约效率。

商业地产租赁合同对承租方经营管理进行约束。除了约束租金、租期、租赁用途、损害赔偿等一般合同约定项，商业地产租赁合同还规范商户的经营行为。例如，对其营业额进行监管、营业时间统一制定、进出货物统一规范等，确保购物中心对外的统一形象。合同会约定，承租人对购物中心管理章程的违反即是对租赁合同的违反，这增大了承租方被解约的风险。

（1）关于格式合同的有效性

B公司与A广场签订《大迁镜湖A广场租赁合同》，是双方法人代表自愿签订，并且采用书面形式进行了记录，因而满足法律规定。格式合同不得违反法律强制性规定，违反法律的民事行为为无效民事行为，双方合同中并无危害社会安全等违法行为，从该约束来看，合同是有效的。

根据《中华人民共和国合同法》第四十二条规定，"当事人在签订合同时不能隐瞒真相或恶意磋商"。根据《中华人民共和国合同法》第五十四条规定，"有重大误解或显失公平的合同是可以撤销的"。《大迁镜湖A广场租赁合同》第17.1条约定承租方需要按照商场整体营业时间来进行日常经营活动；第23.3条约定，无论是出租方还是承租方违约，都要向对方支付履约保证金。可见A公司将店铺管理规范纳入了合同之中，对B公司的罚款及租金、物管费的征收符合合同要求，不存在隐瞒重要事实及违背诚实信用原则的行为，也非重大误解或者显失公平的条款，B公司辩称合同没有授权A公司干预B公司的日常经营活动，该条申诉并不成立。

采用格式条款订立合同时，格式合同制定方应当遵循平等公平原则，对涉及到限制权利、免除责任的条款，用合适的方式予以说明。《中华人民共和国合同法》第四十条规定，"提供格式条款一方免除其责任、加重对方责任、排除对方主要权利的，该条款无效"。B公司与A公司作为平等的市场主体，在签约之前双方有足够的时间对合同条款进行解读和磋商，对部分需要补充说明或者更改的格式条款内容附加补充协议，双方签订的租赁合同及物业服务协议均为当事人的真实意思表示，不存在上述情况，应为合法有效。以上是法院不采信B公司关于合同存在霸王条款的辩解的原因。

2. 违约责任及合同的解除

根据《中华人民共和国合同法》第一百零八条规定,"当事人一方明确表示或者以自己的行为表明不履行合同义务的,对方可以在履行期限届满之前要求其承担违约责任"。合同期间内,B公司未经A公司允许擅自歇业,违反了合同的约定,对购物广场其他商户造成了不好的影响,损坏了整体营业形象。A商业管理公司先后发出两次函件,告知其A商业管理公司会单方面解除合同,尽到了提醒义务,B公司明显是违约方。

如果合同中约定了解除双方合同的条件,当该条件达到时,可以解除合同。在B公司两次收到函件却无任何动作的情况下,2013年2月25日,A公司向B公司寄出合同解约的律师函,自通知到达对方时解除。对方有异议的,可以请求法院或仲裁机构确认解除合同的效力。《租赁合同》第27.1条约定出租方和承租方按照列出的地址发送通知,且该律师函已被签收,事实上认为通知到达对方,合同解除。

必懂知识

1. 签合同时坚持当事人地位平等的原则

《中华人民共和国合同法》约定合同当事人的法律地位平等,一方不得将自己的意志强加给另一方,要在充分协商达成一致意思表示的前提下订立合同。针对出租方格式合同中明显不平等的条款,承租方可以选择订立补充协议来维护自己的权利,也可以推翻格式合同,双方根据租赁条件的约定订立新的合同。对于同一个商业地产商,也有关于不同品牌不同公司的不同待遇,因此,承租方最初争取自己的权利显得尤为重要。关于"停水停电"的条约,议价能力强的承租方能谈判到禁止出租方以任何形式停水停电的成果,并且让承租方承担因此可能导致的损失。在这个条款中,承租方突破了格式合同的限制,从根本上维护了财产安全权利。除了法律地位平等,平等原则也要求双方的权利义务对等,在商业地产租赁关系中,出租方有收取租金、物管费的权利,相应也要负责公共管理设施设备的管理和维护。承租方可以在合同中明确要求，出租方将在本合同期限内在场地自费提供基本设施，出租方应保障该场地及以上所述的各种线路设施的安全及正常使用。以上只是一个较为典型的例子，只要承租方在签订合同前充分谈判，保证双方的法律地位平等、权利义务对等、充分协商，就能减少后期的纠纷。

2. 明确约定通知与送达条款

在甲乙双方沟通涉及一方违约、双方解约、合同变更等重要事项时，正式的沟通渠道尤其重要。由于承租方的租赁标的物是商铺，沟通联络人是公司层面，往往需要提前约定通知与送达条款，规避文件误传带来的时效性误差及风险。在承租方对出租方发函的情况下，也不能仅仅将文书递交给责任运营专员，需要送至合同约定的地址和联络人。建议对通知与送达做如下约定，"任何一方的联系方式如有变更须书面及时通知对方，否则以合同扉页列明的联系方式为准；在承租人接收到该房屋后，对于任何给予承租人的通知，如果写明以承租人为收件人，并被留置在该房屋，将被认为已发至承租人，并视为承租人于留置后的下一个工作日收到"。由此，在出租方对承租方租赁店铺进行通告张贴时，承租方不能以店铺无人或者未注意到通知作为抗辩理由。承租方处于经营上的压力需要发函申请租金、物管的减免时，也确保按照合同约定的地址发送。

3. 及时采用合理的争议解决方式

商业地产租赁合同通常情况约定争议解决方式如下，合同及其附件均适用中华人民共和国的法律。出租人和承租人双方协商本合同所发生的争议，如通过友好协商仍不能解决的，任何一方可依照法律规定向本合同履行地（即房屋所在地）法院提起诉讼。由于租金、物管费等费用是随着时间推移累加的，承租方应该尽早面对和解决与出租方的纠纷，而非通过歇业的方式来抗拒。在本案例中，B公司于2月初停止营业，一直未正面回复A公司的沟通函及律师函，也未对铺内物件设施做任何处理，A公司于5月收回该承租房，此前B公司占用该房，因此法院不支持B公司要求退还2月和3月租金的诉求。如果甲乙双方发生租金或者经营上的分歧，应该及时协商，如果出租方对承租方有封闭铺面或者搬运物品等动作，承租方应找第三方进行公证；双方失去合作基础的情况下，应该及时解除合同，违约方赔偿保证金，并把损失租金、物管费等损失降到最低。

4. 租赁期内购买包括公众责任险等的足额保险

《消费者保护法》保障顾客的各项权利，承租方的经营场所以及所售货品要符合保障人身、财产安全的要求。出租方将商铺转交给承租方，店铺内的人员财产安全需要承租方负责，出租方只提供必要的协助。因此，承租方需要购买保险来规避潜在的风险。承租方应对房屋以及重大设备投保，向保险公司支付保险金，获得损害发生之后的赔偿。关于公众安全责任，承租方对所承租房屋的安全负责，必要时可以请求出租方的帮助，出租方不得推脱，应迅速指派专人到现场解决。

必懂法规

一、《中华人民共和国合同法》

第八条　依法成立的合同，对当事人具有法律约束力。当事人应当按照约定履行自己的义务，不得擅自变更或者解除合同。

依法成立的合同，受法律保护。

第六十条　当事人应当按照约定全面履行自己的义务。

当事人应当遵循诚实信用原则，根据合同的性质、目的和交易习惯履行通知、协助、保密等义务。

第九十三条　当事人协商一致，可以解除合同。

当事人可以约定一方解除合同的条件。解除合同的条件成就时，解除权人可以解除合同。

第九十四条　有下列情形之一的，当事人可以解除合同：

（一）因不可抗力致使不能实现合同目的；

（二）在履行期限届满之前，当事人一方明确表示或者以自己的行为表明不履行主要债务；

（三）当事人一方迟延履行主要债务，经催告后在合理期限内仍未履行；

(四)当事人一方迟延履行债务或者有其他违约行为致使不能实现合同目的;

(五)法律规定的其他情形。

第九十六条 当事人一方依照本法第九十三条第二款、第九十四条的规定主张解除合同的,应当通知对方。合同自通知到达对方时解除。对方有异议的,可以请求人民法院或者仲裁机构确认解除合同的效力。

法律、行政法规规定解除合同应当办理批准、登记等手续的,依照其规定。

第一百零八条 当事人一方明确表示或者以自己的行为表明不履行合同义务的,对方可以在履行期限届满之前要求其承担违约责任。

第二百一十二条 租赁合同是出租人将租赁物交付承租人使用、收益,承租人支付租金的合同。

二、《中华人民共和国民事诉讼法》

第二十二条 下列民事诉讼,由原告住所地人民法院管辖;原告住所地与经常居住地不一致的,由原告经常居住地人民法院管辖:

(一)对不在中华人民共和国领域内居住的人提起的有关身份关系的诉讼;

(二)对下落不明或者宣告失踪的人提起的有关身份关系的诉讼;

(三)对被采取强制性教育措施的人提起的诉讼;

(四)对被监禁的人提起的诉讼。

三、《最高人民法院关于民事诉讼证据的若干规定》

第二条 当事人对自己提出的诉讼请求所依据的事实或者反驳对方诉讼请求所依据的事实有责任提供证据加以证明。

没有证据或者证据不足以证明当事人的事实主张的,由负有举证责任的当事人承担不利后果。

独董地位
——独立董事不独立,公司治理现危机

独立董事制度起源于20世纪30年代的英美法系国家，是在股份制公司处于发展困境时诞生的。20世纪60年代以来，公司治理结构研究中发现公司被内部人所控制，从而引入独立董事制度。独立董事的概念最早出现在1992年的《凯得伯瑞报告》中，是指不在公司担任除董事职务外的任何职务，并与其所受聘的上市公司及其主要股东不存在可能妨碍其进行独立客观判断的一切关系的特定董事。作为独立董事必须同时具备五个方面的条件：独立的财产，独立的人格，独立的业务，独立的利益以及独立的运作。我国公司的法人治理结构是从国外移植来的，并主要借鉴了大陆法系各国的经验，即在股东大会下并行设立董事会和监事会，内部人控制问题在中国上市公司普遍存在，控股股东通过操纵股东大会和董事会使上市公司与控股股东发生大量关联交易，牺牲和损害上市公司以及其中小股东的利益。我国境内最早设立独立董事的是青岛啤酒，其于1993年在深圳证券市场上市，并按照有关规定在董事会中设立了两名独立董事。1997年，中国证监会在《上市公司章程指引》中专门列出了关于设立独立董事的条款。1999年，国家经贸委和中国证监会联合下发了《关于进一步促进境外上市公司规范运作和深化改革的意见》。中国证监会2001年8月正式颁布了《关于在上市公司建立独立董事制度的指导意见》，独立董事制度正式被规划进我国上市公司公司董事会结构。

以案说法

一、经典案例

1. 焊材行业翘楚，奈何成了圈钱工具

A 股份有限公司的前身是 A 焊接公司，成立于 1991 年 2 月。1992 年 8 月，以 A 焊接公司为主体发起人，通过改组，成立了 A 股份有限公司，公司包括 16 家总部设在湖北省宜宾市的全资子公司和一家控股 50% 的联营公司，总资产为 4.49 亿元，主营业务为焊接材料、焊接设备、机械、电器设备的生产与销售。A 公司是该行业的优秀企业，占有 15% 的市场份额，年增长率约 200%。A 公司还是其母公司 A 集团的主要成员之一，当时，A 集团共拥有 52 家工贸企业。1993 年 11 月，A 股份在深圳交易所上市，是全国最早上市的一批企业之一，也是迄今为止焊接行业仅有的一家上市公司。A 股份当年年报显示，1993 年税后利润为 4898 万元，比上一年增长 472.88%，总资产也增加到 5.45 亿元。

宜宾 A 集团是在宜宾 A 股份 1993 年上市以后才应运而生建立起来的。在 1996 年以前，宜宾市国有资产管理局是 A 股份的第一大股东。1997 年开始，才变为 A 集团。A 集团公司持有 A 股份有限公司 10418.688 万股股权，占 A 股份有限公司总股本的 34.42%。在 20 世纪 90 年代初，A 公司声名远扬。在鼎盛时期，其主导产品焊材的年销量达到 7 万吨，经济效益连续几年位居同行业第一。

A 集团与 A 股份长期以来在人员、资产、财务上没有真正实现"三分开"，高层管理人员互相兼职的现象较为普遍，难以形成规范的公司治理结构，大股东在利益的争夺中处于优势地位，直接的结果就是 A 股份公司不能以全体利益最大化为目标来经营公司，而成为 A 集团为自己谋取利益的工具。

国有企业在转制过程中，对上市公司股份没有正确的认识。A 股份被迫承担起帮助国有企业摆脱困境的任务，A 集团千方百计地通过它筹集资金来救济、发展其所有的其他子公司，帮助旗下的国有企业。上市公司成了帮助国有企业摆脱困境的一个出口，A 股份也

就成了 A 集团为自己圈钱的工具。

2. 偌大企业终破产，股东职工齐遭殃

2002 年 2 月 20 日，宜宾市中级人民法院裁定 A 公司破产。至此，负债高达 23.96 亿元，涉案标的 14 亿元的 A 集团公司宣布破产还债。

1993 年上市的 A 股份的焊材年产销量曾达 7 万吨。综合经济效益也曾连续几年居全国同行业首位，却因上市以来一直处在母公司 A 集团的完全控制下而深受拖累，A 股份经营业绩一路下滑，作为以焊材、设备、机械等生产销售为主营业务的公司，主营业务的利润连年持续下滑，到 2001 年，焊材等的利润收入仅有 300 多万元，已经处于缺乏主营业务的境地。A 股份对 A 集团有巨额的应收款，同时，A 集团已上市公司的名义为己担保，据 A 股份 2000 年 6 月 15 日董事会公告显示，A 股份 1998 年 4 月以来，为大股东提供巨额担保，金额高达 2.44 亿元。截至 2000 年 12 月 31 日，A 股份为 A 集团提供担保的诉讼金额达 26.269 亿元，A 股份尚未偿还。A 股份诉讼连身严重影响了公司的正常运营。

二、案例分析

1. 大股东巧借法律空白滥用股东权利

A 股份案例被视为大股东滥用权利的典型，但值得注意的是，我国现有的法律除了对于出资不实及抽逃出资之外，并未明确规定股东的其他法律责任，因而除了 A 集团对于 A 股份的债务之外，难以要求其对 A 股份承担其他的法律责任，但这并不意味着法律不能对 A 股份此类的案例加以规范，事实上，由于 A 股份的公司治理结构并不完善，董事会为大股东 A 集团一手控制，一方面利用提供担保及关联交易等手段使得 A 集团得以大量侵占 A 股份的利益，另一方面利用虚假财务报告误导中小投资者，这些行为都明显违反了我国现行法律法规，A 股份及其管理层必须对此承担相应的法律责任。

2. "一股独大"的股权结构

A 公司为其大股东提供贷款或贷款担保的高发期主要是在 1995—1997 年间，当时其股权结构为：总股本为 30272.3 万股，其中国家股 10418.69 万股（A 集团公司持有），占总股本的 34.42%；法人股 2835.6 万股，占总股本的 9.37%；流通股 14776.42 万股，占总股本的 48.81%。从中可以看出，公司股权过度集中，国家股所占比重过大，即国有股一股独大现象严重。大股东 A 集团处于绝对控股地位，使其利用关联交易掏空上市公司成为可能。大股东得不到监督，损害其他股东的利益也就不可避免。

股权结构是公司治理结构的基础，并在一定程度上决定了公司治理结构的大致框架。在近几年的企业改制过程中，虽然我国较快推进了股权多元化进程，但至今股权多元化尚未完成，国有股"一股独大"现象依然普遍存在。改变现有上市公司的股权结构，实现股权多元化，彻底改变国有股的绝对控股地位是我国目前完善上市公司治理结构的首要任务。

3. 独立董事不"独立"，助长大股东控制行为

从 1997 年前的情况分析，A 集团在 A 股份有限公司董事会 13 个席位中占 4 个席位，A 董事会缺乏独立性主要表现在两个方面：一方面，董事长与总经理职位合二为一，或是通过董事长提名、自己能控制的亲信为总经理，形成事实上的董事长与总经理合二为一。董事长就是董事会，这种现状令人担忧。另一方面，经营管理层占据董事会的大多数席位形成内部董事占优势的格局，而经营管理层又是大股东的高管人员，这样董事会由大股东掌握和内部人控制交织成复杂网络，难以形成独立的董事会来保证健全的经营、决策机制。由于法人股比例低、公众股东分散、外部董事制度刚刚起步、债权银行介入公司运作制度没有普遍推行的原因，上市公司董事会缺乏与控股股东相互制衡的力量。

三、律师观点

1. 完善以产权联结的母子公司体制，优化股权结构

我国企业集团的组建一般都具有明显的行政干预的烙印，集团公司与政府之间以及集团公司与下属子公司之间有千丝万缕的联系，集团公司作为市场主体很难在市场中独立，而子公司也很难独立地进行经营管理，集团公司对子公司管的太多、统的太严是我国企业集团治理中的突出问题，有的集团公司与其下属子公司人事安排基本上是"两块牌子，一

套人马",虽然子公司具有独立的法人资格,但不具有独立的经营决策。造成上述现象的根源是我国国有大中型企业单一的股权结构,公司高级管理人员的产生过多地来自政府的任命,而非市场选择的结果,由于国有股一股独大,其他中小股东要想动摇经理人员的地位,首先要撼动国有股的控股权力,但从目前的形式看,对于中小股东这是不可能实现的,由此也造成了我国股市是一个纯投机性的市场。

由此看来,摆正集团内公司的位置,优化其股权结构是我国企业集团治理的根本途径。目前,我国正在如火如荼地展开股权分置改革将会对集团公司治理产生革命性的影响,但如果不能合理确定对价的水平,随着市场的迅速扩容,广大的中小股东终究要蒙受损失。

2. 规范组织结构设计,选择适当的公司治理模式

股份制公司成为主流的企业形式,是适应了经济发展要求的历史必然,而企业组织形式从集权的直线式,到分权的事业部式及目前流行的母子公司式,也是企业集团发展多元化经营所做出的历史选择。事实上,适应集团公司自身特点的组织结构有利于企业价值的提升及公司战略目标的实施。目前,我国企业集团也普遍采用母子公司式组织结构,但母公司对子公司的控制超出了应有的界限,在很多情况下,母公司更倾向于把子公司看成自己的分公司,而忽视了子公司独立的法人地位,鉴于此,完善我国企业集团的治理机制就必须先明确子公司在集团中的地位,再选择适合集团公司发展的治理模式。

3. 健全法律体系,强化内外部监督机制的作用

在法律层面上对企业集团治理结构做出硬性规定是提高我国集团公司治理水平的最高保障。由于我国资本市场起步较晚,企业集团历史遗留问题较多,我国的立法机制尚不完备,许多法律法规都具有滞后性质,而在改革发展的前沿存在一些法律真空,一些企业的经营者利用法律的空白,偏离企业目标而从事机会主义行为,侵犯股东利益。

鉴于此,我国应首先完善立法机制,提高立法效率,针对集团公司治理中存在的问题专门制定相关法律法规,强化法律层面的保障机制;其次,信息披露不规范,关联交易产生的重要原因就是经营者与所有者信息的不对称。因此,规范经营者行为必须降低所有者获取信息的成本,通过法律保障机制,强化公司信息披露,加大对信息舞弊的处罚力度,

将会有效的遏制企业集团表外交易和关联交易,从而有利于维护股东利益;最后,充分发挥集团公司内部监督机制的作用,作为公司最直接的监督机构,公司董事会和监事会的作用不容忽视,而充分发挥"两会"作用的前提条件就是要保证其人员的独立性,因此,保证职业董事及监事独立地位就显得尤为必要。

必懂知识

独立董事,是指不在公司担任除董事外的其他职务,并与其所受聘的上市公司及其主要股东不存在可能妨碍其进行独立客观判断的关系的董事。根据《关于在上市公司建立独立董事制度的指导意见》的规定,在 2002 年 6 月 30 日前,上市公司董事会成员中应当至少包括 2 名独立董事;在 2003 年 6 月 30 日前,上市公司董事会成员中应当至少包括三分之一独立董事。其最根本的特征是独立性和专业性。

1. 独立董事特征

其最根本的特征是独立性和专业性。所谓独立性,是指独立董事必须在人格、经济利益、产生程序、行权等方面独立,不受控股股东和公司管理层的限制。主要有以下几个方面的独立性:资格上的独立性;产生程序上的独立性;经济上的独立性;行权上的独立性。所谓专业性,是指独立董事必须具备一定的专业素质和能力,能够凭自己的专业知识和经验对公司的董事和经理,以及有关问题独立地作出判断和发表有价值的意见。目前,我国企业的独立董事一般是社会名流,而且身兼数职,一年只有十几天的时间花在上市公司上,他们对上市公司很难有时间进行全面了解,并在此基础上发表有价值的意见,而社会名流未必真正懂得经营和管理,更缺乏必要的法律和财务专业知识。

2. 独立董事任职资格

担任独立董事应当符合下列基本条件:

(一)根据法律、行政法规及其他有关规定,具备担任上市公司董事的资格;

(二)具有《指导意见》所要求的独立性;

（三）具备上市公司运作的基本知识，熟悉相关法律、行政法规、规章及规则；

（四）具有五年以上法律、经济或者其他履行独立董事职责所必需的工作经验；

（五）公司章程规定的其他条件。

以上只是《指导意见》的原则性规定，一般会由注册会计师和律师担任，具有丰富企业管理经验的权威人士也是适当的人选，独立董事及拟担任独立董事的人士应当按照中国证监会的要求，参加中国证监会及其授权机构所组织的培训，中国证监会将对独立董事的任职资格和独立性进行审核并有最终决定权。

此外，下列人士不得担任独立董事：

（一）在上市公司或者其附属企业任职的人员及其直系亲属、主要社会关系（直系亲属是指配偶、父母、子女等；主要社会关系是指兄弟姐妹、岳父母、儿媳女婿、兄弟姐妹的配偶、配偶的兄弟姐妹等）；

（二）直接或间接持有上市公司已发行股份1%以上或者是上市公司前十名股东中的自然人股东及其直系亲属；

（三）在直接或间接持有上市公司已发行股份5%以上的股东单位或者在上市公司前五名股东单位任职的人员及其直系亲属；

（四）最近一年内曾经具有前三项所列举情形的人员；

（五）为上市公司或者其附属企业提供财务、法律、咨询等服务的人员；

（六）公司章程规定的其他人员；

（七）中国证监会认定的其他人员。

3. 独立董事特别职权

（1）重大关联交易（指上市公司拟与关联人达成的总额高于300万元或高于上市公司最近经审计净资产值的5%的关联交易）应由独立董事认可后，提交董事会讨论；独立董事作出判断前，可以聘请中介机构出具独立财务顾问报告，作为其判断的依据。

（2）向董事会提议聘用或解聘会计师事务所。

（3）向董事会提请召开临时股东大会。

（4）提议召开董事会。

（5）独立聘请外部审计机构和咨询机构。

（6）可以在股东大会召开前公开向股东征集投票权。

4. 其他独立意见

（1）提名、任免董事。

（2）聘任或解聘高级管理人员。

（3）公司董事、高级管理人员的薪酬。

（4）上市公司的股东、实际控制人及其关联企业对上市公司现有或新发生的总额高于300万元或高于上市公司最近经审计净资产值的5%的借款或其他资金往来，以及公司是否采取有效措施回收欠款。

（5）独立董事认为可能损害中小股东权益的事项。

（6）公司章程规定的其他事项。

必懂法规

一、《关于在上市公司建立独立董事制度的指导意见》

一、上市公司应当建立独立董事制度

（三）各境内上市公司应当按照本指导意见的要求修改公司章程，聘任适当人员担任独立董事，其中至少包括一名会计专业人士（会计专业人士是指具有高级职称或注册会计师资格的人士）。在二〇〇二年六月三十日前，董事会成员中应当至少包括2名独立董事；在二〇〇三年六月三十日前，上市公司董事会成员中应当至少包括三分之一独立董事。

六、独立董事应当对上市公司重大事项发表独立意见（一）独立董事除履行上述职责外，还应当对以下事项向董事会或股东大会发表独立意见：

（1）提名、任免董事。

（2）聘任或解聘高级管理人员。

（3）公司董事、高级管理人员的薪酬。

（4）市公司的股东、实际控制人及其关联企业对上市公司现有或新发生的总额高于300万元或高于上市公司最近经审计净资产值的5%的借款或其他资金往来，以及公司是否采取有效措施回收欠款。

5. 独立董事认为可能损害中小股东权益的事项。

6. 公司章程规定的其他事项。

二、《中华人民共和国公司法》

第一百一十条　第一款董事会每年度至少召开两次会议，每次会议应当于会议召开十日前通知全体董事和监事。

第一百一十二条　董事会会议，应由董事本人出席；董事因故不能出席，可以书面委托其他董事代为出席，委托书中应载明授权范围。

董事会应当对会议所议事项的决定作成会议记录，出席会议的董事应当在会议记录上签名。

董事应当对董事会的决议承担责任。董事会的决议违反法律、行政法规或者公司章程、股东大会决议，致使公司遭受严重损失的，参与决议的董事对公司负赔偿责任。但经证明在表决时曾表明异议并记载于会议记录的，该董事可以免除责任。

第一百四十七条　董事、监事、高级管理人员应当遵守法律、行政法规和公司章程，对公司负有忠实义务和勤勉义务。

董事、监事、高级管理人员不得利用职权收受贿赂或者其他非法收入，不得侵占公司的财产。

第一百四十八条　董事、高级管理人员不得有下列行为：

（一）挪用公司资金；

（二）将公司资金以其个人名义或者以其他个人名义开立账户存储；

（三）违反公司章程的规定，未经股东会、股东大会或者董事会同意，将公司资金借贷给他人或者以公司财产为他人提供担保；

（四）违反公司章程的规定或者未经股东会、股东大会同意，与本公司订立合同或者进行交易；

（五）未经股东会或者股东大会同意，利用职务便利为自己或者他人谋取属于公司的商业机会，自营或者为他人经营与所任职公司同类的业务；

（六）接受他人与公司交易的佣金归为己有；

（七）擅自披露公司秘密；

（八）违反对公司忠实义务的其他行为。

董事、高级管理人员违反前款规定所得的收入应当归公司所有。

第一百四十九条　董事、监事、高级管理人员执行公司职务时违反法律、行政法规或者公司章程的规定，给公司造成损失的，应当承担赔偿责任。

三、《中华人民共和国证券法》

第八十五条　信息披露义务人未按照规定披露信息，或者公告的证券发行文件、定期报告、临时报告及其他信息披露资料存在虚假记载、误导性陈述或者重大遗漏，致使投资者在证券交易中遭受损失的，信息披露义务人应当承担赔偿责任；发行人的控股股东、实际控制人、董事、监事、高级管理人员和其他直接责任人员以及保荐人、承销的证券公司及其直接责任人员，应当与发行人承担连带赔偿责任，但是能够证明自己没有过错的除外。

诉讼维权
——捍卫中小股东权利，诉讼这条路要知道

新版《中华人民共和国公司法》颁布过后，标志着我国在立法进程上又有了很大的进步，尤其是在股东代表诉讼方面用前置程序约束了股东的行为，这既体现了从管理层入手对中小股东权益的保护，又体现了现代公司法充分尊重公司的作为独立法人的独立人格，鼓励公司自治，发挥公司自己的作用。前置程序的设立体现了立法者充分意识到了其原有弊端，并作出改进，但是前置程序仅仅只是保证公司独立经营，平衡公平和效率的第一步，还要进行较多的法律探索。

以案说法

一、经典案例

1. 设立新公司，损害股东利益

北京市高级人民法院（20××）高民终字第×××号，KCO.Ltd 诉 D 损害公司股东权益纠纷案。

2005 年 12 月 8 日，河北华清发展研究院、K 公司、A、B 签订了《华清科技园（廊坊）光电有限公司章程》，并经过廊坊经济技术开发区管委会批准建立华清科技园光电有限公司。2006 年 6 月 13 日，股东河北华清发展研究院将其持有的 41% 的股份转让给同方股份，增加同方股份为股东。2007 年 3 月 25 日，公司董事会通过决议，做出了变更公司名称为河北清芯光电等一系列决定，其中，河北华清发展研究院将其 4% 股权、K 公司将其 10% 股权转让给同方股份，同方股份持有 55% 的股权。2007 年 7 月，股东 B 将股权转让给 C，C 成为股东。2008 年 3 月 22 日，清芯光电召开一届六次董事会，做出了同意同方股份增资和给予员工股票期权等决议。2008 年 7 月 3 日，召开一届七次董事会，修改了公司章程部分条款，选举了 D 为董事长，聘任 F 为 CEO，H 为总经理，C 为副总经理。

2. 股东提起诉讼，公司计谋落空

K 公司一审将 D 诉至北京市第一中级人民法院，认为 D 在未通知 K 公司的情况下召开一届七次董事会，会议决议因内容和程序违法，多次被开发区管委会等拒绝登记，D 利用决议，以董事长的名义任命 CEO，借机控制公司，做出了一系列损害清芯光电、损害 K

公司作为投资股东利益的行为。

D认为，K公司所起诉的事实不属于公司董事、高级管理人员损害股东利益赔偿纠纷，即使K公司起诉的事实属实，也是损害清芯光电的利益，K公司应当提起股东代表诉讼。故不同意K公司的诉讼请求。

二、案例分析

1. 对于侵犯股东利益的认定

北京一中院认为，K公司虽主张本案属于公司董事、高级管理人员损害股东利益纠纷，但根据K公司的诉讼请求与所主张的事实可以认定，其是基于清芯光电公司利益受到损害而提起的诉讼。公司利益受损应当由公司提起诉讼，公司未主张而股东主张的，应为股东代表诉讼。提起股东代表诉讼应具备以下条件：公司董事、高级管理人员具有《中华人民共和国公司法》规定的行为导致公司利益受损、股东书面请求监事会或不设监事会的有限责任公司监事向人民法院提起诉讼而监事会或不设监事会的有限责任公司监事拒绝提起诉讼或收到请求之日起30日内未提起诉讼。现K公司未经过法定的前置程序提起股东代表诉讼不符合《中华人民共和国公司法》第一百五十二条的规定，提起股东代表诉讼的条件尚未成就，更无权请求D赔偿股东的损失。依照《中华人民共和国公司法》第一百五十二条、《最高人民法院关于民事诉讼证据的若干规定》第二条、《中华人民共和国民事诉讼法》第二十二条第二款之规定，判决：驳回K公司的诉讼请求。

2. 股东代表诉讼的认定

K公司不服一审法院判决，向北京市高级人民法院提起上诉，上诉理由是：一审法院判决认定事实不清，适用法律错误。北京市高级人民法院认为K公司所主张的D侵犯公司利益的事实和行为指向的均是清芯光电的利益，而非股东K公司的利益。在清芯光电利益受损的情况下，应由清芯光电提起诉讼，清芯光电未形成决议而股东代为提起诉讼的，应为股东代表诉讼。一审法院依据《中华人民共和国公司法》第一百五十二条的规定，认为K公司提起股东代表诉讼的条件尚未成就，无权请求D赔偿股东的损失是正确的。综上，一审法院判决认定事实清楚，适用法律正确，应予维持。依照《中华人民共和国民事诉讼法》第一百五十四条第一款第（一）项之规定，判决：驳回上诉，维持原判。

三、律师观点

1. 严格确认并完善股东代表诉讼申请人制度

如何界定股东的范围，有学者认为，可以将股东的范围由现任的股东扩展到已经退股的股东，但只要其持股时的经营行为与现在公司的利益有关联就可以作为申请股东代表诉讼的申请人。但有律师通过分析后认为，所有对于申请人资格完善方面的规定都有一个共同的出发点，即对股东的行为作出限制，一是为了保护有正当诉求的股东，二是为了防止某些股东恶意诉讼。因此，应从股东人数和公司经营规模来分别界定股东代表诉讼申请人。

首先，我们可以从股东人数上面来界定。如果一个公司股东人数过于多，那么，符合持股1%以下或者任股东180天以上的条件的人就会过多，因此，能够进行股东代表诉讼的人数就会很多，当有很多股东都同时申请股东代表诉讼的时候，监事会就会疲于应诉或是申请数量太多难以处理，30日内申请人没有得到监事会的答复就会直接向法院起诉，这样一来，最后的压力实则转到了法院的身上，法院将会面临巨大的压力，从而也会降低办案的质量。因此，我们可以从股东人数上来界定申请人的资格，可以界定一个人数的临界数，当股东数量大于一定数值时，股东的持股份额和任股东的期限就要有所增加，以调节股东代表诉讼申请人的申请数量。但这并不意味着剥夺了小股东的申请权，小股东占股份额小，若是任职股东时间又短，则难以对公司的经营有深入了解，待到他持股增多或是任职时间加长后，也意味着对公司经营有了更深的了解后，再实行股东代表诉讼制度赋予的权利，则更加具有说服力。

其次，我们可以从公司的规模上来界定。我们可以将公司根据其市值的大小，将其分为大型、中型和小型公司，在对待大型公司时，我们可以将申请人的资格定为持股1%或者担任股东达180天；而对于中型公司来说，我们可以将申请人的资格定为持股5%或者任职时间达 120 天；对于小型公司来说，我们可以将申请人的资格定为持股 10% 或者任职时间达 70 天。之所以这么设定，是因为律师认为，对于大公司而言，股东数量较多，单个股东持股数较少，但是长期投资的人较多，所以为了照顾多数中小股东的权利，将申请标准定在此；其他标准也同理。小型公司股东人数少，单个股东占股多，股东流动性大，所以申请人需要持股相对较高且任职时间不做过长的要求。

2. 加快明确股东豁免的情形

股东豁免的情形是法学界一致的呼吁，由于股东豁免情形规定的过于模糊已经给司法实践造成了很大的不便，我国应该尽快出台相应的司法解释来详细地界定不同情形下股东的诉讼申请应得到豁免的情形。这其中应该包括具体的紧急情况的确认，豁免情形的审查机构及得到豁免之后的后续问题。

律师十分赞同现在大多数学者的观点，首先对于紧急情况我们可以要先具体地列出可能发生的损害事实，并且在司法实践中依据不同的损害事实适用不同的情况，最终达到的效果应该是在损害事实发生后能够迅速地认定并且做出是否豁免申请的决定，来减小不必要的损失。其次，豁免情形裁定的主要机关应该是人民法院，一方面法院是公平正义的代表，另一方面法院拥有一定的自由裁量权，由法院来进行审查更有说服力和公信力，也保证了法律的权威性。最后，股东代表诉讼应该严格遵守程序执行，对于股东跨过公司监事会直接向法院提起诉讼的行为，应当视为个案并且遵从相关规定来认定。法院在监督审查的过程中应当严格审查股东提供的证据，对于证据缺乏的情形应当及时驳回其诉讼请求。

律师依据一些司法案例对股东应享有豁免做出如下情况总结：

一是有证据证明被告和监事会中工作人员有公司业务上的勾结，相互包庇，谋取不正当利益。申请人可以不受监事会的审查而直接向法院提起诉讼。

二是若被告为监事会成员或是监事长，在监事会审核原告申请的时候，监事会成员或监事长没有回避，则申请人可以不受监事会的审查，直接向法院提起诉讼。

三是股东享有的豁免权不受提供证据时效的限制，申请前提供证据或者申请后提供证据均可，但所出示的证据须能够真正证明申请人有正当理由。

股东代表诉讼豁免制度之所以不够完善，是因为我国公司的经营权和所有权的分离还不够彻底，董事会的独立性还不完全，股东没法作出理性具体的判断；监事会制度也落实的不够完善，大多数公司还没完全建立监事会，或者不设监事会，公司内部的审查问题很大；股东代表制度的豁免在司法实践中也仍然缺乏实践经验，很多问题还没有完全暴露，还要进行较多的法律探索。

3. 实行举证责任倒置

我国《民事诉讼法》第六十四条规定，"当事人对自己提出的主张，有责任提供证据"，即"谁主张，谁举证"。而在股东代表诉讼中，我们之所以采取举证责任倒置的原则是因为：首先，对于原告来说，自己作为公司经营中的利益受损者，在法律上是一个弱者的角色，原告正因为受到了不公平的待遇，无法以自己的能力去救济，才会向法律求助，而法律是偏向于弱者的，此刻也是对原告提供救济，所以给予原告可以对被告提起诉讼的权利。其次，对于被告来说，被告是公司的高级管理人员或者是大股东，其手中掌握的公司的证据较多，可以有相当高的可能性为自己做出证明。最后，对于公司来说，公司拥有独立的法人资格，原告和被告就是公司中的组成部分，公司在进行权衡的时候，不仅要保持自己独立法人的地位，还要保证公平，即保护中小股东的利益，因此，我们采取举证责任倒置的原则，这样就可以平衡一下大股东和中小股东之间的权利。

所以律师认为在股东代表诉讼中，在具体诉讼过程中，人民法院应当理解原告当事人的举证能力，并且对其提供的证据进行审查。

必懂知识

1. 股东代表诉讼制度的提出

随着现代公司制度的普遍建立，经营权与所有权分离的趋势愈发明显，公司作为独立法人，拥有独立人格越来越受到重视。公司实际上是以股东权益的形式而存在的。在公司与股东的关系上，公司拥有的独立人格和股东的个人人格是相互独立的，但是由于公司是全部股东所有，公司的经营关系到股东的得失，反之，公司权益受到侵害则会使股东主动行使请求权，故而产生了股东的诉讼行为。

股东代表诉讼制度是指公司的权益受到侵害时，公司的董事、监事以及高级管理人员怠于行使权利维护公司利益，股东可直接就侵权行为提起诉讼的制度。我国2018年新《中华人民共和国公司法》第一百五十一条规定，"有限责任公司的股东、股份有限公司连续一百八十日以上单独或者合计持有公司百分之一以上股份的股东，可以书面请求监事会或者不设监事会的有限责任公司的监事向人民法院提起诉讼；监事有本法第一百五十一条规定的情形的，前述股东可以书面请求董事会或者不设董事会的有限责任公司的执行董事向人民法院提起诉讼"。股东代表诉讼制度的提出实际上是从两个出发点考虑进行立法，一是公司作为独立法人，充分尊重公司的独立人格。二是在尊重股东个人人格的同时，也要防止股东权力滥用，越俎代庖。由此看来，两个出发点虽然角度不同，但是殊途同归，都是以维护公司的权益为核心，无论是公司提出诉讼或是股东提出诉讼，都必须是围绕公司的权益提出。

英美法系中对于股东代表诉讼有一个原则叫做竭尽公司内部救济原则，其主要的目的就是更好地发挥公司作为独立法人的地位和作用，公司可以兼顾各个股东的利益，所以由公司亲自出面作为原告则更能体现公司的独立人格并且降低诉讼的时间和成本。在本案中，K公司作为股东，符合了我国公司法对原告身份的要求，但是其诉讼行为一定程度上已经侵犯了公司独立的人格权，也侵犯了其他股东的知情权和投票权。虽然K公司诉讼的核心也是为了公司利益，理应由公司作为主体进行诉讼，或是进行股东代表诉讼，K公司的诉讼程序并没有按照股东代表诉讼的程序进行，所以被法院驳回也是理所应当。

2. 股东代表诉讼的意义

（1）遵循时代主题的变化方向

股东代表诉讼制度加强了中小股东在公司经营管理中的主体地位，是股东通过法律的手段维护自己权益的一条行之有效的重要方式，这种制度的演变源于其固有的经济基础。我国作为世界上第二大经济体，与各个国家又有着密切的合作，无论是在政治影响力还是经济实力上来讲，中国都有着较高的开放水平。股东代表诉讼制度的设立不仅顺应了我国参与世界发展的潮流，更是我国自身经济发展继续加深与各个国家进行合作的必要要求。

但从另一方面说，虽然我国公司法的发展进步在近年来已经取得了显著的成果，从2006年《中华人民共和国公司法》修改，再到2014年、2018年《中华人民共和国公司法》的再次修改，都越来越符合经济发展的趋势，而现今仍然有一些问题存在，例如，公司的利益分割而产生的高管之间的相互纠葛、大股东为了分得利益而不顾小股东的合法权益、公司的整体结构不明、效率低下，等等，这些实际上都在限制着我国经济发展。

（2）有利于股东间平等取得经营成果

股东代表诉讼制度在公司治理方面有着巨大的作用，对于公司内部而言，其最大的作用就是调节公司内部资源的合理配置。公司是有独立人格的法人机构，利益最大化自然是公司设立的目的和宗旨。如今，公司的经营权和所有权正在逐渐分离，经营管理者和公司所有权人的角度是不同的，董事会代表着公司所有权人的利益倾向，但是董事会无法掌握公司的经营管理，而负责公司经营管理的是一些大股东或是聘用的高级管理人员，这就导致一些大股东为了满足自己的既得利益往往会倾向大股东的利益，而在公司所得利益总体不变的情况下，中小股东则被迫处于非常不利的地位，受到大股东的瓜分和蚕食；另一方面，中小股东由于参股份额较少，先天条件不足，对于公司的经营运转熟悉度不高，对于公司重大的经营决策往往没有实体权利，因此，中小股东通常处于被动的状态。这些全部都是在无形中对小股东的约束和限制，而股东代表诉讼制度的建立最大程度地赋予了中小股东参与经营决策的权利，从内部在尊重公司"自治"的同时，在外部又对公司的权利的分配和制衡做了一定的要求，特别是前置程序的建立，在中小股东和大股东之间的权利制衡又做了详细的规定。总之股东代表诉讼制度在股东之间的收益制衡方面取得了很大的突破。

（3）补充现有的监督机制

公司设立监事会的目的是在于将监事会作为一个相对独立的机构来监督审查公司的各项制度的执行情况，其地位与董事会是平行关系，所以监事会的执行情况会影响到整个公司的经营和发展。而现今，监事会的情况不容乐观，监事会的权利得不到实现，即便是有实权的监事会，在履行监察权的时候多半会看董事会的"脸色"行事，这造成的结果就是公司内部的监督机制形同虚设。而股东代表诉讼制度的建立就是引入一定的公权力对内部监督制度的补充，以规范公司的经营管理。股东代表诉讼制度从中小股东的角度来说，可以满足中小股东对公司权利的需求，提高中小股东在公司中的地位和话语权。而从公司的董事长，高级管理人员和大股东的角度上来说，可以规范大股东的行为，规范公司的正常经营。再者，从成本的角度来看，股东代表诉讼制度，诉讼的程序及条件较多，过程繁杂，周期较长，对于公司经营管理来说不是一个节约资源的好办法，所以这也会使得公司的管理者或者大股东能重视并倾听中小股东的建议。

3. 股东代表诉讼的约束机制——前置程序

新版《中华人民共和国公司法》在第一百五十一条中明确设立了股东代表诉讼前置程序，立法的主要目的在于规范股东的诉讼行为。股东在行使诉讼权利之前应在公司内部寻求救济，即通过监事会或者监事进行公司内部的审查，在内部得不到救济之后，才能进而行使代位权进行诉讼。股东代表诉讼前置程序的存在主要有以下价值：

充分尊重了公司作为独立法人的独立人格。在经营权和所有权日渐分离的时候，公司在经营管理方面的权利交给董事会整体行使，在尊重公司独立人格的同时，前置程序同样也在一定程度上给予了股东法律上公平和正义的待遇，包括规定等待期30天，给予监督检查人员30天作为履职时间，30天后则基于股东诉讼的权利，这样也更加尊重各个股东的权益。在公司的经营层面上来说也更有利于公司的经营运转。

有利于降低公司因诉讼而增加的成本。股东代表诉讼的前置程序使得股东最大程度上去寻求公司内部的救济，这样一来，公司运用了非诉讼的方式来解决问题，首先，避免了产生不必要的诉讼，最终达到了和诉讼相同的效果。其次，避免了诉讼程序，也就避免了法院对于公司经营管理上的审查，使公司可以连续运转，不影响公司的正常经营，降低了本不该产生的成本。

有利于规范股东的行为，避免恶意诉讼或者基于个人目的的诉讼。公司中确实存在股东过于贪图私人利益，而妄图从对公司的诉讼中实现个人利益的最大化。该规定就是对这些人发出了警告，凡是想通过公司来谋取个人利益的行为都必将会受到法律法规的严惩。股东代表诉讼虽然是解决股东和公司之间矛盾的一种方式，但是是最底线的无奈之举。民法是私法，讲究意思自治。公权力过多的干预公司的事务自然是公司的经营所不喜好的。

在走出诉讼这一步之前先进行公司内部的自我救济不仅是本着为了公司利益出发的角度，而且也是对民商法整体基本原则的贯彻。

必懂法规

一、《中华人民共和国公司法》

第一百四十九条　董事、监事、高级管理人员执行公司职务时违反法律、行政法规或者公司章程的规定，给公司造成损失的，应当承担赔偿责任。

第一百五十条　股东会或者股东大会要求董事、监事、高级管理人员列席会议的，董事、监事、高级管理人员应当列席并接受股东的质询。

董事、高级管理人员应当如实向监事会或者不设监事会的有限责任公司的监事提供有关情况和资料，不得妨碍监事会或者监事行使职权。

第一百五十一条　董事、高级管理人员有本法第一百四十九条规定的情形的，有限责任公司的股东、股份有限公司连续一百八十日以上单独或者合计持有公司百分之一以上股份的股东，可以书面请求监事会或者不设监事会的有限责任公司的监事向人民法院提起诉讼；监事有本法第一百四十九条规定的情形的，前述股东可以书面请求董事会或者不设董事会的有限责任公司的执行董事向人民法院提起诉讼。

监事会、不设监事会的有限责任公司的监事，或者董事会、执行董事收到前款规定的股东书面请求后拒绝提起诉讼，或者自收到请求之日起三十日内未提起诉讼，或者情况紧急、不立即提起诉讼将会使公司利益受到难以弥补的损害的，前款规定的股东有权为了公司的利益以自己的名义直接向人民法院提起诉讼。

他人侵犯公司合法权益，给公司造成损失的，本条第一款规定的股东可以依照前两款的规定向人民法院提起诉讼。

第一百五十二条　董事、高级管理人员违反法律、行政法规或者公司章程的规定，损害股东利益的，股东可以向人民法院提起诉讼。

二、《中华人民共和国民事诉讼法》

第二十二条 下列民事诉讼，由原告住所地人民法院管辖；原告住所地与经常居住地不一致的，由原告经常居住地人民法院管辖：

（一）对不在中华人民共和国领域内居住的人提起的有关身份关系的；

（二）对下落不明或者宣告失踪的人提起的有关身份关系的诉讼；

（三）对被采取强制性教育措施的人提起的诉讼；

（四）对被监禁的人提起的诉讼。

三、《最高人民法院关于民事诉讼证据的若干规定》

第二条 当事人对自己提出的诉讼请求所依据的事实或者反驳对方诉讼请求所依据的事实有责任提供证据加以证明。

没有证据或者证据不足以证明当事人的事实主张的，由负有举证责任的当事人承担不利后果。

谨慎代持
——规避法律风险大，股权代持需谨慎

目前，股权代持已成为大家熟知的一种持有股权的变通方式，因其具有隐密性和灵活性，可以在一定程度上使投资人更便捷地做出适当的投资安排。但这种变通安排却面临着合法性等根本问题，而且随着社会信用体系的建立与完善，还将面临其他一些更加严峻的问题。股权代持的出现和在实践中的应用进一步推动了《中华人民共和国民法通则》和《商法》适用的激烈互动，然而必须正视的是，目前关于股权代持的相关立法并不健全和完善，如何充分保护商事交易秩序和维护法律公平价值，运用严谨的法律逻辑规则对股权代持进行规范，合理认定其效力，是当前亟待解决的重要现实问题。

以案说法

一、经典案例

1. 原告请求转回代持股,案外人突提异议

2008年的某天,法院受理了一起诉讼。C起诉称,2000年10月之前,原告是A股份有限公司(以下简称A)前五大股东,拥有A法人4354560股。1996年6月颁布的《证券经营机构股票承销业务管理办法》第十五条规定,"证券经营机构持有企业7%以上股份,或者其前五位股东之一,不得成为该企业的主承销商或副主承销商"。原告为了成为A配股的主承销商,于2000年10月13日,将其所拥有的A法人股中的300万股挂靠到被告B公司名下。挂靠期间经送股,B公司名下的300万股A法人股增至600万股。2000年3月1日起,原告成为A2000年增资配股的承销商,并于2001年3月15日完成配股事宜。

为了避嫌,原告让其他公司代持股票,一般在承销工作完成一年后将股票转回。2001年9月30日,中国证监会发布《关于加强对上市公司非流通股协议转让的通知》,规定对未按照证券交易所、证券登记结算公司有关业务规则进行的上市公司非流通股协议转让的,证券交易所、证券登记结算公司一律不得办理股份转让、过户登记手续。至此,由被告代持的上述法人股无法转回至原告名下。2006年9月22日,被告出具承诺书,承诺将其代持的A法人股600万股及相应的孳息全部归还原告。上述法人股在2007年年初上市流通,但被告至今未将上述法人股转回给原告。故请求判令确认被告名下的600万股A法人股归原告所有。

被告 B 公司对于原告 C 的诉讼请求及相关的事实和理由均不持异议，称被告取得系争法人股的确没有向原告支付过对价。尽管案件事实有些复杂，但鉴于原被告对于事实和理由都没有异议，法院决定支持原告的诉讼请求。此时，突然有一案外人深圳银行股份有限公司××支行向法院申请参加诉讼，提出原告 C 称被告 B 公司为其代持系争法人股没有任何事实依据，原告和被告恶意串通，目的是为了规避法院的强制执行。原来早在 2002 年，被告 B 公司对案外人深圳宏远房地产经营有限公司所欠××支行借款本金人民币 810 万元，以及相应利息对深圳银行××支行承担连带还款责任，当时双方签订了调解书，后该案被指定由深圳市××人民法院执行。在上述案件的执行中，深圳××区人民法院将本案系争 600 万股 A 法人股予以轮后冻结。

2. 原被告股权转让存在对价，究竟是挂靠还是交易

深圳银行××支行向法院提出，原、被告之间签订了法人股转让协议书及质押协议书，从两份协议的内容来看，被告于 2000 年 10 月 13 日获得系争法人股时的对价为每股人民币 1.60 元。既然有成交价，则不可能是挂靠或代持关系，请求法院对于原告的诉请不予支持。

经法院在庭审过程中查明，原告 C 于 1994 年购入 A 法人股，截至 1999 年，原告共持有 A 法人股 4354560 股。2000 年 10 月 10 日，原告与被告 B 公司签订法人股转让协议书一份，约定原告同意将所持 A 法人股 300 万股（每股面值人民币 1 元）按每股人民币 1.60 元的价格转让给被告，转让金额合计人民币 480 万元；双方同意上述股票及其所有股东权益自中登公司过户之日起归被告所有；被告在协议生效之日起 15 日内，将上述转让款项划入原告指定账户。深圳市××公证处就上述转让协议出具公证书。同年 10 月 13 日，原、被告双方至中登公司办理了相关过户手续，中登公司出具的投资者记名证券持有变动记录载明，被告 b88014×××账户下证券代码为 600838 的 A 法人股数量为 300 万股，过户类型为非交易变动。后该 300 万股法人股经送股增至 600 万股。

2002 年 1 月 24 日，原告 C 与被告 B 公司签订还款质押协议一份，约定：鉴于被告并未履行还款义务，现被告确认对原告负有人民币 480 万元未履行的债务，并以其名下 600 万股 A 法人股作为质押，如被告在本协议签署之日起一个月内仍未能履行其债务，则原告

有权直接凭本协议书向法院起诉；本协议生效后，被告负责办理上述股权质押登记手续。深圳市××公证处对该份协议书亦进行了公证。同年4月26日，原、被告双方至中登公司办理了相关的质押登记手续。

由于被告B公司未能履行还款义务，原告C与被告于2005年7月又签订一份协议书，约定被告应在协议书签署之日起15日内将人民币480万元支付给原告，前述股权仍继续为上述债务提供质押担保。

2007年3月21日，系争法人股上市流通。另查明，宝鼎公司系原告C股东，同时宝鼎公司投资成立了千年公司，千年公司系被告B公司股东，即C与B公司存在关联关系。

二、案例分析

本案的争议焦点在于，双方签订股权有偿转让协议，并经过股权变更登记，受让人未支付对价的，转让人能否主张股权变更系股权的挂靠或代持行为而要求收回该转让股权？原告C于1994年出资购入A法人股取得了该部分法人股的所有权。之后，原告通过签订法人股转让协议书，约定将原属其所有的300万股A法人股有偿转让给被告B公司，并在中登公司办理了相关的过户登记手续，交易类型为非交易过户。此后，原、被告双方又签订了一份质押还款协议，约定由被告将上述A法人股及因送股后所增加的法人股共计500万股为其归还原告转让款提供质押担保，双方亦就此在中登公司办理了质押登记手续。上述约定表明，原、被告已就系争法人股的转让达成合意，并已办理相关登记手续，具有公示效力。对此，笔者认为，原告所称的挂靠或代持行为，也就是通常意义上的法人股隐名持有。根据现有案情，本案中原、被告之间的关系不同于一般的法人股隐名持有。法人股隐名持有存在实际出资人和挂名持有人，双方应签订相应的协议以确定双方的关系，从而限制挂名股东的股东权利。而本案中原告本来就是法人股的所有人，被告则是通过有偿受让的方式取得这些法人股的所有权。双方所签订的是法人股转让协议，协议中确定了转让对价及所有权的转移问题。据此，原告是通过出售的方式将法人股的所有权转移到了被告名下，并且，双方已经在登记机关办理过户登记手续。因此，即使被告尚未支付对价，在双方转让协议效力不存在瑕疵的情况下，原告无权主张本案系争股权属其所有，其只能根据相关转让协议要求被告支付转让价款。另外 C 与被告 B 公司在股权转让后又于 2002 年和 2005 年两次签订了还款质押协议，协议明确 B 公司对 C 负有 480 万元股权转让对价未履行的债务，且将 B 公司名下的系争法人股设定为质押，并办理了质押登记手续。该前后两份还款质押协议对双方债务关系的确认，说明了 C 与 B 公司签订系争股权转让协议之时的真实意思应是"股权转让"，而不是"股权代持"。

尽管原告称为规避相关法律法规成为 A 股票的承销商，但按照证监会关于前五大股东不能获得配股承销权的规定，上诉人 C 作为前五大股东，要取得配股承销权，就必须减持股份，退出前五大股东之列。也就是说，C 在获取配股承销权与继续持有相应股权之间，必须作出选择，两者不可兼而得之。既然 C 选择了获取配股承销权，就只能放弃继续持有相应股权。因此，从 C 的选择行为来看，能够推断 C 签订系争股权转让协议之时的意愿应是股权转让，而不应是股权代持。

原告称其一直行使 A 股东的权利，并以此证明其对系争法人股享有所有权。从现已查明的事实看，原告仅向被告出让了部分系争法人股，其仍是 A 的股东，故原告仍享有着相应的股东权利。根据原告提供的有关 A 股东大会签到名册及授权委托书显示，相关授权委托书上仅表明代理人系受原告委托行使表决权，并未明确代理人行使的表决权也包括被告所持股份。鉴于原、被告之间存在着关联关系，原告代理人代表被告在签到名册上签名并不能排除其系受被告委托参加股东大会，故原告方代理人同时代表被告在股东大会签到名册上签名的行为，并不能对抗原、被告之间已就系争法人股所形成的所有权转移的法律关系。

即使按 C 所称其与一审被告 B 公司存在实际的代持股权关系，C 要求确认系争法人股归其所有的主张，依法亦不能予以支持。因为，C 与 B 公司签订股权转让协议后已在工商登记机关办理了股权转让的变更登记手续，故系争股权已移转于受让人 B 公司名下，即股权变动已发生法律效力。根据我国《中华人民共和国公司法》和《中华人民共和国证券法》的相关规定，公司股权转让应办理变更登记手续，以取得对外的公示效力，否则不得对抗第三人。该规定遵循的是商法的外观主义原则，立法目的在于维护商事交易安全。该种对抗性登记所具有的公示力对第三人而言，第三人有权信赖登记事项的真实性。同时，根据《中华人民共和国证券法》公开、公平、公正的交易原则及上市公司信息公开的有关规定，对上市公司信息披露的要求，关系到社会公众对上市公司的信赖及证券市场的交易安全和秩序。因此，A 作为上市公司，其股东持有股权和变动的情况必须以具有公示效力的登记为据。C 称其为了规避证监会有关规定而通过关联企业 B 公司隐名持有股权，并要求确认已登记在 B 公司名下的股权实际为其所有，显然不符合上述相关法律规定，也有违《中华人民共和国公司法》所规定的诚实信用原则。故 B 公司的债权人基于中登公司登记而申请法院查封执行 B 公司名下系争股权的信赖利益，应依法予以保护。因此，即使如 C 所称有实际的代持股权关系存在，系争股权也不能归 C 所有。

综上，C 与 B 公司之间所存在的应是股权转让关系，系争股权转让协议真实合法，应属有效，系争法人股已依法变更至 B 公司名下，则不能归属 C 所有。B 公司没有依约履行支付股权对价的义务，C 可向其主张要求支付股权转让对价的债权。

三、律师观点

在现代经济活动中，各自然人、法人及非法人主体之间股权代持行为的现象呈上升趋势，其风险隐患也愈加严重，应引起重视，并采取相应的防范对策。

1. 股权代持协议的法律效力被否定的风险防范

需注意的是，这里指的股权代持效力协议的风险主要指是否涉及《中华人民共和国合同法》第五十二条第三项的"以合法形式掩盖非法目的"。是因为要明确被禁止或限制实施投资行为的人是指哪些人，是否包含隐名股东这一股权代持行为的相对人？或者隐名股东拟设立或投资入股的公司所属的行业是中国现行法律或行政法规禁止或限制投资的特殊领域？如果是，则这份签署的股权代持协议就很有可能被认定为具有"非法目的"。另一方面，尽管我国法律和行政法规已认可了股权代持协议本身的法律效力，却仍然有可能由于具有"非法性目的"而被认定为是"以合法形式掩盖非法目的"所签的合同，最终被认定为不具备法律效力。虽然，目前的股权协议框架无法有效规避"以合法形式掩盖非法目的"的法律风险,但通过笔者的观察,可在签署股权代持协议的基础上采取以下必要的补充措施:投资者甲将其投资资金以借贷形式给代持股的乙,由乙投资于丙公司,形成乙对丙公司的股权。双方签署债务清偿协议,约定以乙把丙公司未来产生的对应收益扣除乙付出的成本及代持股报酬后,由乙全部支付给甲,以清偿乙对甲的债务。乙可以委托甲行使股权,或将其对丙公司持有的部分股权质押给甲并履行必要的股权质押登记手续,以保障乙按约履行清偿债务的义务。最后,建议代持股双方应当在协议中重点设计违约条款,增加违约方的成本,以保障协议有效履行。

2. 显名股东恶意侵害隐名股东权益的风险防范

显名股东对隐名股东权益的恶意侵害在公司股权代持的法律风险中是比较常见的,因此,必须对显名股东采取一定的防范措施。具体包括:①明确股东权利的行使方式。股权代持行为的两方即隐名股东和显名股东之间,显名股东只是代持股权的名义股东,隐名股东才是实际出资人的实质股东,但现实中,行使股东的权利只能以显名股东的名义,隐名股东要实现对公司的有效控制,必须与显名股东约定通过隐名股东同意的股东权利的行使方式,比如表决权、分红权、增资优先权、优先购买公司股权等,显名股东行使股东权利必须符合隐名股东的意愿,必要的时候,隐名股东还可以要求显名股东将一些股东权利的行使权委托给自己或信任的第三人且不可撤销。②不让显名股东拥有财产权。有效防止了显名股东可以任意行使其所享有股东权中的财产权,从而侵害事实上属于隐名股东的财产权益,甚至当出现显名股东意外死亡、长期失踪或离婚等情况时,因其所代持的股权并非他的真实个人财产,就可防止依法成为显名股东的遗产或共同财产被继承或分割。最后,约定苛刻的违约责任并对签署的股权代持协议予以公证。由于在程序上显名股东通常被认定为公司的合法股东,当显名股东违约蓄意实施不正当和不道德的行为的时候,作为实际出资人的隐名股东往往很难及时有效地防避和制止而导致股东权益受损,因此,苛刻的违约责任和高额的违法成本,在一定程度上对那种心存不轨,意欲假戏真做地去侵害隐名股东权益的显名股东起到震慑作用,从而最低限度地减少其违约侵害行为的可能性。

3. 隐名股东难以确立公司的股东身份致使其权益无法向公司主张的风险防范

虽然《公司法解释三》第二十五条的规定是肯定了隐名股东的投资权益得到保护,仍存在一定的局限性。由于享有投资权益并不意味着获得了法律认可的股东资格，其投资权益还是需要通过代持股的显名股东而不能直接向公司主张。

为此，笔者认为，隐名股东应该把握机会主动向公司及其他股东披露股权代持的事实并出示具有法律效力的有效件（双方签名的股权代持协议以及相关股权质押协议、股权期权购买协议、借款协议等），争取过半数股东们的支持并取得股东们（过半数）签字的同意显名股东向隐名股东"转让"股权的声明，而且，所有股东（显名股东除外）都放弃优先购买权。

4. 显名股东资信降低，对外大额负债的法律风险防范

股权代持的特点是隐名股东在法律上不被承认，其被代持的股份被视为委托代持人（显名股东）的财产，显名股东才是股份的法定权利人。万一显名股东因自身资信负债等问题被法院判决需对债权人承担履行债务的义务，而显名股东又无可供执行的相关财产，极可能由该债权人提出针对代持股份的强制执行请求。

鉴于上述状况，笔者建议采用信托的方式实现股权代持为第一步，然后在签署的股权代持协议中明确显名股东不享有股份的财产权利，接下来就是要求显名股东（受托人）将所代持的股份以隐名股东为质权人去设立质权，以锁定显名股东代持的股权。

5. 显名股东被要求履行出资义务的风险防范

既然根据股权代持协议约定了实际出资人（隐名股东）和显名股东后形成了股权代持行为，作为显名股东一方，应当通过律师、企业法律顾问等相关法律渠道核实实际出资人是否履行了出资义务，以及出资是否真实，如果出资不实或不及时，应当督促其尽快采取实际有效的补全措施，与此同时，主动收集尽可能更多的相关证据，避免万一今后出现法律纠纷时，因实际出资人出资不实等情况而导致实质上只是代持角色的显名股东要承担最终的法律责任的后果。

6. 股权代持双方都被征税的风险防范

近年来，国家对待股权代持的问题，税收部门在强调缴税必须遵循法规条文的大前提下，其相关征管政策也开始重视经济本质且重复纳税事件也逐渐少发生了。这要求任何一方在签署股权代持协议的时候要严谨、明确，保证代持股的合法性；在财务层面依据"实

质重于形式"的原则进行会计确认、计量和报告等，以使会计活动准确反映经济活动的实质；在税收方面，呼吁我国立法部门出台基于实质重于形式原则的税务管理的相关政策，使税收政策适应经济发展需要兼顾公平。

7. 公司存在代持行为面临法律规制的风险防范

由于资本市场和行政领域对公司的股权代持行为有严格的规定，对违规企业处罚严厉，被查出存在股权代持的企业被勒令整改、罚款甚至注销。可以说，公司的股权代持行为一旦被法律规制，企业会为此付出相当大的成本代价。要有效控制这类风险的几率，不建议取巧或走捷径，只能在设立和经营有限公司过程中要尽量保持公司股权清晰，如果现实迫使不得不要采取股权代持行为，参与股权代持行为的各方必须一齐讨论协商，通过签署相应的协议、合同等契约文件以及其他约定规避股权代持可能存在的法律风险。

必懂知识

1. 股权代持概述

股权代持是指因实际出资人（隐名股东）与他人（名义股东、显名股东）约定，实际出资人以他人名义向公司出资、以他人名义持有公司股权（股份）、由实际出资人享有投资收益等部分或全部股东权益，而形成的一种股权（股份）处置方式。股权代持相较直接持股而言具有极强的隐蔽性，实际出资人不愿将其投资事实公之于众的原因各有不同，从合规与否的角度归纳，股权代持的成因大致可分为两大类：一是为谋求非法利益而规避法律限制。如实际出资人为了规避上市公司同业竞争与股份禁售期的限制、有限责任公司股东最高人数的限制（如职工持股会）、关联交易表决程序的限制、竞业禁止的需要；实际出资人为规避外商投资法律体系中对外商投资范围、投资比例的限制；实际出资人为规避特殊主体身份条件如公务员投资、台商投资的限制，以及获得税收优惠等的需要。此类股权代持往往以规避法律限制性规定或者强制性规定而进行、其所获得的收益通常被认定违法，在实践中往往法律是打击的对象，这在证券法律法规中均有明令禁止股权代持的规定。二是为保护个人隐私及或便于商业运作而隐名投资。如为了保护个人信息安全、避免暴露财富、为了保护个人隐私、为了保护交易的隐秘性和灵活性而设立的股权转让；公司为了避免频繁变更股权导致繁琐变更手续的需要而设立的股权转让等。此类股权代持具有私权保护性质、其成因不违反法律法规限制性或强制性规定，在实践中是需要重点保护的对象。

2. 股权代持的规范化运作

基于股权代持效力的分析可以看出，只有严格规范股权代持行为，才能有效地保障当事人合法权益，维护市场交易秩序和安全。对于股权代持的规范，其首要宗旨是规范代持双方的权利义务。《中华人民共和国公司法》中涉及股东权利的书面材料包括公司章程、股东出资协议、出资证明书、股东名册及工商登记资料等。对于规范股东权利义务，包括对第三人的公示效力，均可从上述资料中获取。对于股权代持行为的规范，核心在于股权代持协议。通过对股权代持协议要素的科学界定，进而规范股权代持行为。

（1）明确股权代持协议的要素

股权代持协议是实际出资人与名义股东就股权代持事宜达成的协议。该协议系当事人基于私法意思自治的合意，至少包括以下三个要素：

一是股权代持的合意。如前文所述，实际出资人主观上要有设立公司的目的，且同意以合同相对人作名义股东。如果实际出资人仅仅为非股权的投资行为，即使该出资投入到公司中，亦不得享有隐名股东地位；如果实际出资无设立公司之目的，仅将一定数额的财产交由合同相对人投资或管理，其实质上是类似于委托或信托行为，无代持股权之义。另外，股权代持的合意与隐名代理既有联系又有区别。《中华人民共和国合同法》第四百零三条规定了隐名代理行为。股权代持与隐名代理都属于受托人（名义股东）以自己名义实施某项行为，并向委托人承担交付义务（委托合同中的交付财产义务，名义股东执行实际出资人的意志并交付资产收益义务）。二者的区别也十分明显。委托合同主要是委托受托人处理一项或数项事务，其委托的内容主要是基于委托授权实施具体行为，在特定情况下相对人享有选择权，委托人享有介入权，受托人有披露义务。而在股权代持中，名义股东和实际出资人并无上述相关权利义务，故股权代持应以代持合意为首要前提。

二是明确双方权利义务。主要包括实际出资人的出资义务、享受收益和其他权利,名义股东根据约定行使相应权利、履行相应义务。应当指出,在实际出资人不暴露身份的情况下,由名义股东具体行使股东权利,以代持协议为基础,向实际出资人报告情况、执行意志,并代为行使共益权和自益权。在实际出资人直接介入公司的情况下,名义股东仅为挂名股东,实际出资人直接具有股东地位。在股权代持协议基础上,若名义股东不执行实际出资人的意志,将根据协议承担相应的违约责任。应当明确的是,股权代持协议属于无名合同,其约束的是合同相对人,协议不能限定其他权利主体的义务。代持协议中约定的显名条款,名义股东仅具有履行代持协议之义务,是否能够显名,应遵从公司法等具体规定。

三是股权代持协议应以要式为原则。在实际出资人要求显名的情况下,实践中发生较多的股东资格确认案件均由于缺乏书面的代持协议,且名义股东不同意办理登记变更,导致实际出资人难以维权。此时,争议发生的关键证据即为股权代持协议。在公司内部层面,股东名册仅具有证权作用,具有推定力,不具有绝对的对抗效力。在仅有口头约定而没有书面协议的情况下,若实际出资人无法举证其与名义股东的代持关系,实际出资人的出资行为性质可能会有多种解读,其将陷入被动。

股东代持协议应明确以要式合同为原则,在特殊情况下可以采取口头协议,但应注意收集相关能证明代持关系的证据材料。

(2) 规范股权代持行为的公示方式

股权代持行为作为双方约定,往往具有隐蔽性,此时因实际出资人未介入公司,则无权享有股东地位,并无争议。在司法实践中更为常见的情况是,其他股东实际知晓某股东系名义股东,其背后有实际出资人;或者实际出资人直接表明身份,但未参与经营管理;以及实际出资人直接参与了公司的经营管理。股权代持行为对实际出资人权利的保护较为重要,尤其是对其股东资格的确认更是具有实质意义,应当合理引导实际出资人公示股权代持行为。

一方面,在实际出资人未以股东身份参与公司生产经营时,基于任何原因,即使其他股东明知某股东为名义股东,只要实际出资人未"走向前台",仍由名义股东直接行使股东权利、承担股东义务。此种情况股权代持行为尽管已被其他股东所知，但不具有法律上认可实际出资人为股东的事实效力。

另一方面，若实际出资人直接以股东身份参与经营，且其他股东无反对意见的，则应当视为其他股东认可其股东身份，在公司内部层面具有法律效力。对于实际出资人实际参与公司经营活动，如其直接以自己名义参加股东会议、董事会等，并在相关决议上签名，得到其他股东的认可，应当表明其公示股权代持行为。

规范股权代持的公示方式，更多层面属于事实认定和证据判断问题。对于未参与公司经营管理决策的，自然属于未公示其实际出资人身份。但对于参与公司经营决策的，应当区分两种情况：一是对于未明示其实际出资人地位，则可能被其他股东认定为名义股东之代理人地位，则其实际参与公司经营，对于公司和其他股东而言，本质是代理名义股东行使股东权利。二是明确表示自己系实际出资人，且参与公司经营管理、行使股东权利的，则应当认定为其公示了实际出资人即隐名股东身份。具体在司法实践中，要通过审查公司是否有通知实际出资人参加股东会、董事会会议，实际出资人是否在公司决议上签字、是否直接参与分红等综合进行判断。

（3）畅通实际出资人显名渠道

实际出资人要求取得股东资格，应当遵从公司法的相关规定。根据《公司法司法解释（三）》的规定，实际出资人未经公司其他股东半数以上同意，请求公司变更股东、签发出资证明书等，人民法院不予支持。亦即实际出资人显名，须得到其他股东的半数以上同意。该规定在认可内部股权代持协议效力基础上，在与其他股东层面，仍然要求半数以上同意。

对于实际出资人以其本人名义直接以股东身份参与公司经营管理，至少要包括四个要件，方可从事实上推定其股东身份：一是要向其他股东明示其实际出资人身份，通过出示股权代持协议，或由名义股东作出相关意思表示；二是要举证证明其实际履行了出资义务，即设立公司的资本金由其本人出资；三是实际出资人较为全面地行使了股东权利，并实际承担了公司经营风险。四是实际出资人介入公司的生产经营，得到其他股东的一致认可。通过共同书面签署相关决议、参加公司相关事务等，进行综合认定。在符合上述要件的情况下，实际出资人要求显名的，应当予以认定。但如何把握《公司法司法解释（三）》第二十四条关于"须经公司其他股东半数以上同意"的规定？应当认为，不能机械地简单理解为必须限定在诉讼中征得其他股东同意，而应以公司经营期间其他股东是否一致认可为基础。

若符合前述四个要件，能够证明实际出资人以股东身份参与公司经营已得到其他股东一致认可的，则该事实即可认定其他股东半数以上已经同意；若不符合前述四个要件，则由法院行使释明权，要求当事人双方提供有关证据材料，综合审查认定。

可以看出，股权代持的规范化运作，要充分认识股权代持协议的重要性，加强对股权代持协议的规范，明确股权代持协议应具备代持合意、明确的权利义务条款、书面格式等要件。要合理引导实际出资人公示股权代持行为，对于实际出资人得到其他股东一致认可并实际以股东身份参与公司经营的，应适用公司法司法解释相关规定，畅通实际出资人显名渠道。

必懂法规

一、《最高人民法院关于适用〈中华人民共和国公司法〉若干问题的规定（三）》

第二十二条　当事人之间对股权归属发生争议，一方请求人民法院确认其享有股权的，应当证明以下事实之一：

（一）已经依法向公司出资或者认缴出资，且不违反法律法规强制性规定；

（二）已经受让或者以其他形式继受公司股权，且不违反法律法规强制性规定。

第二十三条　当事人依法履行出资义务或者依法继受取得股权后，公司未根据《公司法》第三十一条、第三十二条的规定签发出资证明书、记载于股东名册并办理公司登记机关登记，当事人请求公司履行上述义务的，人民法院应予支持。

第二十四条　有限责任公司的实际出资人与名义出资人订立合同，约定由实际出资人出资并享有投资权益,以名义出资人为名义股东,实际出资人与名义股东对该合同效力发生争议的,如无《中华人民共和国合同法》第五十二条规定的情形,人民法院应当认定该合同有效。

前款规定的实际出资人与名义股东因投资权益的归属发生争议,实际出资人以其实际履行了出资义务为由向名义股东主张权利的,人民法院应予支持。名义股东以公司股东名册记载、公司登记机关登记为由否认实际出资人权利的,人民法院不予支持。

实际出资人未经公司其他股东半数以上同意,请求公司变更股东、签发出资证明书、记载于股东名册、记载于公司章程并办理公司登记机关登记的,人民法院不予支持。

第二十五条 名义股东将登记于其名下的股权转让、质押或者以其他方式处分,实际出资人以其对于股权享有实际权利为由,请求认定处分股权行为无效的,人民法院可以参照物权法第一百零六条的规定处理。

名义股东处分股权造成实际出资人损失,实际出资人请求名义股东承担赔偿责任的,人民法院应予支持。

第二十七条 股权转让后尚未向公司登记机关办理变更登记,原股东将仍登记于其名下的股权转让、质押或者以其他方式处分,受让股东以其对于股权享有实际权利为由,请求认定处分股权行为无效的,人民法院可以参照物权法第一百零六条的规定处理。

原股东处分股权造成受让股东损失,受让股东请求原股东承担赔偿责任、对于未及时办理变更登记有过错的董事、高级管理人员或者实际控制人承担相应责任的,人民法院应予支持;受让股东对于未及时办理变更登记也有过错的,可以适当减轻上述董事、高级管理人员或者实际控制人的责任。

第二十八条 冒用他人名义出资并将该他人作为股东在公司登记机关登记的,冒名登记行为人应当承担相应责任;公司、其他股东或者公司债权人以未履行出资义务为由,请求被冒名登记为股东的承担补足出资责任或者对公司债务不能清偿部分的赔偿责任的,人民法院不予支持。

二、《中华人民共和国合同法》

第五十二条　有下列情形之一的，合同无效：（一）一方以欺诈、胁迫的手段订立合同，损害国家利益；（二）恶意串通，损害国家、集体或者第三人利益；（三）以合法形式掩盖非法目的；（四）损害社会公共利益；（五）违反法律、行政法规的强制性规定。

三、《中华人民共和国物权法》

第一百零六条　无处分权人将不动产或者动产转让给受让人的，所有权人有权追回；除法律另有规定外，符合下列情形的，受让人取得该不动产或者动产的所有权：（一）受让人受让该不动产或者动产时是善意的；（二）以合理的价格转让；（三）转让的不动产或者动产依照法律规定应当登记的已经登记，不需要登记的已经交付给受让人。

受让人依照前款规定取得不动产或者动产的所有权的，原所有权人有权向无处分权人请求赔偿损失。

当事人善意取得其他物权的，参照前两款规定。

关联担保
——关联担保不合法，债权人员受损失

上市公司违规关联担保，是指上市公司提供关联担保的决策程序违反《中华人民共和国公司法》规定的程序性限制，具体表现为未经决策机关表决而是由法定代表人越权提供的关联担保，或者是关联股东或者关联董事未履行回避义务进行的有失公允的担保，或者是无权决策机关在公司章程缺位时违反股权主权的原则擅自决定提供担保的行为。这些违规操作的行为由于具有隐蔽性和外观合法性，不易被发觉，往往导致的最终结果是公司需要承担连带责任或是赔偿责任。加之关联担保的金额少则几千万多则几十亿，而上市公司经营资金却是有限的，短时间内偿还如此大额的现金债务使得上市公司的财务风险迅速升级，通常会造成资金断裂而被迫破产清算。

上市公司关联担保在我国证券市场呈现泛滥的趋势，尤其是违规的关联担保更是继续恶化，甚至出现以地域划分的担保圈现象，众多经营良好的上市公司短时间内面对大量的担保诉讼，不仅要承担大额诉讼费用还要承担连带责任，这给上市公司的资金运营带来极大地冲击，将上市公司带入生存困境。本文从上市公司关联担保的案例出发，通过对典型案例的分析，进而在对实际控制人的公司对外担保和担保债权人的风险规避方面提出合理化建议，以期能够加强对上市公司利益的保护。

以案说法

一、经典案例

1. 借款担保合同，到期不还起纠纷

2006年4月30日，招行A支行与B公司签订借款合同，约定：借款金额为1496.5万元人民币，借款期限自2006年4月30日—6月30日，如贷款放出的实际日期与上述起始日期不一致，则贷款起止日期以借款借据确定的起止日期为准，借款用途为债权转化（借新还旧），贷款利率为年利率6.435%，B公司未按期偿还贷款的，对其未偿还部分从逾期之日起按在原利率基础上加收50%计收，贷款期间，若遇中国人民银行调整贷款利率，则按中国人民银行调整贷款利率的有关规定执行。

2006年6月8日，C公司出具不可撤销担保书，承诺对上述贷款承担连带保证责任,保证范围包括借款本金、利息、罚息、违约金及其他一切相关费用。保证期间为自本保证书生效之日起至借款合同履行期限届满另加两年。2006年4月30日,招行A支行与C公司分别签订了两份抵押合同,该合同规定以C公司所有的位于××市×××区×××镇×××村182559平方米的国有土地使用权及××市×××区×××17套计24361.09平方米的房产作抵押。同年6月6日在××市国土资源和房屋局×××分局对位于××市×××区×××镇×××村182559平方米的土地办妥了抵押登记,同年6月8日在××市房地产登记发证中心对位于××市×××区×××8号17套计24361.09平方米的房产办理了抵押登记,担保范围包括但不限于借款本金、利息、罚息、违约金、损害赔偿金及实现债权的费用。招行A支行在中国银行之后为第二抵押权人。2006年6月8日,招行A支行按照合同约定将1496.5万元贷款如数转入B公司账户内。贷款到期后,B公司未能偿还借款本息。C公司也没有履行担保义务。

2008年6月18日,招行A支行以B公司和C公司为被告,向××市中级人民法院提起诉讼,请求判令B公司偿还贷款本金1496.5万元及至给付之日的利息(包括逾期利息);要求C公司对上述债务承担连带责任;要求两被告承担诉讼费、保全费等。

2. 实际控制人担保决议瑕疵,债权人审查责任重

经一审法院查明,C公司的股东共有8个,分别为B公司、天津某创业投资管理有限公司、某实业有限公司、某科技创业投资有限责任公司、某绿色产业有限公司、××科技风险投资基金有限公司、王某刚、张某忠。C公司的股东之一××科技风险投资基金有限公司在2003年5月23日将名称由"××科技风险投资有限公司"变更为现名称"××科技风险投资基金有限公司"。《股东会担保决议》的决议事项并未经过C公司股东会的同意,C公司也未就此事召开过股东大会。

招行A支行虽然获取了《股东会担保决议》,但按照《中华人民共和国公司法》第十六条第二款的规定"公司为公司股东或者实际控制人提供担保的,必须经股东会或者股东大会决议。"招行A支行对《股东会担保决议》中存在的一些明显瑕疵却未尽到合理的形式审查义务,例如,其中一枚名称为"某科技创业投资责任公司"的印章,按《中华人民共和国公司法》规定不可能存在"责任公司"这种名称,招行A支行对此瑕疵依法应能

审查出来，结果却未审查出来，庭审中，招行 A 支行对此也承认存在疏忽。

C 公司的股东之一××科技风险投资基金有限公司，在 2003 年就已经将名称由"××科技风险投资有限公司"变更为现名称"××科技风险投资基金有限公司"，而《股东会担保决议》形成于 2006 年，故其上所盖的名为"××科技风险投资有限公司"的印章系作废旧印章，对此招行 A 支行应进行审查，但实际其并未尽到审查义务。

根据《中华人民共和国公司法》第十六条第三款规定"前款规定的股东或者受前款规定的实际控制人支配的股东，不得参加前款规定事项的表决"，B 公司作为 C 公司的股东，本不应参加此担保事项的表决，但《股东会担保决议》上却盖有 B 公司的印章，对此因公司法有明确规定招行 A 支行亦应进行审查，结果招行 A 支行同样未尽审查义务。

因此，一审法院认为，招行 A 支行与 C 公司签订的抵押合同及 C 公司出具的不可撤销担保书的效力，因 B 公司系 C 公司的股东，鉴于 C 公司的《公司章程》及股东会对公司为其股东或实际控制人即 B 公司提供担保均无特别授权，依照《中华人民共和国公司法》第十六条的规定，C 公司为其股东 B 公司提供担保，必须要经 C 公司的股东会决议通过，而招行 A 支行提供的《股东会担保决议》系无效决议，因此，C 公司法定代表人周某良无权订立涉案的抵押合同及不可撤销担保书，即涉案的抵押合同及不可撤销担保书系周某良超越权限订立，对于上述明显瑕疵招行 A 支行经审查应能很容易审查出，但其却未尽到应有的审查义务，故可以确定招行 A 支行知道或应当知道周某良系超越权限订立抵押合同及不可撤销担保书。根据最高人民法院《关于适用<中华人民共和国担保法>若干问题的解释》（以下简称《担保法解释》）第十一条"法人或者其他组织的法定代表人、负责人超越权限订立的担保合同，除相对人知道或者应当知道其超越权限的以外，该代表行为有效"的规定，该案中涉案抵押合同及不可撤销担保书应认定为无效。由于 C 公司作为担保人给招行 A 支行提供的《股东大会担保决议》上盖的"天津某创业投资管理有限公司""某实业有限公司""某科技创业投资责任公司""××科技风险投资有限公司"的印章均系虚假印章，其对抵押合同及不可撤销担保书的无效显然存在过错，招行 A 支行作为债权人由于未尽到相应的审查义务也存在过错，故根据《担保法解释》第七条"主合同有效而担保合同无效，债权人无过错的，担保人与债务人对主合同债权人的经济损失，承担连带赔偿责任;债权人、担保人有过错的,担保人承担民事责任的部分,不应超过债务人不能清偿部分的二分之一"的规定,C 公司应当对 B 公司不能清偿部分的债务承担二分之一的赔偿责任。

招行 A 支行不服判决,提起上诉,然而二审法院支持了一审法院的观点。招行 A 支行又提起再审,同时提交了一份新证据,即 C 公司股东会成员名单及签字样本,证明 C 公司提供给招行 A 支行的股东会决议上的签字及印章与其提供给招行 A 支行的签字及印章样本一致。最终再审法院撤销了一二审判决,支持了招行 A 支行的诉讼请求。

本案最大的争议焦点在于,招行 A 支行对担保书承担的审查责任的程度。

二、案例分析

涉案的抵押合同及不可撤销担保书系担保人 C 公司为其股东 B 公司之负债向债权人招行 A 支行作出的担保行为。作为公司组织及公司行为当受《中华人民共和国公司法》调整,同时其以合同形式对外担保行为亦受《中华人民共和国合同法》及《中华人民共和国担保法》的制约。涉案公司担保合同效力的认定,因其并未超出平等商事主体之间的合同行为的范畴,故应首先从《中华人民共和国合同法》相关规定出发展开评判。关于合同效力,《中华人民共和国合同法》第五十二条规定,"有下列情形之一的,合同无效。……(五)违反法律、行政法规的强制性规定"。关于前述法律中的"强制性",最高人民法院《关于适用＜中华人民共和国合同法＞若干问题的解释(二)》第十四条则作出如下解释规定"《中华人民共和国合同法》第五十二条第(五)项规定的强制性规定,是指效力性强制性规定"。因此,法律及相关司法解释均已明确了将违反法律或行政法规中效力性强制性规范作为合同效力的认定标准之一。

公司作为不同于自然人的法人主体,其合同行为在接受合同法规制的同时,应当受作为公司特别规范的公司法的制约。《公中华人民共和国司法》第一条开宗明义规定,"为了规范公司的组织和行为,保护公司、股东和债权人的合法权益,维护社会经济秩序,促进社会主义市场经济的发展,制定本法"。《中华人民共和国公司法》第十六条第二款规定,

"公司为公司股东或者实际控制人提供担保的,必须经股东会或者股东大会决议"。上述法规规定已然明确了其立法本意在于限制公司主体行为,防止公司的实际控制人或者高级管理人员损害公司、小股东或其他债权人的利益,故其实质是内部控制程序,不能以此约束交易相对人。故此上述规定宜理解为管理性强制性规范。对违反该规范的,原则上不宜认定合同无效。另外,如作为效力性规范认定将会降低交易效率和损害交易安全。譬如股东会何时召开,以什么样的形式召开,何人能够代表股东表达真实的意志,均超出交易相对人的判断和控制能力范围,如以违反股东决议程序而判令合同无效,必将降低交易效率,同时也给公司动辄以违反股东决议主张合同无效的不诚信行为留下了制度缺口,最终危害交易安全,不仅有违商事行为的诚信规则,更有违公平正义。故本案中一审、二审法院以涉案《股东会担保决议》的决议事项并未经过 C 公司股东会的同意,C 公司也未就此事召开过股东大会为由,根据《中华人民共和国公司法》第十六条规定,作出涉案不可撤销担保书及抵押合同无效的认定,应当认为属于适用法律错误。

在案事实和证据表明,涉案《股东会担保决议》确实存在部分股东印章虚假、使用变更前的公司印章等瑕疵,以及被担保股东 B 公司出现在《股东会担保决议》中等违背公司法规定的情形。C 公司法定代表人周某良超越权限订立抵押合同及不可撤销担保书,是否构成表见代表,招行 A 支行是否善意,亦是本案担保主体责任认定的关键。《中华人民共和国合同法》第五十条规定,"法人或者其他组织的法定代表人、负责人超越权限订立的合同,除相对人知道或者应当知道其超越权限的以外,该代表行为有效"。本案再审期间,招行 A 支行向本院提交的新证据表明,C 公司提供给招行 A 支行的股东会决议上的签字及印章与其为担保行为当时提供给招行 A 支行的签字及印章样本一致。而 C 公司向招行 A 支行提供担保时使用的公司印章真实,亦有其法人代表真实签名。且涉案抵押担保在经过行政机关审查后也已办理了登记。至此,招行 A 支行在接受担保人担保行为过程中的审查义务已经完成,其有理由相信作为担保公司法定代表人的周某良本人代表行为的真实性。《股东会担保决议》中存在的相关瑕疵必须经过鉴定机关的鉴定方能识别、必须经过查询公司工商登记才能知晓、必须谙熟公司法相关规范才能避免因担保公司内部管理不善导致的风险,如若将此全部归属于担保债权人的审查义务范围,未免过于严苛,亦有违合同法、担保法等保护交易安全的立法初衷。担保债权人基于对担保人法定代表人身份、公司法人印章真实性的信赖，基于担保人提供的股东会担保决议盖有担保人公司真实印章的事实，完全有理由相信该《股东会担保决议》的真实性，无需也不可能进一步鉴别担保人提供的《股东会担保决议》的真伪。因此，招行A支行在接受作为非上市公司的C公司为其股东提供担保过程中，已尽到合理的审查义务，主观上构成善意。本案周某良的行为构成表见代表，C公司对涉案保证合同应承担担保责任。

三、律师观点

1. 担保债权人的审查义务

公司违规对外提供担保的，在担保债权人不知道且不应该知道的情况下，公司对外进行担保的，该担保行为即为有效。但是在公司对外进行担保的交易过程中，作为担保债权人是否有审查的义务？如果有审查义务，那么在形式审查义务与实质审查义务之间如何进行抉择，两种审查义务对于担保效力的影响如何？

从法理的角度来看，一个债权债务合同包括担保合同在成立之初，作为交易相对方的当事人都应该具有法律上的审慎义务，这也是确保合同双方交易能够安全顺利进行的重要前提。因此，作为担保合同的担保债权人应该在签订合同之前尽到一定的审慎义务，这样做也是基于公平原则和知情原则，从而使交易双方当事人获得一个可值得信赖的交易。

然而学理上对于担保债权人是否具有审慎的注意义务，不同的学者具有不同的见解，有的学者认为，对于公司对外担保合同，作为相对人的担保债权人应该尽到一定审查义务，至少在签订担保合同之前，担保债权人能够获知公司章程关于公司担保的相关规定，只有这样才不会出现担保效力上的瑕疵。担保债权人在审查董事会或股东（大）会决议的同时也必须审查董事会决议或者股东会决议的真实性，除此之外，还必须要求担保债务人提供公司章程来审查对外担保的决议机关是否符合公司章程的规定。除此之外，担保债权人应该在合理的范围内对公司对外担保的数额是否超过公司章程的限额进行进行审查。但是对于公司关联股东是否在担保债务人作出对外担保决议的时候进行了回避，担保债权人无须进行审查，因为担保债权人根本不具备该审查能力，既违反了效率又有失公平，不具有可行性。

但是这种审查义务是形式上的审查还是要进行实质审查，不同的学者对此亦聚讼纷争，莫衷一是。对此持不同意见的学者认为，担保合同相对人不应该也不可能对于担保合同尽实质审查义务，主要是基于提高交易效率的考量，相对人不可能每次交易之前都要先审查对方公司章程是否有关于公司担保事项的规定，这样会使得大量时间耽误在审查时间上面，在讲究市场效率的今天，这样的审查方式会大大地降低相对方的效率及交易的积极性，徒增交易的成本，甚至会丧失交易的机会。因此，担保债权人对于股东会或者董事会的决议文件仅需要形式审查即可。

针对以上两种不同的观点，结合司法实践及从现实的可操作性角度看，笔者认为作为公司对外担保合同的相对人担保债权人应该尽到一定形式的审查义务，比如在签订合同之前可以要求公司法定代表人或者授权代表人提供公司章程、股东会决议或者董事会的相关决议的材料。对于实质的审查由于担保债权人不可能在签订合同之前完全了解到或者确认公司章程中关于公司禁止或者允许担保事项的真实性，同时也是为提高交易的效率，担保债权人不应负担此责任。但是在现实的司法实践中，这种形式审查的义务是否因公司类型的不同而有所不同呢？针对我国现实中普遍存在的上市公司对外担保的乱象是否因其特殊性而有所区别？有的学者认为在上市公司中，仅凭加盖公章的担保书并不能认定为有效，应当履行董事会决议，且在公开的媒体上进行公示，特别是应当在年度报告中予以披露，如未履行上述程序，即应当认定担保行为无效，笔者对此持保留意见。

而在普通的有限责任公司及还未上市的股份有限公司中，因为公司并不对外公开重大事项，因此，也就没有对外进行公示的程序和媒介。笔者认为，因公司类型而区别形式审查义务没有必要，因为《中华人民共和国公司法》第十六条在规定公司对外担保事项时并没有区分公司类型，这并不是立法者没有预见或者欠缺考量，而是一种制定法上的沉默，因此，对于形式审查义务也没有必要对公司类型进行区分。

要言之，担保债权人具有审查义务且为形式审查义务。担保债权人的形式审查义务对于交易的双方来说具有很大的意义，一方面形式的审查义务相比实质的审查义务更加的方便快捷，不仅可以节省双方的时间，提高交易的效率，同时也是诚信原则的体现，增强了彼此的信任。另一方面，形式的审查义务对于工商行政部门来说也可以节省实质审查义务下工商部门的负担，从而节约司法行政成本。

2. 担保债权人的主观心态对合同效力的影响

在众多影响公司对外担保合同效力的因素当中，担保债权人的主观心态对于担保合同效力的影响也起着至关重要的作用。如果担保债权人在签订合同之前就明知公司对外担保违反公司章程的相关规定，担保债权人的行为属于恶意情形下的法律行为，本文中的恶意系指"知道或者应当知道"，那么，公司对外担保的效力也就会因为担保债权人的恶意行为而无效，或者属于可撤销的担保合同。如果担保债权人没有恶意的主观意向即其本身在主观上是善意的，在确实不知道公司违反公司章程的情况下擅自对外担保，那么善意的担保债权人除了在公司章程未对公司担保事项进行规定且实际禁止公司担保的情况之外不会因为公司的违章行为而使得担保合同无效或者可撤销。

然而在学术界和司法实践中，担保债权人主观的善意和恶意对担保合同效力的影响，不同的学者持有不同意见。有的学者认为，虽然对于公司违规对外担保，担保债权人是明知的，但是根据《中华人民共和国合同法》第五十二条关于合同无效之规定，公司首先违反了法律的强制性规定，且公司章程属于公司内部组织章程并不会约束第三人即担保债权人，担保债权人即使是明知，在双方意思表示一致的情况下，担保合同也具有法律效力。持相反意见的学者却认为，担保债权人主观上如果是善意的，担保合同有效。如果担保债权人在主观上是明知、恶意的或者系与被担保人恶意串通而签订，担保合同则是无效或者可撤销的合同。

综上，笔者认为，担保债权人的主观心态对于担保合同效力的影响甚大，基于合同双方当事人的平等性地位，合同双方当事人都应该以一种真实的意思表示签订担保合同，只有在这种情形下，担保合同交易才可以顺利进行。反之，如果担保债权人主观上并不是善意，在签订担保合同之前就"知道或者应该知道"担保债务人具有影响担保合同效力瑕疵的因素，那么担保合同交易的平等基础也就不复存在，同时担保合同的效力也会因担保债权人主观上知道或者应该知道公司违规对外担保而无效或者可撤销。

必懂知识

1. 公司对外担保超过公司章程规定的担保数额情形

根据《中华人民共和国公司法》第十六条的规定及结合我国实践中公司设立情况，一般在公司制定公司章程之初，为维护公司和股东的利益，公司对外担保数额一般都会在公司章程中进行一定的限制。尤其是在上市公司中，一系列的规范性法律文件被证监会颁布实施，其主要目的就是对上市公司的对外担保行为进行规范和限制。由于对公司超过公司章程规定的数额对外进行担保的法律效力在我国法律中并没有明确的规定，因此，对于限额内担保和超额担保的合同效力问题也就产生了司法争议。一般情况下，凡是在公司章程规定限额内进行的担保合同有效，凡超过担保限额部分的超过部分担保无效。根据《中华人民共和国合同法》第五十六条的规定，超过担保限额部分的不影响担保限额内担保合同的效力。但是也有的学者认为超过公司章程规定担保限额对外进行担保本身属于违反公司章程对外进行担保的情形，因此，整体的公司对外担保合同无效即担保限额内和超过公司担保限额部分的担保合同均无效。笔者认为这种观点过于绝对化，从市场经济条件下交易的效率来看，这不利于交易效率的提高。如果将超过限额部分和未超过部分等同，均做无效对待，一方面会打击当事人担保交易的积极性，另一方面也会给担保债权人即第三人造成巨大的损失。除此之外，还有的学者认为，基于公司章程的内部协议性质，其对于协议之外的第三人不具有约束力，因此，无论公司对外担保的数额是否超过公司章程规定的限额，公司对外担保均具有法律效力。基于以上三种不同的观点，笔者认为，在《中华人民共和国公司法》第十六条对超过部分效力没有做明确规定的情形下，基于交易的公平性和诚信原则，应该将超过部分和未超过部分区别对待，对于在公司章程规定限额内的应该具有合同效力，超过部分由于违反了公司章程的规定不具有合同效力。

2. 公司对外担保所做决议有瑕疵的情形

根据《中华人民共和国公司法》第十六条的规定，公司对外担保需要经过决议机关严格的决议程序，一般在公司章程中都会对这些决议程序和决议机关进行详细的规定。但是在现实担保交易中,公司对外进行担保往往不会严格按照公司章程规定的决议机关和决议程序进行,因而导致公司对外担保由于违反了上述公司章程中的规定而具有瑕疵效力,进而导致司法实践中对由于此种情形导致的公司对外担保的效力争议不断。对公司对外担保所做决议的瑕疵可以从以下几种情形来分析:

一是,公司章程规定应该由股东大会对于公司对外担保事项作出决议,但是实际上由董事会作出决议。这种情形下,公司对外担保是否具有法律上的合同效力?笔者认为,根据我国《中华人民共和国公司法》以"股东大会"为中心的架构原则,公司的最高权力机关是股东大会,对公司的重大事项进行决议,而董事会是股东大会的执行机关,对于涉及公司的重大事项只有股东大会才有权作出决议。因此,在这种情况下作出的公司对外担保合同属于董事会越权行使权利的同时也属于明显违反公司章程的规定,不具有法律效力。

二是,公司章程规定应该由董事会对于公司对外担保事项作出决议,但是实际上由股东大会作出决议。与第一种情形恰恰相反,在这种情形下,公司对外担保应该具有法律上的效力,因为虽然公司章程规定应该由董事会对公司对外担保事项作出最终决议,但是由于股东大会才是真正的权力机关,董事会在法律上也只是股东会的执行机关。根据《中华人民共和国公司法》的规定,股东大会有权决定公司的重大事项,现实司法实践中,由于股东大会作出决议的效力高于董事会作出决议的效力,因此,此种情况下,由于公司章程规定决策机构与实际决策机构不一致导致的公司对外担保具有法律上的效力,公司对外担保合同有效。

三是,公司法定代表人越权担保的情形。一般观念中,公司法定代表人的行为与公司的行为是一致的,但现实司法实践中,很多法定代表人往往会越权。很多情况下虽然身为公司的法定代表人但是在没有经过公司授权或者已经离职的情况下,擅自代表公司对外签订担保合同。结合《中华人民共和国合同法》第五十条之规定,法定代表人在越权的情况下与第三人签订的担保合同有效,法定代表人签字或者有公司的印章就可以认定为公司对外的意思表示,公司需要受担保合同的约束,至于承担担保责任后,如果属于法定代表人有过错的公司可以内部进行追偿。

以上内容即是司法实践中出现的公司违反公司章程对外进行担保的不同情形。在对公司章程的性质界定不一致的情况下，笔者认为，公司章程具有公示的性质，担保债权人在签订担保合同之前有义务了解公司章程关于公司担保事项的规定。在出现公司对外担保决议瑕疵的时候，由于公司章程规定与实际决议机关的不一致，但是真正决定担保合同效力的是实际的公司权力机关即股东大会，董事会只是股东大会的执行机关，只要是实际由股东大会作出的决议均具有法律效力。公司法定代表人越权担保，根据相关的法律和司法解释的规定，在相对人不知或者不可知的情况下，应该具有担保合同的效力，担保后的责任如果法定代表人有过错或者已经离职的可以向其追责。

必懂法规

一、《中华人民共和国合同法》

第五十条　法人或者其他组织的法定代表人、负责人超越权限订立的合同，除相对人知道或者应当知道其超越权限的以外，该代表行为有效。

第五十二条　有下列情形之一的，合同无效：

（一）一方以欺诈、胁迫的手段订立合同，损害国家利益；

（二）恶意串通，损害国家、集体或者第三人利益；

（三）以合法形式掩盖非法目的；

（四）损害社会公共利益；

（五）违反法律、行政法规的强制性规定。

二、《最高人民法院关于适用〈中华人民共和国合同法〉若干问题的解释（二）》

第十四条　合同法第五十二条第（五）项规定的"强制性规定"，是指效力性强制性规定。

三、《中华人民共和国公司法》

第十六条 公司向其他企业投资或者为他人提供担保,依照公司章程的规定,由董事会或者股东会、股东大会决议;公司章程对投资或者担保的总额及单项投资或者担保的数额有限额规定的,不得超过规定的限额。

公司为公司股东或者实际控制人提供担保的,必须经股东会或者股东大会决议。前款规定的股东或者受前款规定的实际控制人支配的股东,不得参加前款规定事项的表决。该项表决由出席会议的其他股东所持表决权的过半数通过。

四、《最高人民法院关于适用〈中华人民共和国担保法〉若干问题的解释》

第五条 以法律、法规禁止流通的财产或者不可转让的财产设定担保的,担保合同无效。

以法律、法规限制流通的财产设定担保的,在实现债权时,人民法院应当按照有关法律、法规的规定对该财产进行处理。

第六条 有下列情形之一的,对外担保合同无效:

(一)未经国家有关主管部门批准或者登记对外担保的;

(二)未经国家有关主管部门批准或者登记,为境外机构向境内债权人提供担保的;

(三)为外商投资企业注册资本、外商投资企业中的外方投资部分的对外债务提供担保的;

(四)无权经营外汇担保业务的金融机构、无外汇收入的非金融性质的企业法人提供外汇担保的;

(五)主合同变更或者债权人将对外担保合同项下的权利转让,未经担保人同意和国家有关主管部门批准的,担保人不再承担担保责任。但法律、法规另有规定的除外。

第七条 主合同有效而担保合同无效,债权人无过错的,担保人与债务人对主合同债权人的经济损失,承担连带赔偿责任;债权人、担保人有过错的,担保人承担民事责任的部分，不应超过债务人不能清偿部分的二分之一。

第八条　主合同无效而导致担保合同无效，担保人无过错的，担保人不承担民事责任；担保人有过错的，担保人承担民事责任的部分，不应超过债务人不能清偿部分的三分之一。

第十一条　法人或者其他组织的法定代表人、负责人超越权限订立的担保合同，除相对人知道或者应当知道其超越权限的以外，该代表行为有效。

诚实守信
——虚假陈述危害市场，公司券商连带担责

证券市场是市场经济的重要组成部分，证券市场的活跃程度是衡量国民经济运行是否繁荣的重要指标，但证券市场的专业性、复杂性、信息不对称性让欺诈得以发生。

证券市场的欺诈行为主要包括因信息不对称产生的虚假陈述、利用内幕信息进行的内幕交易、利用资金优势进行的操纵市场及欺诈客户等,其中,虚假陈述行为的危害尤为严重。我国证券市场自20世纪90年代开始发展以来,取得了举世瞩目的成就,但因为发展时间短,相应的规范制度没有得到完善,已有的立法对于欺诈行为更多侧重的是刑事和行政规制,有关证券市场侵权的完整系统的民事责任制度还没有真正建立起来。

以案说法

一、经典案例

1. 虚假陈述引纠纷,股民集体来起诉

1997年4月26日,A厂以被告B公司的名义发布招股说明书。该说明书中,载明某证券公司是B公司股票的上市推荐人和主承销商。1997年5月23日,代码为6006××的B公司股票在深圳证券交易所上市。1998年3月23日,A厂又以B公司的名义发布1997年年报。1999年4月21日,根据有关部门要求,B公司在《中国证券报》上发布董事会公告,称该公司的1997年年报因涉嫌利润虚假、募集资金使用虚假等违法、违规行为,正在接受有关部门调查。2000年3月31日,中国证监会以证监罚字〔2000〕年第××、××号,作出《关于B公司违反证券法规行为的处罚决定》和《关于某证券公司违反证券法规行为的处罚决定》。处罚决定中,认定B公司有欺诈上市、1997年年报内容虚假的行为；某证券公司在为 B 公司编制申报材料时，有将重大虚假信息编入申报材料的违规行为。上述处罚决定均在 2000 年 4 月 27 日的《中国证券报》上公布。

从 1997 年 5 月 23 日起，唐某等 23 人陆续购买了 B 公司股票，至 2000 年 4 月 27 日前后，这些股票分别被唐某等 23 人卖出或持有。因购买 B 公司股票，唐某等 23 人遭受的实际损失为 425,388.30 元，其中 242,349.00 元损失发生在欺诈上市虚假陈述行为实施期间。唐某等 23 人遂向法院起诉，要求 B 公司和某证券公司对自己因虚假陈述而遭到的损失承担连带赔偿责任。

另经法院查明：从 B 公司 1997 年年报虚假行为被披露的 1999 年 4 月 21 日起，B 公司股票累计成交量达到可流通部分 100% 的日期是同年 6 月 21 日，其间每个交易日收盘价的平均价格为 9.65 元；从 B 公司上市虚假行为被披露的 2000 年 4 月 27 日起，B 公司股票累计成交量达到可流通部分 100% 的日期是同年 6 月 23 日，其间每个交易日收盘价的平均价格为 13.50 元。深圳证券交易所股票交易的佣金和印花税，分别为 3.5‰、4‰。

某证券公司认为，对招股说明书进行审核是会计师事务所的职责，其无能力承担此项义务；况且招股说明书仅针对一级市场并不断被后续披露的信息所覆盖，投资人在二级市场是以投机为目的进行股票买卖，不是根据招股说明书介绍的情况进行投资，因此主张不应由其对虚假陈述承担共同侵权的连带责任。

二、案例分析

本案争议焦点是：第一，B 公司应否对 A 厂以其名义实施的虚假陈述行为承担民事责任；第二，原告的股票交易损失与虚假陈述行为之间是否存在因果关系；第三，某证券公司应否对虚假陈述行为承担连带责任；第四，原告的经济损失如何确定；第五，原告向法院主张权利，是否超过诉讼时效期间。

本案是因《中华人民共和国证券法》施行前实施的证券虚假陈述行为引发的侵权纠纷，应当适用 1993 年 4 月 22 日以国务院第 112 号令发布的《股票发行与交易管理暂行条例》（以下简称《股票管理暂行条例》）和最高人民法院《关于审理证券市场因虚假陈述引发的民事赔偿案件的若干规定》(以下简称《证券赔偿案件规定》)。

关于第一点争议。招股说明书、上市公报和1997年年报，都是A厂以被告B公司名义发布的。这些行为已被中国证监会依照《股票管理暂行条例》的规定认定为虚假陈述行为，并给予相应的处罚，本案各方当事人对此均无异议。《证券赔偿案件规定》第二十一条规定，"发起人、发行人或者上市公司对其虚假陈述给投资人造成的损失承担民事赔偿责任"。第二十二条第一款规定，"实际控制人操纵发行人或者上市公司违反证券法律规定，以发行人或者上市公司名义虚假陈述并给投资人造成损失的，可以由发行人或者上市公司承担赔偿责任。发行人或者上市公司承担赔偿责任后，可以向实际控制人追偿"。B公司是上市公司和B公司股票的发行人，B公司的实际控制人A厂以B公司的名义虚假陈述，给原告唐某等23名投资人造成损失，唐某等人将B公司列为本案被告，要求B公司承担赔偿责任，并无不当。

关于第二点争议。《证券赔偿案件规定》第十八条规定，"投资人具有以下情形的，人民法院应当认定虚假陈述与损害结果之间存在因果关系：(一)投资人所投资的是与虚假陈述直接关联的证券；(二)投资人在虚假陈述实施日及以后，至揭露日或者更正日之前买入该证券；(三)投资人在虚假陈述揭露日或者更正日及以后，因卖出该证券发生亏损，或者因持续持有该证券而产生亏损"。原告唐某等23人购买了与虚假陈述直接关联的B公司股票并因此而遭受了实际损失，应当认定B公司的虚假陈述行为与唐某等人遭受的损失之间存在因果关系。

关于第三点争议。《股票管理暂行条例》第二十一条规定，"证券经营机构承销股票，应当对招股说明书和其他有关宣传材料的真实性、准确性、完整性进行核查；发现含有虚假、严重误导性陈述或者重大遗漏的，不得发出要约邀请或者要约；已经发出的，应当立即停止销售活动，并采取相应的补救措施"。《证券赔偿案件规定》第二十七条规定，"证券承销商、证券上市推荐人或者专业中介服务机构，知道或者应当知道发行人或者上市公司虚假陈述，而不予纠正或者不出具保留意见的，构成共同侵权，对投资人的损失承担连带责任"。根据中国证监会《处罚决定书》的认定，本案存在两个虚假陈述行为，即欺诈上市虚假陈述和1997年年报虚假陈述。这两个虚假陈述行为中，欺诈上市虚假陈述与被告某证券公司相关。作为专业证券经营机构，B公司股票的上市推荐人和主承销商，某证券公司应当知道，投资人依靠上市公司的招股说明书、上市报告等上市材料对二级市场投资情况进行判断；上市材料如果虚假，必将对股票交易市场产生恶劣影响，因此，应当对招股说明书和其他有关宣传材料的真实性、准确性、完整性进行核查。某证券公司编制被告B公司的上市文件时，未经认真审核，致使申报材料含有重大虚假信息，已经构成共同侵权，应当对投资人的损失承担连带责任。

关于第四点争议。《证券赔偿案件规定》第三十条规定，"虚假陈述行为人在证券交易市场承担民事赔偿责任的范围，以投资人因虚假陈述而实际发生的损失为限。投资人实际损失包括：（一）投资差额损失；（二）投资差额损失部分的佣金和印花税"。第三十一条规定，"投资人在基准日及以前卖出证券的，其投资差额损失，以买入证券平均价格与实际卖出证券平均价格之差，乘以投资人所持证券数量计算"。第三十二条规定，"投资人在基准日之后卖出或者仍持有证券的，其投资差额损失，以买入证券平均价格与虚假陈述揭露日或者更正日起至基准日期间，每个交易日收盘价的平均价格之差，乘以投资人所持证券数量计算"。第二十条第一款规定，"本规定所指的虚假陈述实施日，是指作出虚假陈述或者发生虚假陈述之日"。第二十条第二款规定，"虚假陈述揭露日，是指虚假陈述在全国范围发行或者播放的报刊、电台、电视台等媒体上，首次被公开揭露之日"。第三十三条规定，"投资差额损失计算的基准日，是指虚假陈述揭露或者更正后，为将投资人应获赔偿限定在虚假陈述所造成的损失范围内，确定损失计算的合理期间而规定的截止日期。基准日分别按下列情况确定：（一）揭露日或者更正日起，至被虚假陈述影响的证券累计成交量达到其可流通部分100%之日。但通过大宗交易协议转让的证券成交量不予计算。（二）按前项规定在开庭审理前尚不能确定的，则以揭露日或者更正日后第30个交易日为基准日。（三）已经退出证券交易市场的，以摘牌日前一交易日为基准日。（四）已经停止证券交易的，可以停牌日前一交易日为基准日；恢复交易的，可以本条第（一）项规定确定基准日"。

被告B公司实施了欺诈上市虚假陈述和1997年年报虚假陈述，前者表现在1997年4月26日公布的招股说明书和上市公告中，后者表现在1998年3月23日公布的1997年年报。因此，两个虚假陈述行为的实施日分别为 1997 年 4 月 26 日、1998 年 3 月 23 日。1999 年 4 月 21 日，B 公司首次在《中国证券报》上对该公司的 1997 年年报涉嫌虚假的问题进行了公告，应当确认此日为 1997 年年报虚假陈述行为的揭露日。2000 年 4 月 27 日，《中国证券报》上公布了中国证监会对 B 公司虚假陈述行为作出处罚的决定，应当确认此日为欺诈上市虚假陈述行为首次被披露日。自上述两个虚假陈述行为被揭露日起，至 B 公司股票累计成交量达到可流通部分 100% 的日期，分别为 1999 年 6 月 21 日、2000 年 6 月 23 日，这是确定两个虚假陈述行为损失赔偿的基准日。

现已查明，前一个基准日的 B 公司股票交易平均价格为 9.65 元，后一个基准日的平均价格为 13.50 元，而股票交易的佣金和印花税分别按 3.5‰、4‰计算。按此方法计算，在虚假陈述实施日以后至揭露日之前，原告唐某等 23 人购买 B 公司股票，因卖出或持续持有该股票遭受的实际损失为 425,388.30 元。这笔损失与被告 B 公司的虚假陈述行为存在因果关系，B 公司应当承担赔偿责任。其中在欺诈上市虚假陈述行为实施期间发生的 242,349.00 元损失，应当由被告某证券公司承担连带责任。

关于第五点争议。根据《证券赔偿案件规定》第五条第一款第（一）项的规定，"投资人对虚假陈述行为人提起民事赔偿的诉讼时效期间，从中国证监会或其派出机构公布对虚假陈述行为人作出处罚决定之日起算"。中国证监会对本案所涉虚假陈述行为人作出的处罚决定于 2000 年 4 月 27 日公布。自此日起算，原告唐某等 23 人提起本案侵权之诉时，并未超过法律规定的两年诉讼时效期间。

三、律师观点

1. 关于信息披露里的"重大性"标准认定问题

证券市场天然具有信息不对称性，证券发行人掌握着最真实的信息，投资者只能凭借发行人依法律规定披露出的信息进行买卖决策，因此，信息披露制度是证券市场监管制度的基石，这一点中外学者都没有异议。强制信息披露制度使投资者可以获得真实的信息，保证了市场买卖双方地位的均衡，但披露义务人却不可能事无巨细都对外披露，如何认定哪些信息属于"重大的"、是对投资者决策"不可或缺的"就成为信息披露制度中最为重要的问题。

2.《中华人民共和国证券法》中对"重大性"认定标准的二元化现象

纵观我国关于证券方面立法，涉及"重大"的数十处，但大多只是笼统的规定信息披露义务人应对信息的真实性、准确性和完整性负责，少有对应披露信息是否具有"重大性"做出具体规定，少数条文即使涉及到"重大性"的判断，但表述不同，定义也各有不同，总的来说，我国证券立法中根据一级市场和二级市场的区分对"重大性"认定标准存在二元化现象。

（1）一级市场

证券一级市场即证券发行市场，在中国证监会颁布的《公开发行证券的公司信息披露内容与格式准则》第1号、第7号、第11号、第13号等文件中对应披露信息都有这样的描述："不论本准则有无规定，凡对投资者投资决策有重大影响的信息，均应披露"。这些文件均规定了上市公司在发布招股说明书、上市公告书、发行新股说明书和募集说明书等文件时的信息披露义务。另外，证监会颁布的《首次公开发行股票并上市管理办法》第五十四条也有类似规定。由此可知，在一级市场，即证券公开发行阶段，我国通行做法是"对投资者决策是否有重大影响"作为判断应披露信息"重大性"的标准。

（2）二级市场

1993年国务院颁布的《股票发行和交易管理暂行条例》和之后修订的《中华人民共和国证券法》中都规定，在证券交易过程中，发生可能对上市公司股票的市场价格产生较大影响而投资者尚未得知的重大事件时，上市公司有向交易所报告并对公众公告的义务。另外，上海证交所和深圳证交所分别发布的股票上市规则中也规定，上市公司应该及时披露对上市公司股票价格可能产生重大影响的信息。由此可知，在二级市场，即证券交易市场，我国实行的是"对股票价格可能产生重大影响"作为判断信息"重大性"的标准。

3. 对"二元化"现象的批评

《中华人民共和国证券法》中对于"重大性"的立法二元化现象是因为立法者想根据一级市场和二级市场的不同特征对衡量标准进行细化，立法者的谨慎仔细态度是值得肯定的。甚至有学者主张将信息披露体系分为证券发行市场披露制度、交易市场披露制度和法律责任及救济制度几类。但二元化的立法模式也会造成法律适用的混乱，"可能影响投资者决策的信息"必然是"可能影响股票价格的"，因为投资者的偏好必然的影响到股票的市场价格，而"可能影响股票价格的信息"又必然会"影响投资者决策"，因为价格是投资者决策时必然参考的因素。这两个标准实质上是统一的，强行将其分开实无必要。从证券市场的运行来说，证券从被发行到被交易是一个持续的过程，被披露的信息不管是"可能影响股票价格的"还是"可能影响投资者决策的"，它对于一级市场和二级市场的投资者来说是没有区别的，都是"重大"的，归根结底会影响投资者的偏好。但对于信息披露义务人来说，在一个持续不间断的整体过程中，分别按照两种标准要求他们，可能会造成披露义务人的无所适从。

4. 对我国"二元化"现象的改善建议

证券市场涉及的主要是发行人和投资者两个主体，因为信息不对称的原因，投资者在与发行人的较量中先天处于弱势，所以证券立法应该优先保护投资者的利益。上文提到，对于投资者来说，无论哪个标准衡量应披露信息的重大性，对于投资者是没有差异的。而不同的衡量标准可能会使发行人无所适从，为了保证证券市场的平稳运行，更好的维护投资者的利益，制定一个统一的衡量标准是有必要的。

必懂知识

证券市场虚假陈述，是指信息披露义务人违反证券法律规定，在证券发行或者交易过程中，对重大事件作出违背事实真相的虚假记载、误导性陈述，或者在披露信息时发生重大遗漏、不正当披露信息的行为。

1. 虚假陈述的行为形态

虚假陈述的行为形态，是指虚假陈述行为在客观上的外在表现形式。它必须由法律或者其他规范性文件直接规定，不能由证券市场的参与者随意约定或创设，具有鲜明的法定性。根据《中华人民共和国证券法》与最高人民法院相关司法解释的规定,虚假陈述共分为虚假记载、误导性陈述、重大遗漏和不正当披露四种行为形态。

(1)虚假记载

虚假记载,是指证券市场的信息披露义务人在信息披露文件中杜撰或未删除没有发生,又或者没有合理性基础的事项,做出与事实真相不符的记载。虚假记载是一种积极的、作为的虚假陈述行为。它的特点是:信息公开义务人就有关事实作了公开陈述;该公开信息中有不真实成分,可能是恶意虚构,也可能是过失误认;该不实陈述确实可能影响投资决定。虚假记载的方式很多,尤以在财务报表中出现虚假记载为常见,如虚增资产负债比例、虚构公司偿债能力、虚报盈利和虚构投资价值,等等。

(2)误导性陈述

误导性陈述,是指在信息披露文件中对某一事项进行披露,但由于语言、文字等表示方式存在欠缺而容易让人所误解,致使投资者无法获得清晰、准确的认识。

误导性陈述的特点如下:信息披露义务人公布了应当公开的事实;表述该事实的语句存在理解上的模糊歧义或者与事实真相不符;该陈述导致投资者误认为所公布的信息就是全部的事实真相;该陈述确实可能影响投资者的投资决定。误导性陈述的类型主要有三种,一是使投资者对同一语句产生不同理解的语义歧义型误导性陈述;二是语句晦涩难懂,让一般投资者不知所云的难以理解型误导性陈述;三是没有陈述事实的全部情况,遗漏了相关事实或条件,可能会误导投资者的半真型误导性陈述。

(3)重大遗漏

重大遗漏,是指证券市场的信息披露义务人应当公开而没有公开信息的一种虚假陈述行为,是一种消极的不作为,此时信息披露义务人的主观状态分为故意和过失两种。重大遗漏的特点如下:信息披露义务人应当公开遗漏的信息;信息披露义务人因故意或者过失而没有公开该信息;该信息确实可能对投资者的投资决定产生影响。以遗漏内容的多少为标准,重大遗漏分为完全遗漏和部分遗漏两种类型,前者是指依法应当公开的信息完全没有公布,导致投资者不能掌握事实真相;后者是指依法应当公开的信息只是公布了一部分,尚有其他重大信息未予公布。从实际情况看,比较容易认定完全遗漏,但是对于部分遗漏就难以判定了，这需要根据遗漏信息的具体情况来分析判断。部分遗漏可以作为重大遗漏陈述的一种，也可以作为误导性陈述的一种。

（4）不正当披露.

不正当披露，是指证券市场的信息披露义务人没有在法定期限内或者没有以法定方式向投资者公布依法应当披露的信息。不正当披露的特点是：信息披露义务人已公开应当披露的信息；信息披露义务人没有及时或者没有按法定方式公开该信息；该信息确实可能对投资者的投资决定产生影响。显而易见，不正当披露与信息披露的时间和方式有着密切的联系。一方面要求信息披露具有时效性，即信息应当在法定的期限内披露，当信息内容发生实质性的变化时应当及时更新和补充已披露的信息。另一方面是对信息披露方式的要求，即信息必须在法律规定的媒体上按照法律规定的方式予以公布。

2. 实际控制人的过错责任

（1）实际控制人的概念和认定标准

实际控制人必须承担证券市场虚假陈述的法律责任最早是美国证券法律中的规定，我国借鉴了其相关条文，不过中美两国规定的实际控制人的范围差异非常明显。美国1933年颁布的《证券法》第十五条规定的实际控制人不仅包括发起人、发行人的实际控制人、还包括证券承销商、专业中介服务机构的实际控制人，甚至于董事、监事等公司管理机构的实际控制人也包括在内。我国《关于审理证券市场因虚假陈述引发的民事赔偿案件的若干规定》第二十二条规定的"实际控制人"，按通常理解，指的是通过直接或间接控制股份公司多数股权，或者通过一致行动达到控制股份公司的控股公司或者母公司。相比之下，前者规定的实际控制人的范围很广，后者则要狭小许多。

在我国，最典型的实际控制人就是控股股东，它是指这样的一类机构或个人，其持有的公司股份比例达到或超过法律规定的能够取得公司实际管理权的标准。控股股东可以通过行使自己具有绝对优势的股份表决权选举出符合自己意愿的董事组成的董事会，同时可以指派代表自身利益的有关人员担任公司的董事长、总经理和其他高级管理职位，从而牢牢掌握公司的所有权和经营管理权。需要注意的是，一般理论上的控股标准为持有超过50%的公司股份，但是在现实中，某些股东在拥有公司的股份比例低于50%的情况下也能实际控制该公司，这是由于如果股份公司的股权很分散，那么，较低的持股比例就具有实际控制该公司的能力，因此，在实践中通常是以股东是否在公司拥有实际控制权作为认定其是否为控股股东的标准。

（2）实际控制人的法律义务

在证券市场中，实际控制人利用优势地位规避法律进行幕后操纵、恶意损害中小股东合法利益的现象愈演愈烈，为了使其从幕后浮出水面，就应当明确规定发行人、上市公司必须披露其实际控制人的真实情况。例如，在我国的证券法律中有规定，已经签订上市协议的股份公司应当公告公司实际控制人的主要情况；上市公司所报送的年度报告的内容，应当包括公司实际控制人的相关真实信息。此外，很多国家的法律都对实际控制人设定了与其相对应的义务，特别是近乎一致地规定了实际控制人对被控制的公司或者其中小股东的诚信义务。例如，英国、瑞士等国的《公司法》都规定了实际控制人的诚信义务，而我国的《公司法》对此没有规定，但在相关的规章中也可以看到控制人的诚信义务的规定。

隐藏在发行人、上市公司幕后的控股股东等实际控制人，由于能够凭借自己的特殊优势地位对证券发行公司的经营管理施加支配性的影响，就可能为牟取非法利益而参与公司信息披露的决策，直接进行虚假陈述，或者操纵发行人、上市公司进行虚假陈述，再利用关联交易等非法形式，做出损害其他股东特别是中小股东合法利益的行为。为了保护投资者的合法利益，促进证券市场的健康有序发展，《关于审理证券市场因虚假陈述引发的民事赔偿案件的若干规定》第七条将实际控制人规定为证券市场虚假陈述案件的可能被告。控股股东等实际控制人如果是直接进行虚假陈述，就必须对此单独承担民事赔偿责任；如果是操纵发行人、上市公司进行虚假陈述，则构成共同侵权，必须承担民事连带赔偿责任。因此，这一规定具有非常重要的现实意义。

（3）承担过错责任的法律规定

关于控股股东等实际控制人应承担什么形式的民事法律责任，根据我国《中华人民共和国证券法》第六十九条规定，如果发行人、上市公司的控股股东等实际控制人存在过错，应当与发行人、上市公司对虚假陈述承担连带赔偿责任。《关于审理证券市场因虚假陈述引发的民事赔偿案件的若干规定》第二十二条规定，"实际控制人操纵发行人或上市公司违反证券法律规定，以发行人或者上市公司名义虚假陈述并给投资人造成损失的，可以由发行人或者上市公司承担赔偿责任。发行人或者上市公司承担赔偿责任后，可以向实际控制人追偿。实际控制人违反《中华人民共和国证券法》第四条、第五条及第二百零七条规定虚假陈述，给投资人造成损失的，由实际控制人承担赔偿责任"。

对上述规定进行分析可知，我国《中华人民共和国证券法》第六十九条对实际控制人规定的是过错责任原则，即只有在证明实际控制人存有过错时才能要求其承担法律责任。但是与之形成明显区别的是，《关于审理证券市场因虚假陈述引发的民事赔偿案件的若干规定》中的第二十二条第二款对实际控制人规定的是严格的无过错责任，没有规定实际控制人免责的事由。那么，究竟如何确定实际控制人的归责原则，是和发行人、上市公司一起承担严格的无过错责任，还是承担相比较而言要宽松许多的过错责任？根据法理学的效力原理，法律的效力高于司法解释的效力，同时新法的效力高于旧法的效力，因此，目前我国应当按照《中华人民共和国证券法》第六十九条的规定对控股股东等实际控制人适用过错责任原则。

必懂法规

一、《中华人民共和国证券法》

第二十四条　国务院证券监督管理机构或者国务院授权的部门对已作出的证券发行注册的决定，发现不符合法定条件或者法定程序，尚未发行证券的，应当予以撤销，停止发行。已经发行尚未上市的，撤销发行注册决定，发行人应当按照发行价并加算银行同期存款利息返还证券持有人；发行人的控股股东、实际控制人以及保荐人，应当与发行人承担连带责任，但是能够证明自己没有过错的除外。

股票的发行人在招股说明书等证券发行文件中隐瞒重要事实或者编造重大虚假内容，

已经发行并上市的，国务院证券监督管理机构可以责令发行人回购证券，或者责令负有责任的控股股东、实际控制人买回证券。

第八十条　发生可能对上市公司、股票在国务院批准的其他全国性证券交易场所交易的公司的股票交易价格产生较大影响的重大事件，投资者尚未得知时，公司应当立即将有关该重大事件的情况向国务院证券监督管理机构和证券交易场所报送临时报告，并予公告，说明事件的起因、目前的状态和可能产生的法律后果。

前款所称重大事件包括：

（一）公司的经营方针和经营范围的重大变化；

（二）公司的重大投资行为，公司在一年内购买、出售重大资产超过公司资产总额百分之三十，或者公司营业用主要资产的抵押、质押、出售或者报废一次超过该资产的百分之三十；

（三）公司订立重要合同、提供重大担保或者从事关联交易，可能对公司的资产、负债、权益和经营成果产生重要影响；

（四）公司发生重大债务和未能清偿到期重大债务的违约情况；

（五）公司发生重大亏损或者重大损失；

（六）公司生产经营的外部条件发生的重大变化；

（七）公司的董事、三分之一以上监事或者经理发生变动，董事长或者经理无法履行职责；

（八）持有公司百分之五以上股份的股东或者实际控制人持有股份或者控制公司的情况发生较大变化，公司的实际控制人及其控制的其他企业从事与公司相同或者相似业务的情况发生较大变化；

（九）公司分配股利、增资的计划，公司股权结构的重要变化，公司减资、合并、分立、解散及申请破产的决定，或者依法进入破产程序、被责令关闭；

（十）涉及公司的重大诉讼、仲裁，股东大会、董事会决议被依法撤销或者宣告无效；

（十一）公司涉嫌犯罪被依法立案调查，公司的控股股东、实际控制人、董事、监事、高级管理人员涉嫌犯罪被依法采取强制措施；

（十二）国务院证券监督管理机构规定的其他事项。

公司的控股股东或者实际控制人对重大事件的发生、进展产生较大影响的，应当及时将其知悉的有关情况书面告知公司，并配合公司履行信息披露义务。

第八十五条　信息披露义务人未按照规定披露信息，或者公告的证券发行文件、定期报告、临时报告及其他信息披露资料存在虚假记载、误导性陈述或者重大遗漏，致使投资者在证券交易中遭受损失的，信息披露义务人应当承担赔偿责任；发行人的控股股东、实际控制人、董事、监事、高级管理人员和其他直接责任人员以及保荐人、承销的证券公司及其直接责任人员，应当与发行人承担连带赔偿责任，但是能够证明自己没有过错的除外。

第五十一条　证券交易内幕信息的知情人包括：

（一）发行人及其董事、监事、高级管理人员；

（二）持有公司百分之五以上股份的股东及其董事、监事、高级管理人员，公司的实际控制人及其董事、监事、高级管理人员；

（三）发行人控股或者实际控制的公司及其董事、监事、高级管理人员；

（四）由于所任公司职务或者因与公司业务往来可以获取公司有关内幕信息的人员；

（五）上市公司收购人或者重大资产交易方及其控股股东、实际控制人、董事、监事和高级管理人员；

（六）因职务、工作可以获取内幕信息的证券交易场所、证券公司、证券登记结算机构、证券服务机构的有关人员；

（七）因职责、工作可以获取内幕信息的证券监督管理机构工作人员；

（八）因法定职责对证券的发行、交易或者对上市公司及其收购、重大资产交易进行管理可以获取内幕信息的有关主管部门、监管机构的工作人员；

（九）国务院证券监督管理机构规定的可以获取内幕信息的其他人员。

第二百零五条　证券公司违反本法第一百二十三条第二款的规定，为其股东或者股东的关联人提供融资或者担保的，责令改正，给予警告，并处以五十万元以上五百万元以下的罚款。对直接负责的主管人员和其他直接责任人员给予警告，并处以十万元以上一百万元以下的罚款。股东有过错的，在按照要求改正前，国务院证券监督管理机构可以限制其股东权利；拒不改正的，可以责令其转让所持证券公司股权。

二、《首次公开发行股票并上市管理办法》

第五十二条　发行人向中国证监会报送的发行申请文件有虚假记载、误导性陈述或者重大遗漏的，发行人不符合发行条件以欺骗手段骗取发行核准的，发行人以不正当手段干扰中国证监会及其发行审核委员会审核工作的，发行人或其董事、监事、高级管理人员的签字、盖章系伪造或者变造的，除依照《中华人民共和国证券法》的有关规定处罚外，中国证监会将采取终止审核并在36个月内不受理发行人的股票发行申请的监管措施。

第五十三条　保荐人出具有虚假记载、误导性陈述或者重大遗漏的发行保荐书，保荐人以不正当手段干扰中国证监会及其发行审核委员会审核工作的，保荐人或其相关签字人员的签字、盖章系伪造或变造的，或者不履行其他法定职责的，依照《中华人民共和国证券法》和保荐制度的有关规定处理。

第五十四条　证券服务机构未勤勉尽责，所制作、出具的文件有虚假记载、误导性陈述或者重大遗漏的，除依照《中华人民共和国证券法》及其他相关法律、行政法规和规章的规定处罚外，中国证监会将采取12个月内不接受相关机构出具的证券发行专项文件，36个月内不接受相关签字人员出具的证券发行专项文件的监管措施。

董事职责
——董事需懂责，忠实勤勉不可违

随着经济全球化的进程，公司成为一个国家最重要的力量之一，而董事作为公司的管理者之一，其作用也不言而喻。在一个公司中，经理负责处理的是公司具体各项事务，董事则是把控公司发展方向、为公司保驾护航的重要角色。根据《中华人民共和国公司法》第一百四十七条的规定，董事不仅负责公司的日常运作和管理工作，更是受信管理公司，公司利益是董事行事的标尺，按照指定的目的忠实、勤勉的去运用行使他们的权力，以达到公司利益最大化。如在处理公司业务存在疏忽，则可能给公司、股东、债权人带来相应的损失。所以，作为董事就要懂其资格、懂其义务、懂其责任。

以案说法

一、经典案例

1. 董事长权责利大,利益输送要当心

北京 A 有限公司(以下简称"A 公司")于 1984 年 3 月 21 日成立,系深圳 B 有限公司、北 A 纳斯外贸服务中心有限公司共同出资设立的中外合资经营企业,经营范围为外国驻华机构进口、代理进口、零售、批发定型包装食品餐具及日常生活用品;自营商品进口;采购国内产品出口;售后服务。2003 年 1 月 9 日,A 公司的股东深圳 B 有限公司委派李某担任 A 公司的董事。同日,A 公司董事会作出决议,任命李某担任 A 公司董事长、法定代表人。

北京某月贸易有限公司(以下简称"某月公司")于 2005 年 3 月 8 日成立,系 C 国际发展有限公司投资设立的外国法人独资企业,主营业务为批发定型包装食品、酒;定型包装食品、酒、厨房用具、日用百货的进出口及售后服务等。某月公司曾于 2007 年 4 月 1 日推选李某担任董事会主席。

2007 年 5 月 18 日,李某授权某月公司的法定代表人李某硕有全权使用 A 公司的公章、签字及从 A 公司银行账户支取款项的权利。经李某硕签字许可,A 公司向外支付了部分款项。A 公司的财务人员卢某桥、王丽在 A 公司任职期间,同时为某月公司提供相同工作。2007 年 7—8 月期间,在 A 公司租用仓库的货物出库单上签字的保管员、在 A 公司货品领用申请单上签字的库管员,均为某月公司的工作人员。

2007年8月，A公司向某月公司出售了库存进口葡萄酒和酒具。

2007年9月上旬，李某以A公司名义与某月公司联名向A公司的客户发出通知，告知客户A公司的业务转至某月公司全权处理。之后，原属A公司的客户与某月公司签订了进口葡萄酒的销售合同。

针对A公司与某月公司之间的业务往来是否存在关联交易损害A公司利益的事情，某安会计师事务所有限责任公司针对此事项进行审计，出具的审计报告显示A公司在2007年7—11月销售收入相对于2005年、2006年度同期明显下降。审计报告中认为A公司在2007年7—11月销售收入的下降与A公司就本事项在诉讼中提及的事实和理由存在一定的关联性，但是①经营收入只是经营损益的一部分，经营收入的增减金额并不一定等于经营损益的增减金额；②经营收入及经营损益的增减变动除A公司提及的事实和理由外，还有如经营风险、财务风险等其他综合因素的影响。基于以上两点原因，审计报告中认为无法通过合理方法对A公司提出的经营收入损失予以认定。通过查阅相关账簿，A公司主张的50万余元的对应交易事项包括为某月公司支付房租、日用品费、维修费、办公设备费、电脑耗材费、注册中介费、装修费、差旅费等。审计报告认为A公司主张的50万余元涉及的交易事项已真实发生，但因A公司与某月公司除上述交易事项外，还持续发生了其他交易，双方交易款项的结算应综合考虑其他交易事项，故对A公司提出的赔偿金额50万元无法直接予以认定。

2. 忠实勤勉如掺假，相关利益危可及

由审计结果和其他相关证据佐证，法院认定李某担任A公司董事长期间，将A公司的进口葡萄酒以低于正常销售价格的方式出售给某月公司，以A公司名义，与某月公司联合向A公司客户发出将业务转移至某月公司的通知，并产生了为某月公司谋取属于A公司的商业机会的后果。对于一个公司而言，通常最重要的资源就是货物和客户，低价处理货物并转移公司客户会严重损害公司利益，甚至威胁公司生存。审计报告的结果认定2007年8月被销售给某月公司的进口葡萄酒及进口酒具的实际销售收入与正常销售收入的差额为120.85万元，导致A公司销售收入损失。2007年7—11月期间，即李某以A公司名义与某月公司联合向A公司的客户发出客户转移通知之后，A公司的销售收入仅为

801241.58 元，比 2005 年同期下降 101 万元，比 2006 年同期下降 260 万元，该下降明显且数额较大。而且审计报告已认定 A 公司在 2007 年 7—11 月销售收入的下降与李某和某月公司转移 A 公司客户的侵权行为存在关联性。

李某未经董事会同意，将 A 公司资金用于与李某具有关联关系的某月公司垫付房租及押金、装修费及押金、购置办公设备、支付差旅费等费用，构成对 A 公司资金的挪用，侵犯了 A 公司的合法权益。

二、案例分析

1. 李某身份分析

2003 年 1 月 9 日，A 公司的股东深圳 B 有限公司委派李某担任 A 公司的董事。同日，A 公司董事会决议任命李某担任 A 公司董事长、法定代表人。某月公司又于 2007 年 4 月 1 日推选李某担任董事会主席，使得李某在 2007 年 4 月 1 日以后成为具有同业竞争关系的两家公司的高管人员。

董事由股东大会选举产生，可以由股东担任也可以由非股东担任，在《中华人民共和国公司法》中对董事的任职资格作了一定的限制，即：（1）无民事行为能力或限制民事行为能力者；（2）因贪污、贿赂、侵占财产、挪用财产罪和破坏社会主义市场经济秩序，被判处刑罚，执行期满未逾五年，或者因犯罪被剥夺政治权利，执行期满未逾五年；（3）担任破产清算的公司、企业的董事或厂长、经理，并对该公司、企业的破产负有个人责任的，自该公司、企业破产清算完结之日起未逾三年；（4）担任因违法被吊销营业执照、责令关闭的公司、企业的法定代表人，并负有个人责任的，自该公司、企业被吊销执照之日起未逾三年；（5）个人所负数额较大的债务到期未清偿。以上五种情形的自然人不能成为公司的董事。根据"法无禁止即自由"的理论，我国法律及两家公司的章程，都未规定禁止一人兼职多家董事，造成了李某的身兼两家公司董事的身份。

2. 造成利益输送原因分析

首先，根据《中华人民共和国公司法》及相关法律的规定，董事会负责公司的日常运作和管理工作，决定公司的经营计划、投资方案，使得董事长的权利很大。同时，公司的法定代表人作为法定代表公司行使职权的人，可以代表法人进行民事活动。李某作为A公司的董事长、法定代表人双重身份，使得其权利更加放大，营造了其利益输送的有利条件。

其次，从A公司与某月公司的经营范围表明，两家公司经营范围有相同之处，可以说同行业企业。

再次，李某在担任A公司董事长期间，使A公司与某月公司的办公场所互通，授权某月公司法定代表人全权使用A公司公章签字、从A公司银行账户支取款项，许可A公司的财务人员为某月公司从事相同工作，允许某月公司工作人员担任A公司仓库和货品的保管人员。

主营业务的竞合、办公场所的混同，A公司的人、财、物被某月公司掌握和支配的局面，进一步营造了李某与某月公司从A公司进行利益输送、挪用资金的温床。

3. 议事规则的重要性

李某作为A公司的董事长，在其履行公司赋予的权利时，应保留履行职责、公司程序及相关会议文件，充分证明其行为既在权限范围内又履行了公司议事程序、遵守了议事规则及公司的规章制度。李某相关证据的缺少，更加确认了其违反董事忠实勤勉义务、竞业禁止义务。

公司的议事规则为管理者、所有者履行职权提供了明确的办事准则，议事规则的制定与履行，不仅保证管理者有据可依，相关程序的资料更能证明自己依职权行使、在职权范围内行使、按照制度行使。

三、律师观点

1. 审查任职董事的关联方，建立关联交易事项回避审议制度

对于关联交易控制而言，界定关联方及关联交易是首要问题。根据《公司章程》，可以准确地界定公司的关联方范围、关联交易包含的事项，定期编制并及时更新相关关联方结构图。与关联交易有利害关系的股东，应该在公司股东大会、董事会对该项关联交易做

出决议时，进行回避，不得就其持有的股份行使表决权，并应当进行回避。

2. 对关联交易的进行分级授权审批制度

关联交易也有不同的风险和重要程度，对不同的关联交易分类管理，分别赋予股东大会、董事会、董事长或其授权代表相应的审批权限，严控越权审批。可以根据交易金额进行设置，同时考虑企业最近一期经审计净资产绝对值达到一定比例以上的关联交易，必要时应聘请中介机构对交易标的进行审计或者评估，并将该交易提交股东大会审议。

3. 制定议事规则，建立独立董事审核制度

在《公司章程》中，公司对于股东会议事规则、董事会议事规则、监事会议事规则以及总经理规则各项规则，应当在合理的范围内制定详细、全面的规定，以便于实施。同时，采取独立董事制度，授予独立董事对重大关联交易的公允性进行事前审核权利，对关联交易是否履行法定批准程序发表独立意见，并至少每季度查阅一次公司与关联方之间的资金往来情况，了解公司是否存在被控股股东、董事、经理及其关联方占用、转移公司资金、资产及其他资源的情况，一旦有异常情况出现，立即报告公司董事会、股东会采取相对应措施进行防范控制。

4. 建立关联交易的定价原则

并非要禁止一切关联交易，只要价格公允、对公司无害，关联交易可以进行，那么，交易价格就成为确定一个关联交易是否公正至关重要的因素。对交易价格通常参照判断标准是市场价格，如果没有相应的市场价格，则价格应由具有相应资质的独立的第三方进行确定标准。不止要确定具体关联交易的定价方法，对于选择的定价方法及理由、与公平市价的差异及原因、对公司经营业绩和财务状况的影响等也要在关联交易协议中进行详细的说明，以保证交易的公开透明。如若定价已经超出授权范围，则应报请上级部门审批。公司应当定期对关联交易的定价及价格执行情况进行审核、分析，尤其是上市公司，对于涉及股权转让、资产置换等的重大关联交易，还应当聘请相关中介机构提供专业咨询服务。

5. 建立关联交易的风险防范和责任追究制度

对于股东、董事、经理及其关联方以各种形式占用或转移公司的资金、资产及其他资源，发现首先应该采取保护性措施以避免或者减少损失，例如立即采取诉讼、财产保全等

保护性措施达到止损目的。而对于并未造成损失，但对未履行审批程序、未按要求披露关联交易事项的相关责任人，也应当适当的追究其相关责任。

6. 加强会议文件的管理，保存相关资料

加强并重视公司合同管理、会议文件管理，做好整理、归档、保存的工作。我国司法遵循以事实为依据、以法律为准绳的原则，其中的事实需要以证据为支撑，做好资料的保管工作，有利于各方当事人举证，更有利于司法的审判和事实的查清。

必懂知识

1. 关联方

根据财政部2006年颁布的《企业会计准则第36号——关联方披露》的规定，在企业财务和经营决策中，如果一方控制、共同控制另一方或对另一方施加重大影响，以及两方或两方以上同受一方控制、共同控制或重大影响的，构成关联方。在很多情况下，是否存在关联方关系需视其关系的实质而定，即各方实质上是否存在控制、共同控制和重大影响的关系，这种关系在很大程度上决定是否存在利益关系。当各方之间存在利益关系，并且这种利益关系的存在是由控制、共同控制和实施重大影响来实现或维系的，则通常认为存在关联方关系。

2. 关联交易

公司的关联交易则是指公司与其关联人之间发生的转移资源或义务的事项（即交易）。关联交易可能损害公司、公司非控股股东/非利害关系股东，以及公司债权人的利益。在我国，针对上市公司审查关联方及关联交易的范围一般设定为审查公司控股股东、实际控制人、董事、监事、高级管理人员与其直接或者间接控制的企业之间的关系，以及可能导致公司利益转移的其他关系。

3. 同业竞争

同业竞争是指企业所从事的业务与相关主体控制的其他企业所从事的业务相同或近似，双方构成或可能构成直接或间接的竞争关系。

同业竞争内容的判断，应遵循"实质重于形式"的原则，不仅从经营范围，还要从业务的性质、业务的客户对象、产品或劳务的可替代性、市场差别等方面进行判断，同时应充分考虑对拟上市企业及其股东的客观影响。例如，华润集团下的华润超市和万科集团下的万佳百货，一个是立足于生活小区的小型超市，一个是综合性的商场，从市场定位、客户对象、双方业态和经营模式及商品种类存在很大差异，并没有构成直接对立的利益冲突。因此，不能简单判断同业竞争关系，也不能一味简单的要求避免任何层面上的同业竞争关系。

必懂法规

一、《中华人民共和国公司法》

第五条　公司从事经营活动，必须遵守法律、行政法规，遵守社会公德、商业道德，诚实守信，接受政府和社会公众的监督，承担社会责任。

公司的合法权益受法律保护，不受侵犯。

第二十一条　公司的控股股东、实际控制人、董事、监事、高级管理人员不得利用其关联关系损害公司利益。

违反前款规定，给公司造成损失的，应当承担赔偿责任。

第一百四十七条　董事、监事、高级管理人员应当遵守法律、行政法规和公司章程，对公司负有忠实义务和勤勉义务。

董事、监事、高级管理人员不得利用职权收受贿赂或者其他非法收入，不得侵占公司的财产。

第一百四十八条 董事、高级管理人员不得有下列行为：

（一）挪用公司资金；

（二）将公司资金以其个人名义或者以其他个人名义开立账户存储；

（三）违反公司章程的规定，未经股东会、股东大会或者董事会同意，将公司资金借贷给他人或者以公司财产为他人提供担保；

（四）违反公司章程的规定或者未经股东会、股东大会同意，与本公司订立合同或者进行交易；

（五）未经股东会或者股东大会同意，利用职务便利为自己或者他人谋取属于公司的商业机会，自营或者为他人经营与所任职公司同类的业务；

（六）接受他人与公司交易的佣金归为己有；

（七）擅自披露公司秘密；

（八）违反对公司忠实义务的其他行为。

董事、高级管理人员违反前款规定所得的收入应当归公司所有。

第一百四十九条 董事、监事、高级管理人员执行公司职务时违反法律、行政法规或者公司章程的规定，给公司造成损失的，应当承担赔偿责任。

第二百一十六条 本法下列用语的含义：

（一）高级管理人员，是指公司的经理、副经理、财务负责人，上市公司董事会秘书和公司章程规定的其他人员。

（二）控股股东，是指其出资额占有限责任公司资本总额百分之五十以上或者其持有的股份占股份有限公司股本总额百分之五十以上的股东；出资额或者持有股份的比例虽然不足百分之五十，但依其出资额或者持有的股份所享有的表决权已足以对股东会、股东大会的决议产生重大影响的股东。

（三）实际控制人，是指虽不是公司的股东，但通过投资关系、协议或者其他安排，能够实际支配公司行为的人。

（四）关联关系，是指公司控股股东、实际控制人、董事、监事、高级管理人员与其直接或者间接控制的企业之间的关系，以及可能导致公司利益转移的其他关系。但是，国家控股的企业之间不仅因为同受国家控股而具有关联关系。

二、《企业会计准则第 36 号——关联方披露》

第三条 一方控制、共同控制另一方或对另一方施加重大影响，以及两方或两方以上同受一方控制、共同控制或重大影响的，构成关联方。

控制，是指有权决定一个企业的财务和经营政策，并能据以从该企业的经营活动中获取利益。

共同控制，是指按照合同约定对某项经济活动所共有的控制，仅在与该项经济活动相关的重要财务和经营决策需要分享控制权的投资方一致同意时存在。

重大影响，是指对一个企业的财务和经营政策有参与决策的权力，但并不能够控制或者与其他方一起共同控制这些政策的制定。

第四条 下列各方构成企业的关联方：

（一）该企业的母公司。

（二）该企业的子公司。

（三）与该企业受同一母公司控制的其他企业。

（四）对该企业实施共同控制的投资方。

（五）对该企业施加重大影响的投资方。

（六）该企业的合营企业。

（七）该企业的联营企业。

（八）该企业的主要投资者个人及与其关系密切的家庭成员。主要投资者个人，是指能够控制、共同控制一个企业或者对一个企业施加重大影响的个人投资者。

（九）该企业或其母公司的关键管理人员及与其关系密切的家庭成员。关键管理人员，是指有权力并负责计划、指挥和控制企业活动的人员。与主要投资者个人或关键管理人员关系密切的家庭成员，是指在处理与企业的交易时可能影响该个人或受该个人影响的家庭成员。

（十）该企业主要投资者个人、关键管理人员或与其关系密切的家庭成员控制、共同控制或施加重大影响的其他企业。

第五条　仅与企业存在下列关系的各方，不构成企业的关联方：

（一）与该企业发生日常往来的资金提供者、公用事业部门、政府部门和机构。

（二）与该企业发生大量交易而存在经济依存关系的单个客户、供应商、特许商、经销商或代理商。

（三）与该企业共同控制合营企业的合营者。

第七条　关联方交易，是指关联方之间转移资源、劳务或义务的行为，而不论是否收取价款。

第八条　关联方交易的类型通常包括下列各项：

（一）购买或销售商品。

（二）购买或销售商品以外的其他资产。

（三）提供或接受劳务。

（四）担保。

（五）提供资金（贷款或股权投资）。

（六）租赁。

（七）代理。

（八）研究与开发项目的转移。

（九）许可协议。

（十）代表企业或由企业代表另一方进行债务结算。

（十一）关键管理人员薪酬。

独董管理
——独立董事懒管理,公司违规负责任

中国上市公司的内部治理结构存在很多缺陷,而董事会作为所有者—股东和经营者—经理阶层间的重要枢纽,仍未能较好地实现其在公司治理结构中应有的作用。中国借鉴国际经验与模式,在内部董事架构中引入独立董事制度,从而独立财务报告亦应运而生。独立董事对全体股东负有诚信义务。如果独立董事未尽诚信义务,导致财务报告存在虚假陈述而给投资者造成损失,应当承担相应的法律责任。

以案说法

一、经典案例

2001年9月27日，中国证监会发布《关于B股份有限公司（集团）及有关人员违反证券法规行为的处罚决定》（证监罚字〔2001〕19号），认定郑A上市申报材料和上市公告书存在严重虚假和重大遗漏，虚假上市；上市后采取虚增利润、配股资金实际使用情况与信息披露不符、隐瞒大额投资及投资收益事项、编制虚假会计报表等手段，导致1996—1998年的年报中存在严重虚假和重大遗漏，未能真实、完整地反映该公司的经营情况。该决定认定包括独立董事C在内的公司数名董事负有直接责任，对其分别处以10万元罚款。对此，C不服，提出行政复议，2002年3月4日证监会作出维持原处罚决定的行政复议决定。2002年4月21日，C提起诉讼，请求撤销证监会对其处以10万元的处罚决定。C辩论说，他曾与郑A董事长李某乾约定不参与公司的经营与管理，只是承担顾问性质的荣誉性角色，并且不领取任何报酬。他没有参加郑A董事会第三届第三次会议等，故对郑A股票上市前的违法、违规行为不应承担责任；在参加1996—1998年年会时，审查的有关文件是郑A董事会办事机构事先打印好的董事会报告、总经理报告等，并对这些报告发表过赞同意见，但其并没见过郑A的年度会计报表，无从了解会计报表中虚报当年利润、隐瞒亏损等问题，因此，对公司的上述违法、违规行为不应承担直接责任。2002年3月12日，北京市第一中级人民法院驳回C的起诉。C不服一审裁定，向北京高院提出上诉。2002年11月15日，北京市高级人民法院发出裁定书，终审裁定：驳回上诉，一审法院裁定驳回 C 的起诉符合法律规定，应予维持。

二、案例分析

该案已经终审，那么作为不参与公司经营、没有看过财务报告的"荣誉性"的外部独立董事，C 该不该承担法律责任？

《中华人民共和国公司法》发布时还没有强制要求设立独立董事，因此，没有就独立董事的责任做出规定，但是《中华人民共和国公司法》第一百四十七条规定，"董事、监事、高级管理人员应当遵守法律、行政法规和公司章程，对公司负有忠实义务和勤勉义务"。《中华人民共和国证券法》第八十五条规定，"信息披露义务人未按照规定披露信息，或者公告的证券发行文件、定期报告、临时报告及其他信息披露资料存在虚假记载、误导性陈述或者重大遗漏，致使投资者在证券交易中遭受损失的，信息披露义务人应当承担赔偿责任；发行人的控股股东、实际控制人、董事、监事、高级管理人员和其他直接责任人员以及保荐人、承销的证券公司及其直接责任人员，应当与发行人承担连带赔偿责任，但是能够证明自己没有过错的除外"。上述规定虽然存在缺陷，但仍可以作为判断 C 责任的基本依据。

郑 A 的造假行为都经董事会决议通过，在审议年报时董事们都投了赞成票，C 作为董事会的一员没有公开提出异议，因此，不能适用《中华人民共和国证券法》规定的免责条件。虽然不见得每一个董事对所议之事都了解，但他们投了赞成票，就得对自己的行为所造成的后果承担法律责任，而不管该董事是否在公司领取报酬。郑 A 董事会连续几年保证年报不存在任何虚假记载、误导性陈述或者重大遗漏，并承诺对其内容的真实性、准确性和完整性负个别及连带责任。C 没有履行董事对财务报告应尽的注意义务，理所当然应当对郑 A 的虚假陈述行为承担责任，包括行政责任和民事责任。因此笔者认为，对 C 处以罚款是恰当的，但还不够，还应当考虑追究其民事责任，以弥补投资者所受损害。

三、律师观点

　　2001年8月16日，中国证监会发布《关于在上市公司建立独立董事制度的指导意见》，规定上市公司应当建立独立董事制度。根据2001年年报显示，已有326家上市公司选聘了独立董事。但是，目前上市公司独立董事很大程度上流于形式，许多上市公司的独立董事绝大多数是由公司领导"拉来"或请来的"人情董事""花瓶董事"，权利不清、职责不明，主要为了起宣传、推广作用，不能在财务报告、关联交易等问题上对管理当局、内部董事和大股东进行有效的制约和监督。在2001年年报中，很难看到上市公司独立董事们的独立意见。造成我国独立董事对财务报告监督不力的原因是多方面的，主要有：①缺乏独立性。独立董事的选举、聘任、报酬等实际上还是管理当局或大股东说了算，独立董事不独立。②独立董事缺乏法律责任意识。一方面现有法律不完善，缺乏对董事及独立董事注意义务及违反注意义务的责任的规定。《中华人民共和国公司法》缺乏对董事民事责任的规定，而《中华人民共和国证券法》的规定又缺乏可操作性，证监会的《指导意见》仅仅是部门规章，法律层次较低、约束力有限，而且也不够完善。司法实践上也缺乏追究独立董事虚假陈述民事责任的制度保障，这样对独立董事不认真履行对财务报告、关联交易等事项的监督职责不能形成有力的震慑作用。另一方面许多独立董事没有意识到独立董事与顾问的不同，将独立董事看作是名誉性称号或额外收入的来源，没有意识到他们的签字要承担法律责任。③独立董事缺乏财务、会计、经营管理方面的专门知识。许多上市公司聘请院士、教授等名人担任独立董事，这些人仅仅是某个领域的专家，对财务报告往往并不了解，不能监督；有些专家还同时担任多家公司的独立董事，难有足够的时间履行职责，无力监督。④没有解决好独立董事的激励问题，独立董事缺乏监督的动力。C的败诉将在一定程度上促进独立董事们的法律责任意识，但无论在立法还是在司法上，我国独立董事的法律责任都还有待进一步的完善。建议从以下几个方面完善独立董事的责任。

　　第一，应当在《中华人民共和国公司法》中对独立董事的任职资格、比例、聘任、任期、工作时间、报酬等作出明确规定，以保证独立董事的真正独立。《中华人民共和国公司法》应当对独立董事的注意义务作出规定。独立董事与其他董事一样，对股东和其他利益相关者负有诚信义务。独立董事的注意义务可以参照一般董事的规定，但由于独立董事往往是专家，应当规定独立董事需尽其专业技能。当其违背诚信义务，不能独立、客观、公正地履行职责，对管理当局和控股股东的行为没有进行有效地监督与制约，给股东和公司利益造成损失时，应当承担相应责任。

第二，在《中华人民共和国公司法》中对独立董事关于关联交易、财务报告等事项的职责作出具体规定。明确规定独立董事有关权利（包括信息知情权）和义务，使之权责相匹配，从而保证其真正发挥在财务报告、关联交易方面对管理当局的监督作用。

第三，在《中华人民共和国公司法》《中华人民共和国证券法》中对独立董事的法律责任作出专门的具体规定，严格追究对虚假陈述负有责任的独立董事的责任，尤其是要强化独立董事的民事责任。独立董事不是挂名顾问，更不是荣誉头衔，而是要承担法律责任的。那些不能履行监督职责、看不懂财务报表或根本没时间看报表的独立董事，可以选择辞职。如果独立董事与内部人串通欺骗投资者，为管理当局的虚假陈述行为做帮凶，或者不认真履行应尽的义务，导致财务报告存在严重虚假陈述、大股东和管理当局严重损害公司和中小股东利益等后果时，除应当承担证券监管部门的行政处罚外，还要对投资者所受的损失承担民事责任。

必懂知识

现代公司法认为，董事对公司及股东负有诚信义务，诚信义务包括注意义务和忠实义务两方面。董事的注意义务，在大陆法中叫善管义务，是指董事像普通谨慎人在相似的情况下给予合理的注意一样，机智慎重地、克尽勤勉地管理公司事务。无论是大陆法的善良管理之注意义务，还是英美法的注意义务和忠实义务，都要求董事以合理的谨慎履行职责，发现并通过适当的途径制止经理的不当行为，否则就是未尽责任，如给公司和股东造成损失，应当承担民事责任。

判断董事是否违反注意义务通常以过失为标准。如果董事不能参与会议、了解公司经营的基本状况、阅读相当数量的报告、在危险信号出现时寻求所需的补救办法，或者除此之外，他们还忽视了审查煞费苦心行为的一般动机时，那么就可认为董事违反了他们的注意义务。而如果一个董事具有特殊才能（如董事本人是律师或会计师），判断注意义务的标准应以其是否利用了律师或会计师在同等情形下所应有的审慎态度，其标准高于普通非律师或非会计师的董事。

对于财务报告而言，董事会是财务报告的监督主体。经理编制的财务报告需要经董事会审核批准后，由董事会提交给股东大会。股东对董事存在信任和依赖，这种依赖就意味着董事应当对财务报告的质量承担责任。每一家上市公司在年度报告的"重要提示"中都要郑重作如下承诺："本公司董事会保证本报告所载资料不存在任何虚假记载、误导性陈述或者重大遗漏，并对其内容的真实性、准确性和完整性负个别及连带责任"。因此，董事在审核财务报告时，必须谨慎从事，保证财务报告所包含的信息真实、公允。如果董事在审核财务报告时没有达到适当的谨慎标准，存在故意欺诈或者疏忽，导致财务报告发生错误呈报或构成误导，应当承担由此而给第三者造成损失的民事责任。独立董事首先是董事，因此，上述关于董事的有关法律对独立董事基本也是适用的。独立董事与其他董事一样，对上市公司及全体股东负有诚信义务，他们除具有公司法和其他相关法律、法规赋予董事的职权外，还有审核重大关联交易、提议聘用或解聘会计师事务所、独立聘请外部审计机构和咨询机构等权利，还要对可能损害中小股东权益的事项发表独立意见。正因为独立董事承担着制约控股股东和管理当局的职责，所以外部投资者对他们存在信赖，这种信赖就要求独立董事对公司和股东负有诚信义务。如其违反诚信义务，尤其是注意义务，不能独立、客观、公正地履行职责，没有对管理当局和控股股东的行为进行有效地监督与制约，应当和其他董事一样，承担相应责任。尽管按照有关判例，外部董事对经营的责任小于内部董事，但由于独立董事往往是专家，而且往往由独立董事组成的审计委员会等机构对财务报告进行监督，因此，其注意义务的标准高于一般董事，独立董事对财务报告的责任实际上并不低于一般董事。独立董事应当认真履行职责，包括审核公司的财务报表，以维护公司整体利益，防止虚假财务报告和其他侵害中小股东的行为定期审核公司财务报表是董事基本的注意义务，如果其不能对财务报告进行适当的监督，疏于注意义务，将承担法律责任。对于那些"花瓶董事",同样不能够免除责任。如果其没有能力对包括财务报告在内的事务进行有效审核和监督的话,可以辞职。傀儡董事如果不能像真正董事一样行事,法律是不会宽恕他们的。

必懂法规

一、《中华人民共和国公司法》

第八十三条　以发起设立方式设立股份有限公司的,发起人应当书面认足公司章程规定其认购的股份,并按照公司章程规定缴纳出资。以非货币财产出资的,应当依法办理其财产权的转移手续。

发起人不依照前款规定缴纳出资的,应当按照发起人协议承担违约责任。

发起人认足公司章程规定的出资后,应当选举董事会和监事会,由董事会向公司登记机关报送公司章程以及法律、行政法规规定的其他文件,申请设立登记。

第九十一条　发起人、认股人缴纳股款或者交付抵作股款的出资后,除未按期募足股份、发起人未按期召开创立大会或者创立大会决议不设立公司的情形外,不得抽回其股本。

第九十八条　股份有限公司股东大会由全体股东组成。股东大会是公司的权力机构,依照本法行使职权。

第九十九条　本法第三十七条第一款关于有限责任公司股东会职权的规定,适用于股份有限公司股东大会。

第一百零一条　股东大会会议由董事会召集,董事长主持;董事长不能履行职务或者不履行职务的,由副董事长主持;副董事长不能履行职务或者不履行职务的,由半数以上董事共同推举一名董事主持。

董事会不能履行或者不履行召集股东大会会议职责的,监事会应当及时召集和主持;监事会不召集和主持的,连续九十日以上单独或者合计持有公司百分之十以上股份的股东可以自行召集和主持。

第一百零二条 召开股东大会会议，应当将会议召开的时间、地点和审议的事项于会议召开二十日前通知各股东；临时股东大会应当于会议召开十五日前通知各股东；发行无记名股票的，应当于会议召开三十日前公告会议召开的时间、地点和审议事项。

单独或者合计持有公司百分之三以上股份的股东，可以在股东大会召开十日前提出临时提案并书面提交董事会；董事会应当在收到提案后二日内通知其他股东，并将该临时提案提交股东大会审议。临时提案的内容应当属于股东大会职权范围，并有明确议题和具体决议事项。

股东大会不得对前两款通知中未列明的事项作出决议。

无记名股票持有人出席股东大会会议的，应当于会议召开五日前至股东大会闭会时将股票交存于公司。

第一百零三条 股东出席股东大会会议，所持每一股份有一表决权。但是，公司持有的本公司股份没有表决权。

股东大会作出决议，必须经出席会议的股东所持表决权过半数通过。但是，股东大会作出修改公司章程、增加或者减少注册资本的决议，以及公司合并、分立、解散或者变更公司形式的决议，必须经出席会议的股东所持表决权的三分之二以上通过。

第一百零四条 本法和公司章程规定公司转让、受让重大资产或者对外提供担保等事项必须经股东大会作出决议的，董事会应当及时召集股东大会会议，由股东大会就上述事项进行表决。

第一百零五条 股东大会选举董事、监事，可以依照公司章程的规定或者股东大会的决议，实行累积投票制。

本法所称累积投票制，是指股东大会选举董事或者监事时，每一股份拥有与应选董事或者监事人数相同的表决权，股东拥有的表决权可以集中使用。

第一百二十条 本法所称上市公司，是指其股票在证券交易所上市交易的股份有限公司。

第一百二十一条 上市公司在一年内购买、出售重大资产或者担保金额超过公司资产总额百分之三十的，应当由股东大会作出决议，并经出席会议的股东所持表决权的三分二以上通过。

第一百二十二条　上市公司设立独立董事，具体办法由国务院规定。

第一百二十三条　上市公司设董事会秘书，负责公司股东大会和董事会会议的筹备、文件保管以及公司股东资料的管理，办理信息披露事务等事宜。

第一百二十四条　上市公司董事与董事会会议决议事项所涉及的企业有关联关系的，不得对该项决议行使表决权，也不得代理其他董事行使表决权。该董事会会议由过半数的无关联关系董事出席即可举行，董事会会议所作决议须经无关联关系董事过半数通过。出席董事会的无关联关系董事人数不足三人的，应将该事项提交上市公司股东大会审议。

二、《中华人民共和国证券法》

第八十五条　信息披露义务人未按照规定披露信息，或者公告的证券发行文件、定期报告、临时报告及其他信息披露资料存在虚假记载、误导性陈述或者重大遗漏，致使投资者在证券交易中遭受损失的，信息披露义务人应当承担赔偿责任；发行人的控股股东、实际控制人、董事、监事、高级管理人员和其他直接责任人员以及保荐人、承销的证券公司及其直接责任人员，应当与发行人承担连带赔偿责任，但是能够证明自己没有过错的除外。

第一百八十条　违反本法第九条的规定，擅自公开或者变相公开发行证券的，责令停止发行，退还所募资金并加算银行同期存款利息，处以非法所募资金金额百分之五以上百分之五十以下的罚款；对擅自公开或者变相公开发行证券设立的公司，由依法履行监督管理职责的机构或者部门会同县级以上地方人民政府予以取缔。对直接负责的主管人员和其他直接责任人员给予警告，并处以五十万元以上五百万元以下的罚款。

三、《关于在上市公司建立独立董事制度的指导意见》

一、上市公司应当建立独立董事制度

（一）上市公司独立董事是指不在公司担任除董事外的其他职务，并与其所受聘的上市公司及其主要股东不存在可能妨碍其进行独立客观判断的关系的董事。

（二）独立董事对上市公司及全体股东负有诚信与勤勉义务。独立董事应当按照相关法律法规、本指导意见和公司章程的要求，认真履行职责，维护公司整体利益，尤其要关注中小股东的合法权益不受损害。独立董事应当独立履行职责，不受上市公司主要股东、实际控制人、或者其他与上市公司存在利害关系的单位或个人的影响。独立董事原则上最多在5家上市公司兼任独立董事，并确保有足够的时间和精力有效地履行独立董事的职责。

（三）各境内上市公司应当按照本指导意见的要求修改公司章程，聘任适当人员担任独立董事，其中至少包括一名会计专业人士（会计专业人士是指具有高级职称或注册会计师资格的人士）。在二〇〇二年六月三十日前，董事会成员中应当至少包括2名独立董事；在二〇〇三年六月三十日前，上市公司董事会成员中应当至少包括三分之一独立董事。

（四）独立董事出现不符合独立性条件或其他不适宜履行独立董事职责的情形，由此造成上市公司独立董事达不到本《指导意见》要求的人数时，上市公司应按规定补足独立董事人数。

（五）独立董事及拟担任独立董事的人士应当按照中国证监会的要求，参加中国证监会及其授权机构所组织的培训。

集体担责

——公司运营不合规，董事集体来担责

随着经济的不断发展，在公司的发展过程中，交易行为和过程也随着科技的发展日趋复杂和多样化，公司的规模不断扩大等一系列变化使公司的经营更加专门化和专业化，在利益的驱使下，公司逐渐实现所有权与经营权的分离，具有专业业务知识的董事在公司的日常经营中发挥出举足轻重的作用，促成了股东大会中心向董事会中心的转换。从此董事会开始依照法律的直接规定和公司章程的约定享有相对独立的经营权，开始掌握公司的命运，任何权利与义务都是对等的，董事会亦应该承担起与此相适应的义务，与之相对应，作为董事会组成的董事也应该承担相适应的义务。

以案说法

一、经典案例

1. 董事众议借贷款，延迟偿还惹纠纷

A商贸有限责任公司是由C有限责任公司（中方）与B控股有限公司（港方）出资成立的合资企业。根据《公司章程》，A公司实行总经理负责制，董事会是最高权力机构；董事会共有7名董事，其中，中方公司委派3名董事、港方公司委派4名董事，董事长由港方委派的董事担任，副董事长2名，由中方和港方分别委派；总经理由董事会聘任的中方董事担任，总经理直接对董事会负责，执行董事会的各项决议，并组织领导合资企业的日常经营管理工作。

2002年2月14日，A商贸有限责任公司通过董事会决议，决定聘任韩某为合资企业的董事兼任总经理，李某为董事长，刘某为副董事长。

自成立以来，A公司的业务量并不是很乐观。为了更好地运转公司，A公司经董事会一致同意，决定向银行贷款。2003年6月18日，A公司与建行某分行签订了借款合同，借款金额为8700万元，期限为2003年8月1日—2004年8月1日。

然而，时近还款日，A公司的营业状况依然低迷，所欠借款无法按时还清。于是，2004年5月16日，A公司召开董事会会议，决议向建行分行再申请一年期贷款8700万元人民币，用以偿还所欠贷款。当日，总经理韩某亦拟定了一份向建行分行出具的不可撤销承诺函，这份承诺函的内容与董事会决议上承诺的内容相同。

面临财务危机，A公司虽然暂时找到了"救命稻草"，但是这一稻草并没有被牢牢抓住。相反，因公司内部各股东的利益冲突，A公司所面临的是更加严重的后顾之患。

2004年5月26日，总经理韩某认为董事会决议与A公司中方股东的利益存在冲突，于是擅自将董事会决议和不可撤销承诺函从公司财务处取出，并将其交予了A公司的副董事长刘某。5月30日，董事长李某发现总经理韩某的行为后，立刻在公司范围内下发紧急通知，宣布暂停韩某的总经理职务及其所有的权力。然而，各中方董事认为这一通知违反了《公司章程》的规定，不具有法律效力。

2004年8月2日，李某收到建行分行的催收通知书及扣划通知，扣划了A公司在建行分行4个账户内共180万元的贷款本金。当日，李某提议召开紧急董事会会议，要求韩某交出其擅自取出的文件并对此违法行为作出解释。然而，各中方董事表示不能参加会议。他们认为，公司的重要经营文件由总经理韩某保管是其职责所在，未经董事会合法程序而直接要求韩某交出经营文件，不仅违反公司章程的规定，同时也是对总经理履行职务的非法干涉。

2004年8月6日，李某再次收到建行分行发出的扣划通知，扣划金额为12万元。

2004年11月7日，建行分行向A公司出具了一份告知函，告知借款合同已发生逾期，再次要求A公司务必即刻出具合法合规的、用于办理逾期贷款转期的董事会决议，并着手办理贷款转期手续。然而，因各董事对总经理韩某的问题意见不一致，双方一直争持不下，董事会会议未能召开。最终，由于李某未能向建行分行出具董事会决议，亦未能按时还款，导致建行分行起诉。A公司因此被加收罚息和复利，并承担了相关的诉讼费用。

2004年11月董事长李某以A公司的名义向人民法院起诉，要求总经理韩某赔偿因其不当行为而给公司造成的损失（含逾期贷款的罚息、复利、诉讼费、违约金及执行费）。

2. 公司高管应守法，裁判结果引深思

一审，原告胜诉；二审，维持原判。

韩某作为A公司的总经理，应当按照《中华人民共和国公司法》及《公司章程》的规定履行自己对公司的义务。然而，韩某不但不执行董事会决议，而且还将董事会决议等重要文件取出交与他人，以致给A公司造成经济损失，其行为是不正当的经营行为。同时，韩某不是在行使 A 公司中方股东法定代表人的职权，而是不履行总经理的义务。故韩某应承担给 A 公司造成的损失，而不应由 A 公司中方股东企业承担。

二、案例分析

由于我国一直以来实行的是非市场化的经济运行模式，对于公司法领域的理论研究起步比较晚，对于董事勤勉义务的研究更是近 20 年才引起大多数学者的注意，因此，我国在判断董事勤勉义务方面分歧意见较大。虽然目前我国大约有 7 部法律对董事的勤勉义务进行了规定，但这些规定大多是笼统、不具体的。

1. 《中华人民共和国公司法》中未具体规定董事勤勉义务的内容

《中华人民共和国公司法》第一百四十七条规定，"董事、监事、高级管理人员应当遵守法律、行政法规和公司章程，对公司负有忠实义务和勤勉义务"。由此可见，我国立法对于董事勤勉义务的规定是很宽泛的，没有关于董事勤勉义务的明确定义及判断标准，也没有像董事忠实义务那样进行列举。在这种情况下，确定董事的经营行为是否违反了勤勉义务就非常困难。就像在本案中，韩某的行为是否违反了董事的勤勉义务，单从法条上看，无论是从公司本身的经营实践还是司法审判都是很难判断的。因此，对韩某是否违反董事勤勉义务这一问题产生分歧也就不足为奇了。

2. 合资企业董事长的职权非常有限

实质上合资企业中的董事长对外是企业的法定代表，对内负责召集并主持董事会议，此外并无其他更多的职权。因此，董事长不能代表董事会对总经理进行监督；也不宜在没有通知董事会的情况下直接向总经理提出意见和质询。如果董事长发现总经理有不恪尽职守的情况，应协同其他董事提议召开董事会临时会议，由董事会就此问题进行讨论并形成有关决议，责令总经理纠正；情况严重的，董事会还可以解聘总经理。由此可见，本案中的原告董事长李某私自暂停了被告的总经理职务及其所有权力的行为是不恰当的。在合资企业中，面对这样的情况，董事长李某应当做的是召开临时会议，由董事会就韩某的行为进行讨论并确定处理方案，而不能由董事长个人作出对总经理的处理决定。

董事会是合资企业的最高权力机关,总经理是由董事会产生,应对董事会负责的,并依照公司法和公司章程的规定,来管理公司日常经营工作、执行董事会的决议。韩某作为总经理,应当依照《公司章程》的规定,依法执行董事会的决议。

3. 合资企业的治理结构缺乏独立性

中外合资企业在我国虽有独立的法律地位,但现实中其却不必然作为一个独立的经济实体而参与到经营活动中去。目前,很多中外合资的公司呈现出较强的母公司主导的特点,实质上是由于中外合资的公司治理结构并不具有独立性造成的。这也就导致董事会缺乏独立性,要受到母公司的制约,实质上是不利于合资企业发展的,这就需要通过完善相关的规定来解决。

韩某作为 A 商贸有限责任公司的董事和总经理,应该对公司履行勤勉义务,即对公司履行其作为董事的职责,而且履行义务必须是诚实的,行为人必须合理地相信他是为了公司的最佳利益,并尽了一个普通谨慎的人在类似的地位与状况下所应有的合理注意,应按《中华人民共和国公司法》及《公司章程》的规定履行自己对公司的义务。

依据董事勤勉义务的理论,韩某应当按公司章程的规定,组织领导原告的日常经营管理工作,直接对董事会负责,执行董事会的各项决定。A 公司董事会做出续贷的决议,韩某却未按照董事会决议的指示,将董事会决议及其他文件送交建行分行,致使 A 公司未能与建行分行办理逾期贷款转期和重新办理贷款的事宜而遭受严重的损失。韩某的行为显然是有意为之,却无法看出其通过正当渠道取得各类信息进行客观的分析,从而得出利益与风险评估,违背了董事应在其能力范围内勤勉、谨慎的履行经营管理职责;同时我们也很难认定其为善意,也就说我们很难认定被告是以至始至终为公司的利益努力奋斗,始终把公司最大利益做为其行为准则的,显然已经违反了董事的勤勉义务中董事应该积极、妥善的履行其相关职责的规定。经营判断原则被看做是董事承担责任的阻断事由,即便是我国引入了该原则,本案中的韩某也因为是故意行为而不能援引其加以保护。

三、律师观点

1. 引入判断原则，合理分担风险

在现代经济社会中，一个公司想要不断发展、壮大并在竞争中取得成功，承受一定的风险在所难免，而董事的经营决策就承受着这样不可避免的风险。如果只是完全客观的强调以普通的经营决策者所采用的方式去进行经营判断，追求绝对安全的经营模式很难使公司在激烈的竞争中生存下来。

现行公司的治理结构的转化正是鼓励专业人士——董事勇于承担风险，追求公司的最大利益，并避免其在经营活动中畏首畏尾。在实施经营决策时，判断一名普通的、谨慎的管理人在相同或类似情形下应该收集哪些信息及数据，做出何种相应调查也许并不是一件十分困难的事情，即可判断该名董事是否已经履行其勤勉义务。事实上即使该名董事完成其所负担的勤勉义务也不能保证其所作出的每一项经营决策均能得到正面效果——为公司实现利益最大化，只因结果的出现就要求董事承担义务未履行的责任不尽合理。股东作为公司的出资者，实施出资行为本身就说明，股东已经能够预见并愿意承担交易失败的风险。董事通过股东选举产生，从一开始股东就对董事产生了信任基础，并将公司事务全盘交由董事处理，既然股东对经营行为所产生的盈利欣然接受，那么他们也就应该对经营活动的存在的风险欣然接受。此时，适用经营判断原则来保护董事的合法利益，这项原则可以认定为董事承担责任的一种阻断事由或免责事由。此项原则的引入为完善我国董事责任评价标准体系能够发挥出巨大的作用。

2. 引入经营判断原则，并非降低勤勉标准

国际上，美国因适用经营判断原则而被很多学者认为是将其勤勉义务判断标准的一种降低，同时也有很多学者认为确立了董事勤勉义务的判断标准就应当自然而然地将经营判断原则废除。由此可见，经营判断原则与董事勤勉义务之间存在着相当紧密的联系。

事实上，勤勉义务判断标准与经营判断原则并非同一含义，两者是相互独立的。董事勤勉义务的判断标准是一项义务标准，而经营判断原则是一项责任标准。虽然义务与责任本身具有一定顺序上的承接性，但是两者是相互独立的两个系统，不因具有某种联系就能

将两者混为一谈。董事的勤勉义务是经营判断原则适用的一个前提条件，经营判断原则所要保护的恰恰就是董事在经营管理活动中基于充分的信息所作出的经营决策行为。董事的勤勉义务是董事经营管理活动的行为基准，是对董事履行职责设定的一种最低限制，而经营判断原则上就是一项用来评价董事行为的审查基准，是对董事积极地作出有意义的经营决策所提供的一项保护措施。

我国现行立法中关于董事勤勉义务的规定存在大范围的缺失，对于董事行为的评价更是立法空白，建立完善且符合我国公司经营现状的董事责任体系评价标准是一项十分必要的工作。

3. 引入经营预判原则的构成要件

（1）董事已经实施了经营判断的事实

经营判断原则适用的目的和出发点是尊重并保护董事及高级管理人员所作出的经营判断，因而只有在董事确实做出经营判断时才能援引此项原则，免除其责任。董事作出经营判断不应存在重大过失，若董事实施了违法行为，这种行为就不符合诚实的要件，进而不能享受经营判断原则的保护。

（2）该董事与此经营判断无任何利害关系

董事的义务主要分为勤勉义务和忠实义务，而忠实义务主要适用于董事的利益与公司的利益存在冲突的情况，董事不得将其个人的利益置于公司利益之上。有充足理由相信该经营判断是在足够信息基础上产生的，此称之为"合理性"标准。在援引经营判断原则时，需对经营行为的正当性进行审查，此时将经营判断过程同内容相互分离，在经营决策的过程中，董事的意思决定必须具备合理性因素。

（3）此项经营判断符合公司最佳利益

营利性是公司的一项本质属性，亦是公司设立的目标，董事应以为公司实现利益最大化作为其行为指引。董事相信其任何一项经营判断是符合公司最佳利益时，该种相信是有相当合理的理由作为依据的。

集体担责——公司运营不合规，董事集体来担责

必懂知识

公司治理是一套产权制度安排、用以协调若干在公司中有重大利害关系的团体：投资者（股东和贷款人）、经理人员、职工之间的关系（产权），并从这种联盟中实现经济利益。公司治理包括：如何配置和行使剩余索取权和控制权、如何监督和评价董事会、经理人员和员工、如何设计和实施激励与约束机制。良好的公司治理结构能够利用这些制度的互补性质，降低委托代理成本和减少大股东的掠夺。

公司治理是一种对企业体制进行管理和控制的体系，是产权制度的具体化。主要分为两个流派：一类是股东观点，主张确保股东的利益最大化；另一类是利益相关者主张公司的存在和发展必然受到各种社会力量及其他利益相关者的影响，从而在治理结构中必须考虑到股东以外的利益相关者的利益。

另外，公司治理还受到各种行政干预：部分官员存在干预治理以获取利益。

公司治理机制的进化是一种适应性过程，需要公司内部和外部相互协调，制定合理稳定的管理模式和治理机制。

必懂法规

《中华人民共和国公司法》

第四条 公司股东依法享有资产收益、参与重大决策和选择管理者等权利。

第五条 公司从事经营活动，必须遵守法律、行政法规，遵守社会公德、商业道德，诚实守信，接受政府和社会公众的监督，承担社会责任。公司的合法权益受法律保护，不受侵犯。

第十一条 设立公司必须依法制定公司章程。公司章程对公司、股东、董事、监事、

高级管理人员具有约束力。

第十三条　公司法定代表人依照公司章程的规定，由董事长、执行董事或者经理担任，并依法登记。公司法定代表人变更，应当办理变更登记。

第十六条　公司向其他企业投资或者为他人提供担保，依照公司章程的规定，由董事会或者股东会、股东大会决议；公司章程对投资或者担保的总额及单项投资或者担保的数额有限额规定的，不得超过规定的限额。

公司为公司股东或者实际控制人提供担保的，必须经股东会或者股东大会决议。

前款规定的股东或者受前款规定的实际控制人支配的股东，不得参加前款规定事项的表决。该项表决由出席会议的其他股东所持表决权的过半数通过。

第二十条　公司股东应当遵守法律、行政法规和公司章程，依法行使股东权利，不得滥用股东权利损害公司或者其他股东的利益；不得滥用公司法人独立地位和股东有限责任损害公司债权人的利益。

公司股东滥用股东权利给公司或者其他股东造成损失的，应当依法承担赔偿责任。

公司股东滥用公司法人独立地位和股东有限责任，逃避债务，严重损害公司债权人利益的，应当对公司债务承担连带责任。

第二十一条　公司的控股股东、实际控制人、董事、监事、高级管理人员不得利用其关联关系损害公司利益。

违反前款规定，给公司造成损失的，应当承担赔偿责任。

第四十九条　有限责任公司可以设经理，由董事会决定聘任或者解聘。经理对董事会负责，行使下列职权：

（一）主持公司的生产经营管理工作，组织实施董事会决议；

（二）组织实施公司年度经营计划和投资方案；

（三）拟订公司内部管理机构设置方案；

（四）拟订公司的基本管理制度；

（五）制定公司的具体规章；

（六）提请聘任或者解聘公司副经理、财务负责人；

（七）决定聘任或者解聘除应由董事会决定聘任或者解聘以外的负责管理人员；

（八）董事会授予的其他职权。

公司章程对经理职权另有规定的，从其规定。

经理列席董事会会议。

第一百一十二条　董事会会议，应由董事本人出席；董事因故不能出席，可以书面委托其他董事代为出席，委托书中应载明授权范围。

董事会应当对会议所议事项的决定作成会议记录，出席会议的董事应当在会议记录上签名。

董事应当对董事会的决议承担责任。董事会的决议违反法律、行政法规或者公司章程、股东大会决议，致使公司遭受严重损失的，参与决议的董事对公司负赔偿责任。但经证明在表决时曾表明异议并记载于会议记录的，该董事可以免除责任。

第一百一十三条　股份有限公司设经理，由董事会决定聘任或者解聘。

本法第四十九条　关于有限责任公司经理职权的规定，适用于股份有限公司经理。

第一百一十四条　公司董事会可以决定由董事会成员兼任经理。

第一百四十七条　董事、监事、高级管理人员应当遵守法律、行政法规和公司章程，对公司负有忠实义务和勤勉义务。

董事、监事、高级管理人员不得利用职权收受贿赂或者其他非法收入，不得侵占公司的财产。

第一百四十八条　董事、高级管理人员不得有下列行为：

（一）挪用公司资金；

（二）将公司资金以其个人名义或者以其他个人名义开立账户存储；

（三）违反公司章程的规定，未经股东会、股东大会或者董事会同意，将公司资金借贷给他人或者以公司财产为他人提供担保；

（四）违反公司章程的规定或者未经股东会、股东大会同意，与本公司订立合同或者进行交易；

（五）未经股东会或者股东大会同意，利用职务便利为自己或者他人谋取属于公司的考美国塞班斯法案和中国深圳证券法,为我国证券业制度性建设提供参考依据。

1. 加强公司内部治理

(1)督促上市公司加强内部控制

通常意义上的公司治理主要指的是股东大会、董事会和监事会三者的关系,而内部控制则更强调董事会和经理以下的各层面间的制约关系。如果一家公司的内控环节薄弱,公司治理的种种措施都将成为空中楼阁。所以,建立内部控制指引,推动上市公司建立健全内控制度,将使我国上市公司内部治理制度更加完善,从而降低上市公司财务风险。

我们应通过开展诸如上市公司内部控制培训,督促和帮助我国上市公司加强内部治理。首先,要督促上市公司的董事会、监事会及高层领导强化法律意识,强化其按照规章制度进行操作的习惯,为公司董监事会及高管定期准备培训材料,使其明确自身权责,坚决查处违规操作现象。

其次,我们要加强制度方面的完善。我们要求上市公司根据相关法律法规,结合公司实际和地方政策,在原有的财务管理制度的基础之上进行修订,在关联交易、重大投资决策等方面的规定上加强风险控制,并且严格执行。

再次,是要求企业严格把控现金流。要求公司对公司资金的授权、审批、使用等流程严格把控。要求公司严格保证财务人员工作的独立性,在银企合作方面做到合规、合法。

(2)完善独立董事制度

完善独立董事制度、强化监事会功能。从监管的效率来说,源自公司内部的监管往往才是最有效的。

独立董事是指其除了担任董事外,不再担任公司的其他任何职务,与其受聘公司无影响其对公司经营做出独立判断的关系的董事。独立性是独立董事的核心。独立董事可以加强董事会的独立性,可以强化董事会内部的制衡。由于独立董事的相对独立性,可以在董事会内部形成对抗内部董事的能力,改变过去人事由内部商定,董事会仅仅走一个流程的状态。这也会减少控股股东对董事会的过多干预。

另外,独立董事还可以为公司带来专业的知识、技能。独立董事出于其本身擅长领域的专业性,可以就公司的战略规划向董事会提出专业意见,从而对公司的决策起到参考作商业机会，自营或者为他人经营与所任职公司同类的业务；

（六）接受他人与公司交易的佣金归为己有；

（七）擅自披露公司秘密；

（八）违反对公司忠实义务的其他行为。

董事、高级管理人员违反前款规定所得的收入应当归公司所有。

第一百四十九条　董事、监事、高级管理人员执行公司职务时违反法律、行政法规或者公司章程的规定，给公司造成损失的，应当承担赔偿责任。

第一百五十条　股东会或者股东大会要求董事、监事、高级管理人员列席会议的，董事、监事、高级管理人员应当列席并接受股东的质询。

董事、高级管理人员应当如实向监事会或者不设监事会的有限责任公司的监事提供有关情况和资料，不得妨碍监事会或者监事行使职权。

第一百五十二条　董事、高级管理人员违反法律、行政法规或者公司章程的规定，损害股东利益的，股东可以向人民法院提起诉讼。

独董效用

——独立董事效用低，公司绩效不明显

近年来随着我国证券市场的迅速发展，在上市公司的规范运作方面也出现了不少问题，如所有者缺位、内部人控制、股权过于集中、中小股东的利益受到损害，等等。而这些问题的关键原因之一在于公司治理结构的不完善，而公司治理结构中董事会又起着至关重要的作用。2001年8月，中国证监会正式发布《关于在上市公司建立独立董事制度的指导意见》，由此拉开了我国上市公司建立独立董事制度的序幕。从社会层面来看，独立董事的存在有助于公司法人治理结构的完善和上市公司质量的提高。独立董事制度将使企业"内部人控制"现象在源头上得到制约，从而对投资者的信心和上市公司的价值产生重大而积极的影响。

以案说法

一、经典案例

独立董事与公司绩效间关系在实证领域总体来说有三种不同结论：独立董事制度与公司绩效正相关论、负相关论和不相关论。从已经引入独立董事的公司中抽取若干财务数据（以净资产收益率为变量指标）就独立董事与公司绩效之间的关系进行案例分析。

表1　2000—2003年乔南经济技术开发区开发建设集团净资产收益率对比表

项目	2000年	2001年	2002年	2003年
净资产收益率	8.62%	8.64%	8.26%	3.40%

分析：乔南经济技术开发区开发建设集团在2002年加入两名独立董事，占董事会总人数的2/13，独立董事的报酬平均为2.4万元/人/年。由上述案例可知，引入独立董事后，该集团的净资产收益率非但没有增加反而由2001年的8.64%降至8.26%，降低了约零点五个百分点。

表2　2000—2003年广西九维集团股份有限公司净资产收益率对比表

项目	2000年	2001年	2002年	2003年
净资产收益率	6.20%	6.59%	6.28%	3.42%

分析：广西九维集团股份有限公司在2002年加入两名独立董事，占董事会总人数的2/11，独立董事报酬平均为2万/人/年。由上述案例可知，该公司2002年的净资产收益率由2001年的6.59%降至6.28%，降低了零点三个百分点。因此，独立董事的引入并未

给公司业绩带来正面的影响，反而减缓了公司业绩提高的速度。

表3　2000—2003年大数据人工信息科技股份有限公司净资产收益率对比表

项目	2000年	2001年	2002年	2003年
净资产收益率	8.59%	1.238%	−5.89%	−10.17%

分析：大数据人工信息科技股份有限公司于2001年加入四名独立董事，占董事会总人数的4/15，独立董事的报酬较其他几家公司低，为1万元/人/年。从上述案例可知，该公司的业绩一直在走下滑趋势，2001年独立董事的加入也没有效遏制公司绩效的下降，可见在公司内部独立董事的监督和决策职能的发挥还有待进一步加强。

表4　2000—2003年东鹏南山热电股份有限公司净资产收益率对比表

项目	2000年	2001年	2002年	2003年
净资产收益率	20%	21.38%	34.03%	28.60%

分析：东鹏南山热电股份有限公司于2003年6月加入四名独立董事，占董事会人数的1/5，独立董事的报酬平均为10万元/人/年。从上表来看，加入独立董事后的2003年的净资产收益率由2002年的34.03%下降到28.60%，降低了约五个百分点，结论证明独立董事制度的加入对公司绩效的改善微乎其微。

二、案例分析

东鹏南山热电股份有限公司于2003年6月引入四名独立董事，占董事会人数的1/5，独立董事的报酬平均为10万元/人/年。从上表来看，加入独立董事后的2003年的净资产收益率由2002年的34.03%下降到28.60%，降低了约五个百分点，结论证明独立董事制度的加入对公司绩效的改善微乎其微。

在引入独立董事的企业中，独立董事制度并未对公司绩效的改善起到较大的影响。其主要原因如下：从董事会构成比例的角度来看，内部董事、独立董事的比例应该协调，不能过分强调某一方的作用；从对独立董事制度本身的反思来看，企业并没有最大限度地调动独立董事的积极性来行使其职责；目前对独立董事的资格限制方面可能也存在一些问题，现行法律并不能完全保证独立董事具有独立资格。因此，独立董事也不可能无所顾忌地发表自己对企业经营的看法。

三、律师观点

从20世纪90年代开始，独立董事的作用日益受到重视，但因为该制度推行的时间不长，它本身还处在一个探索和完善的阶段。在中国，建立独立董事制度的序幕已经拉开，但要使它成为完善上市公司治理结构的工具，应该从以下几个方面入手。

第一，必须建立健全独立董事制度的法律、法规。从国外的经验看，独立董事的地位和作用一般都在《中华人民共和国公司法》或《证券交易法》中明确规定，然后落实到交易所的上市规则中；然而中国证监会发布的《指导意见》在法律体系中并无法律地位。中国在建立独立董事制度的过程中，首先应该从立法或制度上保证独立董事有法可依、有章可循，否则他们在行使权利过程中会受到很多阻碍。

第二，必须认真对待独立董事的激励机制问题。通常情况下，独立董事是出于荣誉或利益的考虑而接受这样的职位，但现行的激励机制并不足以保证独立董事们真正用心去做好自己分内的事情。具体做法是，给公司的独立董事一定的股票或股票期权，但是应区别于执行董事和高级管理人员的股票期权方案。

第三，建立独立董事的约束机制。首先是法律的约束，对董事会议案的表决情况，应做详细笔录以便随时查阅；其次是市场约束，信誉优良的独立董事，会形成买方市场，反之则会受到市场的排斥；最后是股权约束，股权贬值或公司破产，也将直接影响到独立董事自身的利益。

第四，优化董事会结构。一个好的董事会应该由独立董事、内部董事和关联董事构成，其中独立董事的比例应该超过50%。我国目前上市公司的董事会中，独立董事的比例还比较小，而独立董事要在董事会中真正起到与大股东董事代表和管理层抗衡的作用，至少应该不少于50%的投票比例，但当独立董事比例超过50%以后，不宜再增加，否则不利于提高企业绩效。

第五，加强对独立董事的培训工作。发展中国家引入独立董事制度所面临的共同挑战之一，是缺乏合格的独立董事人才。因此，中国应该动员社会各界力量如大学、研究机构、行业协会、中介机构等，举办多层次、多形式的培训。同时，我们也可以借鉴其他国家的成熟经验，聘请部分海外专家做中国企业的独立董事。

总之，独立董事的引入并不必然保证董事会的有效运作，正如监事会的建立不一定会对公司起到有效监督作用一样。如果缺乏独立董事发挥作用的前提和条件，在上市公司聘用独立董事只会流于形式，更不可能对企业经济效益的提高起到促进作用。

必懂知识

1. 独立董事制度及其作用

独立董事的定义。所谓独立董事，是指在其任职董事的公司中不同时担任管理职务的董事，并且在经济上或者相关利益方面与公司及经理层没有密切的关系。他们不受制于公司控股股东和管理层，从而有效地制衡控股股东和监督经营者，减少内部人控制和大股东操纵，使中小股东的利益得到有效保护。

我国建立独立董事制度的原因。近年来，随着我国证券市场的迅速发展，在上市公司的规范运作方面也出现了不少问题，如所有者缺位，内部人控制，股权过于集中，公众股东的利益受到损害等。而这些问题的关键原因之一在于公司治理结构的不完善，而公司治理结构中董事会又起着至关重要的作用。2001年8月16日，中国证监会正式发布《关于在上市公司建立独立董事制度的指导意见》，由此拉开了我国上市公司建立独立董事制度的序幕。

独立董事制度在公司治理中的作用。从股东层面来看，独立董事的存在有助于制衡控股股东，监督经营者，维护所有股东利益，此外董事会中的独立董事还能为董事会提供客观性判断和制衡，从全体股东利益出发监督和监控公司管理层，从而避免一个很大程度上由管理层所控制的董事会不能很好发挥其诚信义务维护股东利益的弊端。从公司层面来看，独立董事的存在有助于公司的专业化运作。董事会中的独立董事能以其专业知识及独立的判断为公司发展提供建设性的意见，协助管理层推进经营活动，从而有利于公司提高决策水平，改善公司声誉，提高公司价值。从社会层面来看，独立董事的存在有助于公司法人治理结构的完善和上市公司质量的提高。独立董事制度将使企业"内部人控制"现象在源头上得到制约，从而对投资者的信心和上市公司的价值产生重大而积极的影响。

2. 独立董事的具体责任与义务

上市公司独立董事是指不在公司担任除董事外的其他职务，并与其所受聘的上市公司及其主要股东不存在可能妨碍其进行独立客观判断的关系的董事。

独立董事对上市公司及全体股东负有诚信与勤勉义务。独立董事应当按照相关法律法规、该指导意见和公司章程的要求，认真履行职责，维护公司整体利益，特别要关注中小股东的合法权益不受损害。独立董事应当独立履行职责，不受上市公司主要股东和实际控制人，或者其他与上市公司存在利害关系的单位或个人影响。独立董事原则上最多在五家上市公司兼任独立董事，并确保有足够的时间和精力有效地履行独立董事的职责。

各境内上市公司应当按照该指导意见的要求修改公司章程，聘任适当人员担任独立董事，其中至少包括1名会计专业人士（会计专业人士是指具有高级职称或注册会计师资格的人士）。在2002年6月30日前，董事会成员中应当至少包括2名独立董事；在2003年6月30日前，上市公司董事会成员中应当至少包括三分之一独立董事。

独立董事出现不符合独立性条件或其他不适宜履行独立董事职责的情形，由此造成上市公司独立董事达不到该证监会的《指导意见》要求的人数时，上市公司应按规定补足独立董事人数。

独立董事及拟担任独立董事的人士应当按照中国证监会的要求，参加中国证监会及其授权机构所组织的培训。

独立董事能够客观地监督经理层，维护中小股东权益，防止内部人控制。基于这种考虑，1978年，纽约证交所规定，凡上市公司都得有独立董事。此后，许多国家纷纷仿效，建立独立董事制度，以完善公司治理结构。当股东和管理层发生利益冲突时，独立董事站在中小股东的立场上，对管理层置疑、指责和建议。到了非常时期，如公司兼并、重组、破产等，股东更信赖独立董事，愿意倾听他们的声音。他们的意见，也成了热点，被媒体竞相追逐。

很多上市公司聘独立董事无形中提升了公司形象，便于市场融资。担任独立董事的，多为社会名流。如专家学者、离任总裁、商界成功人士等。他们眼界开阔，经验丰富，能为企业提出实用而中肯的建议。当企业需要政策扶持时，就会聘请有从政经历、律师背景的人担任独立董事，来帮助分析和预测政府行为，以便企业能审时度势，有效利用好政策环境。

独立董事既为公司服务，又维护着中小股民的利益，使公司和股东实现了"双赢"。正因如此，独立董事制很快风靡欧美，有人甚至把它称之为"独立董事革命"。1999年，董事会中独立董事的比例，美国为62%、英国为34%、法国为29%。而在大公司中，这一数字还要高些。据《财富》杂志调查，美国公司1000强中，董事会平均规模为11人，其中独立董事9人。

独立董事的职责是，独立董事对上市公司及全体股东负有诚信与勤勉义务。独立董事应当按照相关法律法规、证监会的《指导意见》和公司章程的要求，认真履行职责，保护公司整体利益，尤其要关注中小股东的合法权益不受侵害。独立董事应当独立履行职责，不受上市公司主要股东、实际控制人或者其他与上市公司存在利害关系的单位或个人的影响。独立董事原则上最多在5家上市公司兼任独立董事，并确保有充裕的时间和精力有效地履行独立董事的职责。

必懂法规

一、《关于在上市公司建立独立董事制度的指导意见》

一、上市公司应当建立独立董事制度

（一）上市公司独立董事是指不在公司担任除董事外的其他职务，并与其所受聘的上市公司及其主要股东不存在可能妨碍其进行独立客观判断的关系的董事。

（二）独立董事对上市公司及全体股东负有诚信与勤勉义务。独立董事应当按照相关法律法规、本指导意见和公司章程的要求，认真履行职责，维护公司整体利益，尤其要关注中小股东的合法权益不受损害。独立董事应当独立履行职责，不受上市公司主要股东、实际控制人、或者其他与上市公司存在利害关系的单位或个人的影响。独立董事原则上最多在5家上市公司兼任独立董事，并确保有足够的时间和精力有效地履行独立董事的职责。

二、独立董事应当具备与其行使职权相适应的任职条件，担任独立董事应当符合下列基本条件：

（一）根据法律、行政法规及其他有关规定，具备担任上市公司董事的资格；

（二）具有本《指导意见》所要求的独立性；

（三）具备上市公司运作的基本知识，熟悉相关法律、行政法规、规章及规则；

（四）具有五年以上法律、经济或者其他履行独立董事职责所必需的工作经验；

（五）公司章程规定的其他条件。

三、独立董事必须具有独立性

下列人员不得担任独立董事：

（一）在上市公司或者其附属企业任职的人员及其直系亲属、主要社会关系（直系亲属是指配偶、父母、子女等；主要社会关系是指兄弟姐妹、岳父母、儿媳女婿、兄弟姐妹的配偶、配偶的兄弟姐妹等）；

（二）直接或间接持有上市公司已发行股份1%以上或者是上市公司前十名股东中的自然人股东及其直系亲属；

（三）在直接或间接持有上市公司已发行股份5%以上的股东单位或者在上市公司前五名股东单位任职的人员及其直系亲属；

（四）最近一年内曾经具有前三项所列举情形的人员；

（五）为上市公司或者其附属企业提供财务、法律、咨询等服务的人员；

（六）公司章程规定的其他人员；

（七）中国证监会认定的其他人员。

五、上市公司应当充分发挥独立董事的作用

（一）为了充分发挥独立董事的作用，独立董事除应当具有公司法和其他相关法律、法规赋予董事的职权外，上市公司还应当赋予独立董事以下特别职权：

（1）重大关联交易（指上市公司拟与关联人达成的总额高于300万元或高于上市公司最近经审计净资产值的5%的关联交易）应由独立董事认可后，提交董事会讨论；独立董事作出判断前，可以聘请中介机构出具独立财务顾问报告，作为其判断的依据。

（2）向董事会提议聘用或解聘会计师事务所；

（3）向董事会提请召开临时股东大会；

（4）提议召开董事会；

（5）独立聘请外部审计机构和咨询机构；

（6）可以在股东大会召开前公开向股东征集投票权。

（二）独立董事行使上述职权应当取得全体独立董事的二分之一以上同意。

（三）如上述提议未被采纳或上述职权不能正常行使，上市公司应将有关情况予以披露。

（四）如果上市公司董事会下设薪酬、审计、提名等委员会的，独立董事应当在委员会成员中占有二分之一以上的比例。

六、独立董事应当对上市公司重大事项发表独立意见

（一）独立董事除履行上述职责外，还应当对以下事项向董事会或股东大会发表独立意见：

（1）提名、任免董事；

（2）聘任或解聘高级管理人员；

（3）公司董事、高级管理人员的薪酬；

（4）上市公司的股东、实际控制人及其关联企业对上市公司现有或新发生的总额高于300万元或高于上市公司最近经审计净资产值的5%的借款或其他资金往来，以及公司是否采取有效措施回收欠款；

（5）独立董事认为可能损害中小股东权益的事项；

（6）公司章程规定的其他事项。

（二）独立董事应当就上述事项发表以下几类意见之一：同意；保留意见及其理由；反对意见及其理由；无法发表意见及其障碍。

（三）如有关事项属于需要披露的事项，上市公司应当将独立董事的意见予以公告，独立董事出现意见分歧无法达成一致时，董事会应将各独立董事的意见分别披露。

二、《中华人民共和国公司法》

第二十条　公司股东应当遵守法律、行政法规和公司章程，依法行使股东权利，不得滥用股东权利损害公司或者其他股东的利益；不得滥用公司法人独立地位和股东有限责任损害公司债权人的利益。

公司股东滥用股东权利给公司或者其他股东造成损失的，应当依法承担赔偿责任。公司股东滥用公司法人独立地位和股东有限责任，逃避债务，严重损害公司债权人利益的，应当对公司债务承担连带责任。

第二十一条　公司的控股股东、实际控制人、董事、监事、高级管理人员不得利用其关联关系损害公司利益。

违反前款规定，给公司造成损失的，应当承担赔偿责任。

第二十二条　公司股东会或者股东大会、董事会的决议内容违反法律、行政法规的无效。股东会或者股东大会、董事会的会议召集程序、表决方式违反法律、行政法规或者公司章程，或者决议内容违反公司章程的，股东可以自决议作出之日起六十日内，请求人民法院撤销。

股东依照前款规定提起诉讼的，人民法院可以应公司的请求，要求股东提供相应担保。公司根据股东会或者股东大会、董事会决议已办理变更登记的，人民法院宣告该决议无效或者撤销该决议后，公司应当向公司登记机关申请撤销变更登记。

独董治理
——公司治理要完善，独立董事不可缺

上市公司财务造假事件在我国的上市公司中屡见不鲜，这对我国广大投资者尤其是中小投资者造成了巨大损失。无论是国外成熟金融市场或是国内不成熟的金融市场，都存在着投机和寻租。而中国证券市场除了具有一般的资本市场特征外，还是有自己的特点。

我国的证券市场从20世纪90年代初建立到现在也不过20多年。作为一个还年轻的市场，我国证券业市场在为我国的国民经济发展做出巨大贡献的同时，无疑存在着诸多问题。我国上市公司IPO造假、财务舞弊也是时有发生。在我国证券市场成立的初期，深圳原野、长城机电、中水国际集团三家企业的虚假验资案件，使国内外各界对我国证券市场的诚信产生了巨大的怀疑，严重打击了机构和个人投资者的投资信心。财务舞弊案件接连不断、屡禁不止，不仅阻碍了中国证券业的健康持续发展，更重要的是使得国内国外相关各界对中国金融行业的道德产生了怀疑和不信任。

以案说法

一、经典案例

上市公司本身是证券业的主体，是广大机构和个人投资者投资的对象。一个市场的上市公司本身的声誉、运营的规范程度、股东回报率，以及其治理结构将直接影响投资者的投资理念和交易规则，进而影响整个证券业乃至国民经济的平稳发展。受限于中国证券市场成立时间较晚，法律法规不健全、模式不成熟，我国的上市公司目前在治理结构和会计规则方面还存在着诸多的缺失和不规范，如信息披露不完整、资金非法挪用等。以上问题产业的根本原因是由诸多因素造成的，但我国证券市场监管体制不健全，监管法律法规不完善是一个不可忽视的重要原因。

湖北 A 生物科技股份有限公司成立于 1996 年，2001 年进行了股改，成为一家股份有限公司。A 于 2007 年 12 月 21 日在深圳证券交易所正式上市，注册资本 1.5 亿元，其主营业务为绿化苗木种植与销售。其时，A 是当地唯一一家具备城市园林绿化施工的国家级一级资质企业，也是某省唯一一家农业科技上市公司。

从 2008 年开始，A 曾累计更换财务总监三次、更换会计师事务所三次；修改 2009 年度的业绩预告多达五次。之后 A 公司又分别对 2009 年年报、2010 年一季报，以及 2011 年会计估计进行了大幅度的更改。从此，A 公司引来了大量业界学者和舆论的目光，成为各方关注的聚焦点。

2010 年 3 月，证监会就 A 违规披露问题一事成立专案调查；2011 年 3 月，当地公安厅正式逮捕了 A 公司董事长吕某女士。与此同时，时任 A 财务总监也因涉嫌财务信息披露违规等违法行为被当地执法部门强制控制，由此 A 财务造假事件正式浮出水面为各界所知晓。

一家上市企业的财务数据本是向股东和监管机构真实反映财务状况的最根本最重要的数据，然而 A 不断的使用虚假财务数据来欺瞒监管机构与投资者。这种做法一定会受到法律的制裁，但制裁的力度，却令人不甚满意。

2011 年 9 月 6 日，A 及吕某等五名公司高级管理人员涉嫌欺诈发行股票罪、违规披露重要信息罪在××市人民法院进行审判。2011 年 11 月，法院做出一审判决：A 公司因犯欺诈发行股票罪，罚款 400 万元；吕某等五名 A 公司高管因犯欺诈发行股票罪分别处以有期徒刑。其中，吕某被判处有期徒刑三年，缓刑四年，其余四人量刑更轻。

一审判决结果公布后，××市人民检察院于 2012 年 1 月向××市中级人民法院提起抗诉。××市人民检察院认为，该案件非法募集资金数额特别巨大，社会影响十分恶劣，且对 A 公司判处的 400 万元的罚金金额也偏低。

二、案例分析

1. A 公司的造假手段

A 公司上市的几年来，其每次发布的公司财报及公告可以说高潮迭起，一次又一次地引来了监管机构、投资者、券商等各方目光。我们仅从 A 公司历次公开发布的信息中就可以判断出其财务造假的手段。本文中，我们将其造假方式归纳如下。

通过对 A 公司公开发布的资料的研究我们发现，截至 2007 年 6 月底，A 公司固定资产为 5000 余万元，其在 ×× 当地拥有的办公楼等建筑类固定资产作价为 942 余万元。除了房屋和庭前绿化以外的一些外部地坪、沟道也估值为 107 余万元。A 公司"马鸣基地"作为其另一项资产，其围墙作价 686.9 万元，根据其自身提供的资料该基地共有面积 3500 亩，根据其提供的数据，我们经计算得知该基地围墙每米作价高达 1268.86 元。根据 ×× 当地法院的判决结果，认定 A 公司 2004 年购买的某县旧县村委会的土地面积共计 960 亩，金额为 955 万元，共计 900 余万元虚增资产；其购买的某县土地累计达 3500 多亩，实际价值仅为 170 万元，但报表上显示的金额为 3360 万元，虚增资产 3190 万元；A 在灌溉系统等其他固定成本方面虚增资产累计近 800 万元；2007 年上半年，马鸣乡基地工程项目被虚增资产高达 2000 余万元。

除此以外，该公司还在合并报表的过程中出现"失误"。A 公司由于自身工作失误导致财务报表中的固定资产的多项误差，将北京分公司的固定资产已包含在本部报表中，在合并报表的过程中对于该资产计算两次，使得 2010 年一季度的固定资产多计 5983.67 万元，导致该项目价值虚增。

2009 年起，A 公司毫无意外的出现了巨额销售退回事件。A 公司在 2010 年 4 月 30 日的信息披露中，确认了 2008 年主营业务退款额为 2348 万元，2009 年退款额则高达 1.58 亿元，几乎覆盖了全部主营业务收入。A 公司在招股说明书披露 2004—2007 年上半年营业收入合计收入为 6.26 亿元，这其中属于虚假收入的有 2.96 亿元；而 2007 年的营业收入 2.57 亿元，其中属于虚假收入的金额有 9660 万元；2008 年和 2009 年的虚假收入分别高达 8565 万元和 6856 万元。其虚增金额之高使人难以想象。

A 公司 2010 年发布的公告均让投资者胆战心惊。最终，A 公司于 2010 年 4 月 30 日正式发布了 2009 年年报，年报显示 A2009 年净利润为 –1.5 亿元，每股收益为 –1.00 元。同日发布的第一季度报告显示，每股收益只有 0.1 元，环比暴跌。从上面内容中，我们可以很清晰的看到，A2009 年发生的亏损几乎吞噬了其之前几年发生的全部利润。

A公司所披露的一系列报告,充满了各种"失误"。之前发布的季报之中的营业收入比实际营业收入少计10万元,折算后的净利润多计52万余元。其2010年一季报中合并现金流量项目共计错误二十余个。其中,有8个错误点的金额出入高达上千万,更有12个错误点金额出入高达上亿。

2. 内部动因

(1) 企业急于上市"圈钱"

我们将上市公司过度融资通俗的称为"圈钱"。过度融资在世界资本市场时有发生,而在我国,这一现象尤其常见,使广大投资者听之色变。从公司财务角度看,过度融资是指对能带来正净现值的某项目进行融资时,融资规模超过完成项目所需资金并由此带来财务负担,一般是非流通股股东为了追求自身利益最大化所产生的结果。

我国资本市场的现状是,上市公司原始股东或公司高管出于自身利益考虑,以扩大公司规模、筹措更多的资金为荣,而不会考虑从一级市场筹集到的资金是否真的有合理的投资去向。很早之前便有人提出,证券市场造就了一批千万富翁乃至亿万富翁,这都是由公司上市给原公司股东或高管带来的巨大利益。而由于我国绝大部分职业经理人缺乏企业家精神,不能做到同公司荣辱与共,因此,在公司上市后获取巨额报酬进而离职的现象在我国比比皆是。由于我国对公司上市管制较严格,公司为了达到上市的目的,不惜通过"财务美化"等手段达到目的。同时,一些已经上市却面临亏损或者已经亏损的企业则不遗余力地伪造财务报表,欺骗投资者和监管机构,以便可以继续在证券市场募集资金。种种现象说明了我国的证券市场运行机制还十分不规范,上市公司在融资过程中很少考虑到融资成本,其融资目的也不是为了公司的未来的运营和发展,而是借由公司短期业绩的提高从而提高自身收入。

(2) 公司治理结构存在缺陷

A公司上市后,公司高管大幅度更换。公司最初成立时的董事会成员至A案发时,除董事长吕某外仅存两人;而监事会成员则全部变更。A公司在公司治理方面最大的缺陷,就是一人权力独大,权利没有得到有效的制衡。公司从成立直至2009年,一直由吕某一人担任董事长及总经理两个职务。从2010年4月开始,董事会秘书也由董事长来兼任。

我们可以非常清晰地看出，董事长吕某在公司的治理结构中扮演了极其重要的角色，可以说，整个公司都在她的掌控之中，权利丝毫没有得到分散和制衡。

《中华人民共和国公司法》尽管规定了监事会作为我国上市公司内部监督的执行机构，但是由于立法简单，把如何监督的问题留给了企业自己去解决，导致很多上市公司的监事会或者形同虚设，或者成为退休干部养老之地。在实践中，监事会缺乏工作的独立性，就像 A 公司的监事会，其人事任免权实质上仍归吕某操控，成为吕某操纵财务报表的一件外衣。

A 公司尽管上市，仍旧采取了家族式的管理方式，其采购与销售，付款及收款等等重要的财务环节都没有得到很好的监督和检查。其对于存货的认定和资产的核查程序也十分的不规范。在这些环节充满了不规范和随意性的条件下，吕某为了满足公司上市的要求，使用种种手段进行干预，采用种种手段欺瞒投资者和监管机构。公司治理结构的巨大缺陷，为公司财务报表造假的丑闻埋下了伏笔。

3. 外部原因

建立健全金融监管法律法规，对抑制上市公司财务造假事件的发生有着至关重要的意义。由于我国金融市场发展时间短，在金融监管方面照比国外成熟的金融市场还有很大的差距。近年来，由于财务造假事件对我国社会主义市场经济建设和证券市场的运行和发展造成了严重损害，我国政府已经制定和完善了诸多关于打击财务造假的法律制度。其最终目的就是防范和阻止企业在财务方面的违规活动，提高上市公司以及股份制企业的财务信息真实性。可以说，我国在金融业之所以发展缓慢，限制很多，就是因为我国的金融监管手段还跟不上发展的速度，因为我国的金融监管的法律法规还远没有达到完善的程度。尽管我国金融监管当局在企业会计制度的建设上一直在不懈努力。但是由于我国经济体制较为落后，在改革上受到诸多利益集团的阻碍，因此，关于上市公司金融监管制度的法律法规建设仍然任重道远。

4. 违约成本低

财务造假本质上是一种违约，而经济主体是否会选择违约，将本着成本收益的原则，主要看一旦事件败露要承担的违约成本的高低。尽管目前实行的《中华人民共和国公司法》《中华人民共和国证券法》及其他一些相关财务报告中已经说明"公司董事会对于发布的虚假信息承担连带赔偿责任",但我国目前司法体系对于该项规定没有定量的处罚措施,且审判方面也缺乏一定的依据。我国司法机关在对财务造假案件进行处罚时,几乎忽略了民事责任这一非常重要的法律责任。因此,建议我国司法机关借鉴海洋法系中"举证责任倒置"这一惯例,在规定中明确财务造假主要责任人是谁、应当赔偿的金额及赔偿责任如何在各个责任人之间分配。除此之外,我们应当清楚的知道,提高对财务造假案件的处罚力度,提高其违约成本将是抑制财务造假案件发生的最为重要的手段。

2011年12月12日,A公司发布公告,其公司法人因犯欺诈发行股票罪被判处罚金人民币400万元;原董事长吕某因犯欺诈发行股票罪,判处有期徒刑三年,缓刑四年,并无经济处罚;原财务总监毛某因犯欺诈发行股票罪,判处有期徒刑三年,缓刑四年;原财务顾问李某和公司员工王某分别获刑两年到一年不等,同时均获缓刑。而相关的会计师事务所、律师事务所等中介机构则免于处罚。

社会民众普遍反映,A财务造假案件性质极其恶劣,它严重损害了广大投资者的利益,给投资者尤其是中小投资者造成了巨大的损失。这样的判决结果,根本无法对其他上市公司在规范财务方面起到警示作用,反倒为接下来的一个又一个的上市公司欺诈案件提供了保障:不必担心财务造假会受到处罚,最多不过是交一些罚金,而且罚的还是公司的钱,是通过欺诈上市、欺诈融资骗得的钱。反观洪良国际事件,深圳当局站在保护投资者的角度,史无前例的将洪良国际通过财务诈骗上市募集的资金返还给投资者。使得绝大多数中小投资者的利益得到了保障。

三、律师观点

上市公司财务造假案件接连不断,严重侵害了资本市场各方参与者尤其是广大中小投资者的权益。我们不仅要防范和阻止财务造假事件的屡次发生,更要注意保护各方利益相关者的实际权益,完善发行审查制度、证券市场退市制度,加强上市公司的公司治理结构,完善投资者保护和赔偿机制,加强上市公司监管,加强财务造假案件的处罚力度,参用，这对于提升董事会管理水平和决策水平有重要意义。

最后，独立董事的存在可以起到对雇员和债权人利益的维护作用。合格的独立董事关注除公司控股大股东之外的利益相关者的权益，这对于公司提高外部形象，增加同公众的联系会起到重要作用。

如果说监事会是一个能够对公司的董事会和经理进行有效监督的部门，那么独立董事则可以从专业的财务的角度对公司的发展献计献策。A案件之所以发生，同公司内部缺乏制衡，同董事长吕某一人权利独大存在着不可推卸的关系。而成功且有效的独立董事制度则会对这种现象起到良好的制约作用。若要推动我国上市公司财务管理的专业性和独立性，必须要求公司正确发挥独立董事所应起到的作用，建立健全公司内部的审计体系，发挥各部门独立性，实现各部门相互制衡，互为监督的模式，为公司的风险控制提供安全屏障。

2. 加强外部监管

一是建立买者自负例外原则。广大中小投资者应该为自己通过证券交易而带来的损失负责吗？在本案中，其从二级市场上回购7700名投资者股票，解除了投资者自身的责任，给了我们一个很好的回答。一般而言，世界各国金融证券的相关法规均以保护投资者的合法权益为根本原则。换句话说，证券在法律制度的设立方面应当偏向保护中小投资者的利益。然而，我们在证券交易行为中有一个不成文的规定就是"买者自负"，这种有点像赌博一样性质的交易，在可能获得收益的同时，必然要求投资者承担一定的风险，其收益是对承担风险的一种补偿，而风险则是要求投资回报所必须付出的代价。无论任何投资者都应为自己的判断负责，为自己的投资结果承担责任。然而，"买者自负"原则应有其一定的适用条件：如信息对称、投资者自我认识性及监管正确性。换句话说，投资者所应该负担的有且仅有市场风险，而除市场风险外的制度性缺陷或道德问题产生的损失，不应由投资者承担。反观我国证券市场，由于没有立法作为支撑，"买者自负"原则地位很是尴尬。在我国现阶段相关法规运行过程中，买者完全自负现象同完全不自负现象同时存在。从前者看，中小投资者在许多财务造假案例中都没有得到应有的赔偿，尤其是涉及到内部交易、关联交易、操纵市场，以及虚假披露等违法案例处理时，证券监管部门只对公司进行罚款，收缴款项不知所踪，而投资者的权利没有人过问。而后者指的是，很多没有经验不懂得投资的投资人不理解投资的意义，认为投资就一定要赚钱。一旦发生亏损，他们就从外部找原因，认为是金融行业的企业不负责或者政府不作为，从而时有上访、静坐等现象发生。由此可见，我国应参照国际法规，尽快构建我国的"买者自负例外原则"。

二是完善投资者赔偿机制。目前，我国上市公司信息披露制度所依仗的法律法规尚未完善，严重滞后于证券业的高速发展。法律法规的不完善为监管信息披露加大了难度。在实践中，目前最不完善的部分当属民事诉讼赔偿机制的缺失。我国目前运行的关于信息披露方面的法律法规主要集中于规定信息披露的主体的权利、义务及责任，但这种责任主要是行政责任及刑事责任。民事责任在相关法律法规中鲜有涉及。《关于审理证券市场因虚假陈述引发的民事赔偿案件的若干规定》中对于该项规定仅有依据，"虚假陈述造成损失必须承担民事赔偿责任"。根据《中华人民共和国证券法》规定，"违反本法规定，应承担民事赔偿责任并缴纳罚金罚款，如财产不足以同时支付时，应先承担民事赔偿责任"。尽管有法律依据，然而缺乏可以指导操作的规范。由于投资者无法找到法律依据，所以一旦发生由于公司违规造成的损失，很难通过法律途径维护自身的利益。而监管部门在处理信息披露违规的案件中，一般仅仅追究上市公司法人或主要负责人的责任，即便有罚款或处置资产，也是将所得金额上缴国库，而非用于投资者损失的补偿。

通过强调民事责任可以充分动员广大中小投资者参与到对上市公司的监督中来。强调民事责任最重要的意义在于，可以形成一种机制，将广大投资者的利益同上市公司的行为规范联系到一起，鼓励广大中小投资者对公司的违规行为提起诉讼，赋予其同上市公司法律抗衡的能力。因此可以说，民事责任给我们提供了一种成本很低而效率很高的监管措施。监管机构不需要额外投资就可以通过调动广大投资者的积极性来使得上市公司的行为得到监督，从而极大地提高了监管效率。

3. 加大执法力度，追究连带责任

金融监管机构务必要加强对上市公司多方面的监管，规范上市公司董事、监事会及公司高管行为规范，严格监察实际控制人的行为，从而提高上市公司信息披露透明度，加强信息披露的真实性、有效性，使得上市公司做到真实、完整地面向公众披露财务信息，力争扫清监管真空。

另外,我们发现很多时候上市公司的违规信息披露都伴随着二级证券市场股价的异动。因此,我们要使得监察手段多样化,通过加强对细节的重视,使得公司监管同市场监管相结合,以此来判断上市公司的违规行为。在监察的同时做到违法必究,执法必严。

政府监管部门及早建立健全相关法律法规,从法理角度出发,对上市公司财务造假行为加以约束。对于目前存在的未有立法明确针对的违规行为,以及部门量刑不当的违规行为应及时通过立法手段进行补充和修订。证券监察机构同司法机关应一同加大上市公司的违规案件的执法处罚力度。对于涉案的会计师事务所、律师事务所及保荐人等应公开曝光,同时严格按照相关规定进行处罚。完善民事责任赔偿机制,让这些参与财务造假等违规行为的中介机构也要对其行为追究民事赔偿责任。

4. 重视新闻媒体的外部监督作用

在当今人民的日常生活中,新闻媒体发挥着越来越重要的作用。很多依靠个人力量难以解决的事情,一旦通过媒体曝光,就会引起政府乃至社会的强烈关注。我们应利用新闻媒体在信息传播方面的广泛性、便捷性,充分发挥新闻媒体的社会监督作用,赋予其对上市公司的财务异常予以提出疑问和跟进报道的权利,为新闻媒体的监督提供良好的外部环境。因为,媒体对于上市公司的监管很有可能比监管部门的监管更为直接有效,具有及时性。如果能够让上市公司真正处于广大投资者和社会群众的监督之下,那么,对于上市公司的自我约束将会起到很好的效果。

纵观西方社会的金融业,其制度的演变和运行从未离开社会媒体的参与。美国的新闻媒体和广大舆论甚至可以决定上市公司的命运。一旦有媒体发现有上市公司有财务造假事件发生并予以公布,立刻就会有律师代替投资者提起诉讼。而我国媒体对于上市公司的监管相比于国外仍有巨大差距。中国证监会安排了上市公司进行信息披露的指定媒介,而指定披露机制一方面导致了信息披露的效率低下,另一方面也导致了寻租发生的可能。

因此,建议证监会逐步取消信息披露指定制,鼓励尽可能多的媒体参与到上市公司制度性建设的监管,这样不仅能够提高上市公司信息披露的效率,也能够最大程度地保证虚假披露和媒体同上市公司合谋的情况的发生。采用立法的形式保护媒体的采访权，在如实报道和披露上市公司情况下，保证媒体不受上市公司的制约，从而刺激媒体对于参与上市公司监管，披露上市公司信息的主动性。

必懂知识

1. 有关于财务造假的相关概念

一般来说，上市公司财务造假的手段有 13 种：

虚构收入；提前确认收入；推迟确认收入；转移费用；费用资本化、递延费用及推迟确认费用；多提或少提资产减值准备以调控利润；制造非经常性损益事项；虚增资产和漏列负债；潜亏挂账；资产重组创造利润；通过投资事项对利润的调控；会计政策和会计估计变更；"关联交易非关联化"创造利润。

一般来说，容易发生财务造假的股票类型包括 6 种：

异动股；重组股；圈钱股；垃圾股；关联股；概念股。

总体来说，识别上市公司财务造假的方法包括 8 种：

税项分析法；应收款项和存货分析法；毛利分析法；现金流量分析法；子公司分析法；资产重组与关联交易分析法；资产质量分析法；审计意见分析法。

2. 容易出现财务造假的上市公司类型

（1）异动股

一般企业的业绩具有惯性，除非天灾人祸，但现在有些上市公司业绩变脸很快，此类上市公司前期业绩基本不可信。股价波动厉害的上市公司，此类上市公司已被恶庄控制，上市公司的业绩已完全沦为恶庄欺骗股民的谎言，上市公司利用业绩配合庄家炒作，此类上市公司业绩最不可信。同样业绩超乎常规的高成长的公司往往不可信。对中国绩优股一定要抱十分小心的态度，说不定就是颗地雷；还有那些业绩优良但股价疲软的公司，如蓝田股份，为什么业绩好却没有庄家看上呢？

（2）重组股

这类上市公司资本运作的背后是往往是证券欺诈，包括财务造假与二级市场操作，资本运作频繁本身说明其前面的资本运作是虚假的，后面的资本运作也难保真实的。此外，上市公司和大股东及其关联方有较多关联交易，其业绩也不可信，实际上一些通过资产置换进行重组的股票，置换出去的资产往往是有问题资产，置进资产也往往不是什么优质资产，根本就是"垃圾换垃圾"。

（3）圈钱股

IPO即首次发行股票的上市公司，由于经过大规模的上市改组，其前三年的业绩与实际业绩相差太远，特别是剥离劣质资产上市的公司，这些公司前三年的业绩不是其真实业绩，而是人为的模拟业绩，其业绩水分很大，所以，首发股票的招股说明书及上市公告书上的业绩基本都是假的。再融资股票业绩往往畸高，畸高的背后往往是造假。

需要注意的是，对于净资产收益率超过15%的业绩都要小心，特别是通过重组和概念换来的业绩。

（4）垃圾股

这类上市公司实际业绩都很差，但为了圈钱和炒作需要，或者利用会计手段调节业绩，或者直接虚构业绩，使之三年微利或保配然后一年大亏，这类企业业绩有太多粉饰，没有可信性。证监会决定，从明年1月1日起取消PT制度，PT公司面临着一个退市的威胁。如果没有实质性的重组，如果难以实现盈利的目标，那么，年报出来后这类PT公司就要退出证券市场了。而ST公司同样面临着一个亏损三年后直接退市的问题。可以说PT、ST公司目前都处在风浪尖上的，作为投资者来说，年报出台前还是远离那些已连续两年半亏损、目前又无实质性重组方案出台的上市公司股票。

（5）关联股

没有三分开的上市公司。其与大股东实际是一套人马、两块牌子，会计核算非常随意，业绩在母子公司之间移来移去，没有任何的可比性及可靠性。此外，上市公司和大股东及其关联方有较多关联交易，其业绩也不可信，因为目前关联交易非常不公允，实现的业绩往往不可持续，具有很大的欺骗性。

(6)概念股

凡是概念股,都带有一定的欺骗性,笔者发现一些所谓的"西部开发""生物制药""小盘绩优""外资并购""奥运题材"业绩很不可信。这些概念股往往是庄家股,既是庄家股,业绩就被庄家所控制,所以对概念股、庄家股业绩笔者是抱怀疑态度的。

必懂法规

一、《中华人民共和国公司法》

第一百六十三条 公司应当依照法律、行政法规和国务院财政部门的规定建立本公司的财务、会计制度。

第一百六十四条 公司应当在每一会计年度终了时编制财务会计报告,并依法经会计师事务所审计。

财务会计报告应当依照法律、行政法规和国务院财政部门的规定制作。

第一百六十五条 有限责任公司应当依照公司章程规定的期限将财务会计报告送交各股东。

股份有限公司的财务会计报告应当在召开股东大会年会的二十日前置备于本公司,供股东查阅;公开发行股票的股份有限公司必须公告其财务会计报告。

第一百六十六条 公司分配当年税后利润时,应当提取利润的百分之十列入公司法定公积金。公司法定公积金累计额为公司注册资本的百分之五十以上的,可以不再提取。

公司的法定公积金不足以弥补以前年度亏损的,在依照前款规定提取法定公积金之前,应当先用当年利润弥补亏损。

公司从税后利润中提取法定公积金后,经股东会或者股东大会决议,还可以从税后利润中提取任意公积金。

公司弥补亏损和提取公积金后所余税后利润,有限责任公司依照本法第三十四条的规定分配；股份有限公司按照股东持有的股份比例分配，但股份有限公司章程规定不按持股比例分配的除外。

股东会、股东大会或者董事会违反前款规定，在公司弥补亏损和提取法定公积金之前向股东分配利润的，股东必须将违反规定分配的利润退还公司。

公司持有的本公司股份不得分配利润。

第一百六十七条　股份有限公司以超过股票票面金额的发行价格发行股份所得的溢价款以及国务院财政部门规定列入资本公积金的其他收入，应当列为公司资本公积金。

第一百六十八条　公司的公积金用于弥补公司的亏损、扩大公司生产经营或者转为增加公司资本。但是，资本公积金不得用于弥补公司的亏损。

法定公积金转为资本时，所留存的该项公积金不得少于转增前公司注册资本的百分之二十五。

第一百六十九条　公司聘用、解聘承办公司审计业务的会计师事务所，依照公司章程的规定，由股东会、股东大会或者董事会决定。

公司股东会、股东大会或者董事会就解聘会计师事务所进行表决时，应当允许会计师事务所陈述意见。

第一百七十条　公司应当向聘用的会计师事务所提供真实、完整的会计凭证、会计账簿、财务会计报告及其他会计资料，不得拒绝、隐匿、谎报。

第一百七十一条　公司除法定的会计账簿外，不得另立会计账簿。

对公司资产，不得以任何个人名义开立账户存储。

二、《关于在上市公司建立独立董事制度的指导意见》

七、为了保证独立董事有效行使职权，上市公司应当为独立董事提供必要的条件

（一）上市公司应当保证独立董事享有与其他董事同等的知情权。凡须经董事会决策的事项，上市公司必须按法定的时间提前通知独立董事并同时提供足够的资料，独立董事认为资料不充分的，可以要求补充。当2名或2名以上独立董事认为资料不充分或论证不

明确时，可联名书面向董事会提出延期召开董事会会议或延期审议该事项，董事会应予以采纳。

上市公司向独立董事提供的资料，上市公司及独立董事本人应当至少保存5年。

（二）上市公司应提供独立董事履行职责所必需的工作条件。上市公司董事会秘书应积极为独立董事履行职责提供协助，如介绍情况、提供材料等。独立董事发表的独立意见、提案及书面说明应当公告的，董事会秘书应及时到证券交易所办理公告事宜。

（三）独立董事行使职权时，上市公司有关人员应当积极配合，不得拒绝、阻碍或隐瞒，不得干预其独立行使职权。

（四）独立董事聘请中介机构的费用及其他行使职权时所需的费用由上市公司承担。

（五）上市公司应当给予独立董事适当的津贴。津贴的标准应当由董事会制订预案，股东大会审议通过，并在公司年报中进行披露。

除上述津贴外，独立董事不应从该上市公司及其主要股东或有利害关系的机构和人员取得额外的、未予披露的其他利益。

（六）上市公司可以建立必要的独立董事责任保险制度，以降低独立董事正常履行职责可能引致的风险。

独董作用
——独立董事起作用，维护利益作用大

独立董事制度是现代企业制度背景下公司治理的重要组成部分，我国自20世纪90年代引入独立董事制度以来，独立董事群体得以迅速发展壮大，成为上市公司董事会中一股不容小觑的力量。实践中独立董事频频成为社会关注的热点，持批评态度的投资者把独立董事戏称为"花瓶董事""橡皮图章"，有的人甚至全盘否定独立董事在公司治理机制中的作用。

以案说法

一、经典案例

H水电股份有限公司的前身是H企业（集团），于1996年9月19日在深圳证券交易所上市交易。2006年9月11日，H企业（集团）股份有限公司中文全称变更为H水电股份有限公司。公司现有总资产39亿元，拥有12家全资及控股公司，主营业务之一的水力发电有8个水电站，总装机容量24万千瓦。由于公司长期奉行激进的发展战略，业务扩展过快过大，且没有发挥产业关联性和协同效应，在收入增长受限的情况下，运营成本快速增长，致使企业经营一度处于亏损，2006年、2007年连续两年净利润为负，H股份成了STH。

二、案例分析

1. STH主要存在的原因。

（1）公司控制权与现金流权高度分离，代理成本与代理风险较高

STH的股权结构相当分散，从而加剧了信息不对称性，使得股东和管理层之间存在较高的代理成本和代理风险。H自1994年上市以来，股本结构共发生20次变动，通过配股、送转股、其他上市等方式由最初的6440万股增长为189814.86万股，股本增加率2848%，属于名副其实的大盘股。截至2011年年底，控股股东H实业投资股份有限公司经历数次

减持之后,作为第一大股东持股比仅为2.2%,相对于2005年年底持股比例下降91%,由此创造出A股市场大股东控股比例最低的记录。其他排名靠前的机构投资者和自然人股东所占份额更低。如此分散的股权结构意味着没有强有力的股东代表来制约管理层的经营决策,或股东之间为了争夺公司发展的决策权而无视发展战略的持续性,客观上为内部人治理提供了机会和条件。二是过度多元化经营造成巨大的增长风险。H陷入困境的根源在于投资过于多元化而没有形成稳定的盈利模式,且未妥善控制多元化进程中蕴藏的增长风险。H上市之初主营业务为汽车配件、交通运输等,上市后开始探索新的投资方向,水电业务逐渐成为核心业务之一,到2006年年末,电力生产、建筑、房地产开发、养殖业、轮胎、铜箔生产均纳入公司的业务范围,且绝大多数产业因为缺乏协同效应而处于亏损状态。三是公司财务政策失当,资本结构恶化。对财务风险的估计不足导致企业的资本结构持续恶化。水电站等建设需要巨额的资金投入,H水电2006年总装机量超过60千瓦时,成为A股市场名副其实的"民营水电大王"。以每一万千瓦时需要一亿元投资来算,H在水电站的投入至少需要60亿元。H同期的主营业务收入处于亏损状态,内部资金供给无望的条件下,只能寄希望于外部融资方式。因业绩不良难以依赖股市的H只能依托银行贷款的方式进行融资。2005年、2006年、2007年公司的长期债务均超30亿元,2006年、2007年的资产负债率均超过70%。在公司业绩恶化的条件下,公司信用风险持续上升,H面临银行贷款随时断供和资金链断裂的严峻考验。其实STH存在的代理成本高、经营困难、资本结构不合理等问题只是表象,实质是公司面临较高的财务风险和法律风险,而财务风险最后还是落脚于法律风险。过高的法律风险意味着受到监管机构处罚的可能性增加,继而会加大投资者损失。为了降低上市公司的法律风险,切实维护投资者利益,××省证监局作为监管机构,推出多项举措来解决STH面临的治理问题,其中,关于董事会结构中独立董事的安排是最成功的举措之一。经研究发现其独立董事确实能够认真履行职责和权限,帮助公司调整战略,化解经营危机,降低财务风险和法律风险,切实维护投资者的权益。

(2)STH独立董事的投资者保护功能分析

第一,独立董事背景分析。研究证明独立董事的专业背景与其在董事会中的功能密切相关。STH第6届董事会进行了重大调整,其中独立董事全部更换新阵容,履新的三名独立董事中两人具有会计学背景,另一人具有法律背景。会计学背景中的一人为注册会计师,曾经在会计师事务所担任高级管理人员,具有丰富的会计、审计实务经验。另一人为高校的专家学者,在信息披露和投资者保护领域具有丰硕的研究成果。法律背景的独立董事则具有丰富的法律实务经验和律师事务所高级管理工作经验。通过实证检验发现具有财务背景和法律背景的独立董事在监督会计信息质量方面具有显著的作用。就本案例而言,因为新独立董事认真履职,STH董事会所作的决策趋于稳健,主要表现为把公司的发展阶段定位于"危机时期",谋求稳步和持续发展。公司治理的进步最终获得监管机构的认可,在此基础上,STH第七届董事会进一步扩大了独立董事所占比重,独立董事增加为六名,占董事会总人数的66.6%,其中有五名具有法律背景和会计背景。

第二,独立董事在决策中的功能分析。独立董事的职能包括监督公司重大经营战略和为公司的战略决策制定提供建设性的建议。公司的重大经营决策及战略规划是实现公司及股东利益最大化的关键。独立董事之所以能对公司的重大战略形成独立意见、对战略决策进行质疑、及时发现问题并纠正,首先是因为独立董事不但具有专业技能,还具有应对各种复杂情况的丰富经验;其次是独立董事是站在外部更广泛的背景考虑公司的经营决策的,有利于避免内部人员思维的局限性及僵硬性,从而提升公司决策水平。以STH与美国全球水电工业公司合作项目为例,2009年STH拟投资1972万元合资设立××金球能源有限公司(以下简称金球能源)共同研究开发有色合金太阳能光伏发电技术及投资太阳能发电项目。在第六届董事会第三十次会议审议该事项时,三名独立董事一致认为该项目的合作方美国全球水电工业公司的资信不明且投资该项目拟实现的生产规模不明确,在表决时投了反对票。公司经研究后同意在保证投资风险控制的前提下,将该项目做为公司的后续发展储备项目之一,暂未履行出资义务。随后,美国全球水电工业公司资质造假和行骗痕迹浮出水面,独立董事的正确判断和勤勉尽责为公司避免共计1972万元的投资损失。

第三,战略经营和投资者关系管理功能分析。STH的独立董事在战略经营和投资者关系管理方面发挥了前瞻性的建议咨询功能。首先,独立董事针对公司存在的问题,认为战略不当是导致公司亏损的根源,实现战略转折是当务之急,由此提出以"为股东创造价值，为社会创造效益，为员工创造福利"为宗旨，恪守"增长、盈利、风险均衡"的原则，以"立足水电行业，优先发展高端制造业"为经营方针，进一步贯彻集中化经营战略、优化资产结构、降低财务风险、最大化公司价值的建议。此建议得到公司管理层的一致认可。从公司后续的公告中可以看出，上述方针起到了立竿见影的效果，经营效益实现突破，财务风险得到有效化解，公司治理与管理机制不断完善，公司承担社会责任的意愿和能力进一步加强，公司形象得到提升并进入良性循环的发展轨道，为今后的可持续发展奠定了良好的基础。其次，公司对外披露的报告需要独立董事严格把关和审定，增强了对外披露信息的客观性和真实性，为投资者提供了更加畅通和可靠的信息渠道，有助于投资者做出及时、有效的决策，从而实现对投资者关系的管理和对投资者利益的保护。自新董事会改组以来，独立董事充分发挥其作用从而影响公司经营绩效。具体表现为 STH 经营状况明显好转、财务风险显著降低。最新统计数据显示，截至 2011 年 12 月 31 日，H 水电短期债务 31955 万元，长期债务 84585 万元，较 2007 年债务水平均下降 80%；资产负债率为 39.02%，延续逐年下降趋势；EBITDA 利息保障倍数达到 2.78 倍，成为仅次于 2010 年的次高点。H 水电于 2012 年 8 月 22 日成功脱去 ST 帽子，成为沪市数家摘帽公司之一，这也是独立董事效用发挥的最有力证据。

三、律师观点

通过 H 案例，不难看出独立董事在公司强化经营监控、化解风险、投资者利益保护等方面发挥着应有的作用。独立董事能够结合公司具体经营情况，从维护公司及全体股东利益出发，就公司重大对外投资事项做出审慎决策，敢于向董事会发表独立客观的判断意见，同时向市场投资者充分揭示公司有关投资项目的潜在风险。据不完全统计，仅 2011 年上市公司 70% 左右的独立董事就企业重大决策事项投出过反对票，中石油、××港、保税科技、朗科科技都公开报道了独立董事就企业的重大事项投出反对票。但是在没有专项监管和公开评价体系的约束下，也不排除个别在其位不谋其政、滥竽充数的"花瓶董事"存在。

因此，笔者在结合案例的情况作如下建议：

一是监管机构要进一步完善独立董事制度。现有的《关于在上市公司建立独立董事制度的指导意见》和《中华人民共和国公司法》仅以罗列方式规定了独立董事应履行的职责，而没有明确的分类和体系。监管机构应出台相关条例，明确界定独立董事的职责义务，并在此基础上完善相应评价考核体系。制度条例中除了对独立董事聘任条件、任职期限、工作时间、激励制度等作出明确规定外，还需要从根本上对独立董事的职责进行定位。

二是独立董事要保持独立性、发挥应有的职责权限。首先，要保持独立性，把独立性作为独立董事的至高荣誉，拒绝任何有损独立性的利益诱惑。其次，要做到尽职尽责。除了按时参加公司的董事会之外，还要时刻关注公司的运作与发展，积极主动地通过多渠道获取治理机制及经营发展的新信息，从被动履职向主动尽职转变。最后，要发挥应有的职责权限。具备足够的风险意识，以控制风险为首要目标，独立客观履行自己的投票权，尤其是投反对票的权利，切实维护投资者的权益。

三是公司应完善独立董事的聘任策略，实现独立董事背景和公司管控需求的匹配。独立董事根据专业背景的不同，可以简单分为三类：会计型、法律型、技术型。处于不同发展阶段的上市公司需要不同背景的独立董事，因此，选聘独立董事不能一概而论，例如处于亏损状态、破产风险较高的企业更需要财务背景、法律背景的独立董事；处于快速成长和扩张阶段的高科技企业则更需要以技术型为主的独立董事。

必懂知识

建设具有联通特色的一体化共享服务体系，缩短会计核算链条，拓宽财务管理领域；相对分离会计核算与财务管理职能，提升会计核算质量和水平，强化财务管理的广度和深度，实现"大财务"管理理念；建立统一的系统平台和标准化的政策流程，实现财务处理流程化、规范化、财务信息透明化。通过实施财务共享，建立财务部的三大主线架构：以决策支撑为主的财务职能管理体系；面向一线、贴近属地服务的业务支持体系；集中、高效、统一规范的交易处理共享服务。其具体目标包括：(1)提高决策支持能力。财务共享服务中心只专注于财务核算的工作。各财务分部专注于对分公司的财务支持工作，提高支撑力度和服务水平。(2)统一规范核算流程。制定统一的核算口径、操作规范，提高核算的及时性和准确性，确保及时、真实、完整地披露会计信息。(3)控制财务风险。提高业务关键流程的质量，制定标准的服务水平协议，提高工作效率，有效控制企业风险。

财务共享的设计原则如下：(1)遵循集团战略导向。财务核算与财务管理决策相分离，核算集约化、标准化；财务转型，致力于对业务的支持、提升决策能力和价值管理。(2)立足公司实际。公司目前已有统一的账务核算系统，财务人员已经集中管理；业务流程还不够标准化；面对激烈而快速变化的市场环境，业务的变化要求财务必须做到快速反应。(3)在方案执行时，保证调整过程中人员不散、业务不断、核算不乱。(4)以集团模板和外部咨询结果为蓝本设计最佳方案，根据业务现状分步调整、稳步推进，会计核算集中，业务支持分散，在三年之内向最佳方案过渡。

必懂法规

一、《中华人民共和国公司法》

第四条　公司股东依法享有资产收益、参与重大决策和选择管理者等权利。

第五条　公司从事经营活动，必须遵守法律、行政法规，遵守社会公德、商业道德，诚实守信，接受政府和社会公众的监督，承担社会责任。

公司的合法权益受法律保护，不受侵犯。

第六条　设立公司，应当依法向公司登记机关申请设立登记。符合本法规定的设立条件的，由公司登记机关分别登记为有限责任公司或者股份有限公司；不符合本法规定的设立条件的，不得登记为有限责任公司或者股份有限公司。

法律、行政法规规定设立公司必须报经批准的，应当在公司登记前依法办理批准手续。

公众可以向公司登记机关申请查询公司登记事项,公司登记机关应当提供查询服务。

第十六条 公司向其他企业投资或者为他人提供担保,依照公司章程的规定,由董事会或者股东会、股东大会决议;公司章程对投资或者担保的总额及单项投资或者担保的数额有限额规定的,不得超过规定的限额。

公司为公司股东或者实际控制人提供担保的,必须经股东会或者股东大会决议。

前款规定的股东或者受前款规定的实际控制人支配的股东,不得参加前款规定事项的表决。该项表决由出席会议的其他股东所持表决权的过半数通过。

第二十条 公司股东应当遵守法律、行政法规和公司章程,依法行使股东权利,不得滥用股东权利损害公司或者其他股东的利益;不得滥用公司法人独立地位和股东有限责任损害公司债权人的利益。

公司股东滥用股东权利给公司或者其他股东造成损失的,应当依法承担赔偿责任。

公司股东滥用公司法人独立地位和股东有限责任,逃避债务,严重损害公司债权人利益的,应当对公司债务承担连带责任。

第二十一条 公司的控股股东、实际控制人、董事、监事、高级管理人员不得利用其关联关系损害公司利益。

违反前款规定,给公司造成损失的,应当承担赔偿责任。

第二十二条 公司股东会或者股东大会、董事会的决议内容违反法律、行政法规的无效。

股东会或者股东大会、董事会的会议召集程序、表决方式违反法律、行政法规或者公司章程,或者决议内容违反公司章程的,股东可以自决议作出之日起六十日内,请求人民法院撤销。

股东依照前款规定提起诉讼的,人民法院可以应公司的请求,要求股东提供相应担保。

公司根据股东会或者股东大会、董事会决议已办理变更登记的,人民法院宣告该决议无效或者撤销该决议后,公司应当向公司登记机关申请撤销变更登记。

二、《非最新生效的证券法》

第三十五条　证券交易当事人依法买卖的证券，必须是依法发行并交付的证券。

非依法发行的证券，不得买卖。

第三十六条　依法发行的证券，《中华人民共和国公司法》和其他法律对其转让期限有限制性规定的，在限定的期限内不得转让。

上市公司持有百分之五以上股份的股东、实际控制人、董事、监事、高级管理人员，以及其他持有发行人首次公开发行前发行的股份或者上市公司向特定对象发行的股份的股东，转让其持有的本公司股份的，不得违反法律、行政法规和国务院证券监督管理机构关于持有期限、卖出时间、卖出数量、卖出方式、信息披露等规定，并应当遵守证券交易所的业务规则。

第三十七条　公开发行的证券，应当在依法设立的证券交易所上市交易或者在国务院批准的其他全国性证券交易场所交易。

非公开发行的证券，可以在证券交易所、国务院批准的其他全国性证券交易场所、按照国务院规定设立的区域性股权市场转让。

第三十八条　证券在证券交易所上市交易，应当采用公开的集中交易方式或者国务院证券监督管理机构批准的其他方式。

第三十九条　证券交易当事人买卖的证券可以采用纸面形式或者国务院证券监督管理机构规定的其他形式。

第四十条　证券交易场所、证券公司和证券登记结算机构的从业人员，证券监督管理机构的工作人员以及法律、行政法规规定禁止参与股票交易的其他人员，在任期或者法定限期内，不得直接或者以化名、借他人名义持有、买卖股票或者其他具有股权性质的证券，也不得收受他人赠送的股票或者其他具有股权性质的证券。

任何人在成为前款所列人员时，其原已持有的股票或者其他具有股权性质的证券，必须依法转让。

实施股权激励计划或者员工持股计划的证券公司的从业人员，可以按照国务院证券监

督管理机构的规定持有、卖出本公司股票或者其他具有股权性质的证券。

第七十八条　发行人及法律、行政法规和国务院证券监督管理机构规定的其他信息披露义务人，应当及时依法履行信息披露义务。

信息披露义务人披露的信息，应当真实、准确、完整，简明清晰，通俗易懂，不得有虚假记载、误导性陈述或者重大遗漏。

证券同时在境内境外公开发行、交易的，其信息披露义务人在境外披露的信息，应当在境内同时披露。